中国模式

民族地区"村寨镇化"与乡村振兴协同发展研究

陈 剑◎著

光明日报出版社

图书在版编目（CIP）数据

民族地区"村寨镇化"与乡村振兴协同发展研究／陈剑著． -- 北京：光明日报出版社，2025.1． -- ISBN 978-7-5194-8426-2

Ⅰ．F327

中国国家版本馆 CIP 数据核字第 202523KE02 号

民族地区"村寨镇化"与乡村振兴协同发展研究
MINZU DIQU "CUNZHAI ZHEN HUA" YU XIANGCUN ZHENXING XIETONG FAZHAN YANJIU

著　　者：陈　剑	
责任编辑：李壬杰	责任校对：李　倩　乔宇佳
封面设计：中联华文	责任印制：曹　净

出版发行：光明日报出版社

地　　址：北京市西城区永安路 106 号，100050

电　　话：010-63169890（咨询），010-63131930（邮购）

传　　真：010-63131930

网　　址：http://book.gmw.cn

E-mail：gmrbcbs@gmw.cn

法律顾问：北京市兰台律师事务所龚柳方律师

印　　刷：三河市华东印刷有限公司

装　　订：三河市华东印刷有限公司

本书如有破损、缺页、装订错误，请与本社联系调换，电话：010-63131930

开　本：170mm×240mm	
字　数：278 千字	印　张：15.5
版　次：2025 年 1 月第 1 版	印　次：2025 年 1 月第 1 次印刷
书　号：ISBN 978-7-5194-8426-2	
定　价：95.00 元	

版权所有　　翻印必究

前　言

民族地区的现代化建设是我国践行现代化国家宏伟目标的重要内容，民族地区能否实现持久高效的发展关系乡村全面振兴的成败。民族村寨是民族文化、乡土文化、区域文化等多元文化最直观的呈现，其作为乡村的有形文化载体表达了乡村经济、文化、生态等多重发展诉求；其快速、高质地发展对中华民族伟大复兴、乡村振兴大有裨益。然而，快速城镇化发展也让民族地区面临诸多问题，如人口外流带来文化断裂、价值观失落、乡村衰退等，一系列问题让部分民族村寨陷入发展困境甚至面临衰落的危机。民族村寨衰落意味着多元文化的衰退，会引致民族地区乡村特色及乡土风貌的渐失。乡村振兴不是简单盲目的建设乡村，不是丢弃文化另辟蹊径，而是要依托民族村寨这个载体来振兴经济。民族村寨作为特殊的乡村形态，是推动乡村振兴的重要支点，也是推进城镇化的重要组成部分。然而，民族地区乡村发展不充分问题制约着民族村寨的可持续发展，究其原因是其割裂了民族村寨、城镇化、乡村振兴的关联且对三者间共性探讨不足。城镇化与民族村寨在功能上重叠，催生了"村寨镇化"发展模式，为实施乡村振兴提供了可能。

本书尝试构建"村寨镇化"理论及其发展的内生模式，其理论的研究是基于"村寨镇化"概念的延伸和拓展。"村寨镇化"是民族村寨充分利用资金、技术、人才、信息等发展要素，在镇化功能的辐射带动下，通过要素在城乡间的双向聚集和双向流通，畅通要素流通通道从而与城镇功能对接，获得部分城镇功能，实现村寨功能提升，成为集文化、生态、产业、交通、物流、商贸、居住、消费、就业等各种要素为一体的综合集散中心，形成乡村建设新层级。"村寨镇化"的目的是让民族村寨通过功能提升实现村寨的城镇功能，推动乡村振兴，推进城镇化。但是，并非所有的民族村寨都可以镇化，需要具备地理区位优势、历史文化优势、资源禀赋优势、产业发展优势、空间布局优势等前提条件，这些条件既是民族村寨价值的集中呈现，也是乡村振兴所需要的发展动力。"村寨镇化"为民族村寨实现乡村振兴寻找可能的实现渠道，它既有支撑乡村可持续发展的部分城镇功能，又是乡村建设中可以把握的具有多元空间要素的建设实体。乡村振兴通过对"村寨镇化"的模式探索，试图将乡村发展话语权重归乡村本身，重塑乡村文化持有者与乡村的情感联系，在乡村文化复归中重置寄托乡愁之所，让多元主体重归乡村生活，在文化自觉、自信中实现乡村理想生活之境，让每个在此宜居的人活的更有自尊、活的安适优雅。

通过研究，本书得出如下结论：（1）村寨镇化是一类具有中国特色的民族村寨在现代化发展的探索方式，能助推中华民族伟大复兴，实现乡村振兴；（2）村寨镇化立足于发挥民族村寨的城镇功能，不仅要实现乡村的全面发展，更要以破解城乡二元发展矛盾为根本需求；（3）民族村寨要根据所在地要素禀赋的实际情况，针对性地发挥比较优势，探索不同类型的村寨镇化模式，在破解同质化发展难题的同时走出具有中国式现代化特色的乡村振兴之路；（4）村寨镇化使部分民族村寨走出衰落的困境，在村寨功能提升中实现发展，既是节约乡村建设成本的高质量发展，又可以让"离土离乡"的农民扎根乡村、发展乡村、回报乡村；（5）乡村振兴让部分有价值的民族村寨降低了衰落、消失的风险，在村寨镇化路径探索中实现村寨的可持续发展；（6）村寨镇化与乡村振兴协同发展、相辅而行，妥善处理传统与现代、保护与发展间的关系，重现乡村内生发展活力。

通过研究，笔者希望有更多有文化、有条件、有基础的民族村寨能够朝镇化的方向去演化，发挥民族村寨应有的价值。"村寨镇化"理论的提出既符合城镇化趋势，也符合乡村振兴要求。"村寨镇化"是乡村有效对接城镇化的重要路径，运用好民族村寨这个特殊的乡村形态，通过镇化方式充分发挥民族村寨的现存价值，探讨乡村振兴的实现逻辑和发展模式，解读"村寨镇化"如何实现中华民族伟大复兴和民族地区乡村振兴。

目 录
CONTENTS

绪 论 1
　第一节　研究缘起 1
　　一、现实启迪 1
　　二、理论思考 4
　第二节　研究意义 6
　　一、学术意义 6
　　二、理论意义 7
　　三、现实意义 8
　第三节　文献综述 9
　　一、城镇化发展态势与实践路径研究 9
　　二、民族村寨功能提升研究 12
　　三、乡村振兴与文化变迁研究 17
　　四、关系综述 21
　　五、研究述评 23
　第四节　研究思路 24
　第五节　研究方法 25
　　一、文献研究 26
　　二、深度访谈 26
　　三、参与观察 27
　　四、定性分析 27
　　五、定量分析 27

第六节 创新与不足 ·· 28
　一、创新点 ·· 28
　二、研究不足 ·· 29

第一章　概念与理论基础 ·· 31
第一节　概念的界定 ·· 31
　一、民族村寨 ·· 31
　二、村寨镇化 ·· 33
　三、中国式城镇化 ·· 36
　四、乡村振兴 ·· 38
第二节　理论基础 ·· 41
　一、内生增长理论 ·· 41
　二、区位理论 ·· 44
　三、增长极理论 ·· 48
　四、可持续发展理论 ·· 51
　五、文化变迁理论 ·· 52
　六、协同发展理论 ·· 55

第二章　民族村寨、城镇化与乡村振兴关系 ···························· 59
第一节　民族村寨与城镇化 ·· 59
　一、民族村寨是城镇化发展的重要内容 ···························· 59
　二、城镇化是引导民族村寨发展的思路创新 ························ 61
　三、城镇化是实现民族村寨发展的高效手段 ························ 62
第二节　民族村寨与乡村振兴 ······································ 68
　一、乡村振兴密切关联着民族地区发展 ···························· 68
　二、民族村寨是民族地区少数民族主要聚居方式 ···················· 70
　三、民族村寨是乡村振兴的载体与媒介 ···························· 72
第三节　民族村寨、城镇化与乡村振兴 ······························ 73
　一、城镇化背景下民族村寨发展历程及其重要地位 ·················· 73
　二、民族村寨有助于加强城镇化与乡村振兴的关联 ·················· 74
　三、民族村寨有助于支撑城镇化与乡村振兴的发展 ·················· 78

第三章 "村寨镇化"的理论构建 ································ 81
第一节 "村寨镇化"基本原则 ································ 81
一、坚持以人为本 ································ 81
二、绿色生态为基 ································ 81
三、民族文化为魂 ································ 82
四、制度安排科学 ································ 82
五、产业选择合理 ································ 82
六、功能建设健全 ································ 83
七、保障机制及时 ································ 83
第二节 "村寨镇化"科学内涵 ································ 83
一、"村寨镇化"科学内涵 ································ 84
二、"村寨镇化"内涵解读 ································ 87
第三节 "村寨镇化"构建诉求 ································ 88
一、"村寨镇化"构建逻辑 ································ 88
二、"村寨镇化"条件获取 ································ 99
三、"村寨镇化"实践作为 ································ 116
第四节 "村寨镇化"实践模式 ································ 129
一、资本聚合模式 ································ 129
二、文化旅游模式 ································ 131
三、传统工艺模式 ································ 134
四、生态农业模式 ································ 136
五、老字号品牌模式 ································ 138

第四章 "村寨镇化"与乡村振兴关系及价值分析 ················ 141
第一节 "村寨镇化"与乡村振兴关系分析 ················ 141
一、"村寨镇化"是构成乡村振兴的发展脉络 ················ 141
二、乡村振兴是探索"村寨镇化"的战略语境 ················ 161
三、"村寨镇化"与乡村振兴协同的双向关联 ················ 164
第二节 "村寨镇化"对乡村振兴价值分析 ················ 168
一、提升经济生产要素在地重聚实现产业振兴 ················ 169
二、提升乡村生态环境宜居建设实现生态振兴 ················ 175
三、提升乡村多维文化自在传承实现文化振兴 ················ 179
四、提升现代乡村治理能力水平实现组织振兴 ················ 184

五、贯彻以人为核心的发展诉求实现人才振兴 ……………… 188

第五章 "村寨镇化"与乡村振兴协同发展路径 ……………… 193
第一节 协同发展路径的构建 …………………………………… 193
一、产业功能辐射与带动,推动产业兴旺 ………………… 194
二、生态功能修复与转型,推动生态宜居 ………………… 198
三、文化功能调适与再造,推动乡风文明 ………………… 202
四、政治功能保障与强化,推动治理有效 ………………… 205
五、社会功能重构与优化,实现生活富裕 ………………… 207
第二节 研究建议 ………………………………………………… 210
一、务必意识先行强化为农服务功能 ……………………… 211
二、依靠资本拉动保障乡村产业发展 ……………………… 212
三、激活内生动力重现乡村宜居活力 ……………………… 214
四、以人为本提升乡村社会文明 …………………………… 215
五、壮大集体经济有效推动乡村治理 ……………………… 217
六、合理配置生产要素繁荣乡村发展 ……………………… 218
七、不断健全乡村生态文明制度体系 ……………………… 219

结论与展望 …………………………………………………………… 222
第一节 研究结论 ………………………………………………… 222
第二节 展望 ……………………………………………………… 224

参考文献 ……………………………………………………………… 227

后 记 ………………………………………………………………… 237

绪 论

第一节 研究缘起

一、现实启迪

中国社会进入新时代，城乡发展不平衡和乡村发展不充分依然是长期存在的主要问题，乡村凋敝、村寨衰落等诸多制约乡村可持续发展的问题之根源主要是乡村发展不充分。乡村振兴战略的适时提高正是直面乡村发展面临的问题，着眼于解决不平衡不充分的发展矛盾，成为新时代国家的重要战略选择。[①] 乡村发展不充分问题集中且较为突出地呈现在民族地区，民族地区是乡村发展的重要组成部分。民族地区居民主要以村寨聚落（以下简称民族村寨或村寨）为聚居载体，乡土社区的单位是村寨（又称村落），[②] 民族村寨作为乡村的特殊形态，是乡村振兴战略的重要内容。

长期以来，民族村寨发展起点低、底子薄、自然条件恶劣、致贫成因复杂、发展状态缓慢，同时快速城镇化带来粗放发展积累的同质化问题，导致民族村寨现存资源浪费以及民族文化的本身性受到破坏。[③] 民族村寨是支撑乡村发展的主要空间，承载着民族地区乡村绝大多数脱贫人口和低收入人口，民族村寨在乡村振兴中承担着多重角色和历史使命，可以成为实现乡村振兴的一种特殊的现代化力量。如果民族村寨低质低效发展，何谈中国式现代化、何谈中华民族

[①] 徐顽强，王文彬. 重塑农民主体自觉：推进乡村振兴之路[J]. 长白学刊，2021（2）：109-115，2.

[②] 费孝通. 乡土中国[M]. 北京：北京大学出版社，2012：27-28.

[③] 陈浩华. 乡村振兴视域下云南省乡村旅游资源激活利用路径研究[J]. 农业经济，2021（3）：109-110.

伟大复兴？因此，我们要站在中华民族伟大复兴的高度重视民族村寨对乡村振兴发展的重要性，将农业、农村、农民问题集中且较为突出的民族村寨纳入中国特色社会主义乡村振兴道路是必要的，也是可行的。

要想实现从"衰落"到"复兴"的振兴发展，乡村建设就不能简单盲目，更不能丢弃民族文化另谋出路。① 民族村寨本身是丰富的文化体，它有基础、有条件、有根基，要保护好、建设好、利用好民族村寨这个载体。同时，城镇化被视作实现中国式现代化的必经阶段和破解当前乡村诸多发展矛盾的重要手段。民族村寨是乡村特殊的聚落形态，又是城镇化发展的重要组成部分，理应构成二者发展的主要内容。基于此，本书立足民族村寨功能提升的逻辑结构对"村寨镇化"进行理论构建，深入分析民族地区"村寨镇化"与乡村振兴协同发展研究的具体实践路径，从而探索民族地区村寨的存续对乡村振兴的价值所在。在此我们需要直视和思考以下几个关键性问题：

第一，为什么要对民族村寨进行功能提升并实现镇化功能？

一方面，乡村振兴不是丢弃民族村寨另辟蹊径，而是利用好民族村寨这个载体，实现新时代民族地区乡村的高质量发展。② 民族地区因为拥有悠久的历史、灿烂的文化、各异的风俗习惯形成了民族村寨。民族村寨是各族人民聚居的载体，是中华优秀传统文化与人民智慧的结晶，是满足群众生产生活所需资源的场所。民族村寨是民族地区的发展根基也是实现中国式现代化的基本单元，是聚合中华民族共同体之力实现乡村振兴的重要保证。它有规模、有历史、有文化，聚集了各种资本要素，具有多重功能价值。另一方面，民族村寨丰富的文化价值是村寨功能提升实现的基础。镇化路径带给民族村寨新的发展思路，民族村寨发展需要依靠城镇的资源要素，通过功能提升获得部分镇化功能，让村寨获得可持续发展的能力。民族村寨功能提升的目的不是简单地对村寨进行保护，这样只会成为乌托邦；而是在对村寨资源要素优化配置过程中，实现民族村寨的现代发展诉求，③ 也是在推进农业农村现代化基础上协调联动城乡区域发展体系对镇化发展路径的重要探索。④

---

① 张强，张怀超，刘占芳. 乡村振兴：从衰落走向复兴的战略选择[J]. 经济与管理，2018, 32 (1): 6-11.
② 陈文烈，王晓芬. 民族地区乡村振兴战略的内在逻辑与建构路径[J]. 青海民族研究，2021, 32 (1): 149-156.
③ 陈一静. 中国城镇化创新发展探究：特色小镇发展模式及机遇[J]. 天津行政学院学报，2018, 20 (5): 11-18.
④ 刘伟，李建平，简新华，等. "构建中国自主的经济学知识体系"笔谈[J]. 东南学术，2023.

第二，基于什么条件的民族村寨可以实现镇化功能？

民族村寨镇化功能的实现是村寨价值的实现过程。民族村寨是中华优秀传统文化的综合呈现，具有典型性、代表性和整体传承性。[①] 镇化功能的实现要以民族村寨的价值存在为前提。我国民族村寨数量众多且类型多样，比如在贵州有3900多个民族村寨，其中具有开发价值的民族村寨有1000多个，不是每一个民族村寨都可以进行功能提升。社会学将民族村寨共同体分为经济边界、行政边界、自然边界、社会边界、文化边界五种边界，并且这五种边界不会重合。[②] 也就是说，这五种边界构成了民族村寨共同体，并且在共同体中发挥不同功能。具体而言，这五种边界功能的实现来自民族村寨经济、行政、自然、社会、文化等资源要素供给，使村寨实现空间城镇化、人口城镇化。因此，对民族村寨功能提升应根据民族村寨的地理区位优势、资源禀赋优势、产业发展优势、空间布局优势等发展现状分类探索。

第三，民族村寨功能提升对乡村振兴起到什么作用？

城镇化进程为民族村寨带来一系列发展困境，长期以来乡村劳动力外流为城镇带来人口资源环境承载压力，[③] 继而出现"产业空、人力空、住房空、干部空"的乡村"四大皆空现象"[④]，导致大量民族村寨自然衰落、民族文化失落、民族特色丧失、村寨格局改变等诸多问题，让小农的终结[⑤]或是村寨的终结[⑥]成为可能。乡村振兴不是民族村寨的终结，而是为民族村寨带来新的发展契机。民族村寨功能提升是实现城乡要素平等交换，打通要素双向流通的制度性通道，为激活乡村内生发展活力构建新的发展格局提供有力支撑。[⑦] 一方面，民族村寨功能提升符合乡村发展规律，为民族地区乡村建设承担振兴之要义。民族村寨是民族地区人们的主要聚居区，是人们生活的基本功能单位，是乡村振兴的文化支点和实施的重要载体。民族村寨作为乡村振兴战略的空间载体，民族村寨功能提升对乡村建设的作用和影响是实现乡村振兴的重要内容，它更能

---

① 孙九霞. 传统村落：理论内涵与发展路径[J]. 旅游学刊, 2017, 32 (1)：1-3.
② 李培林. 村落终结的社会逻辑——羊城村的故事[J]. 江苏社会科学, 2004 (1)：1-10.
③ 诸宁扬, 丁生喜, 葛丽亚. 基于人口资源环境承载力评价的青海省重点开发区域新型城镇化问题[J]. 江苏农业科学, 2017, 45 (1)：279-285.
④ 李培林. 农民的终结是选择还是命运[J]. 社会发展研究, 2020, 7 (3)：2-4.
⑤ 孟德拉斯. 农民的终结[M]. 李培林, 译. 北京：社会科学文献出版社, 2005：279.
⑥ 李培林. 村落的终结[M]. 北京：商务印书馆, 2004：200.
⑦ 完世伟, 汤凯. 城乡要素自由流动促进新发展格局形成的路径研究[J]. 区域经济评论, 2021 (2)：47-55.

反映乡村发展的延续性和农业文明的特性。另一方面，乡村振兴不是离开民族村寨来实现的，更不是抛弃民族村寨而新建的；乡村振兴不是消灭、遗弃民族村寨，而是要依托民族村寨这个载体而发展。乡村振兴不是丢弃民族文化另辟蹊径，部分民族文化的消失意味着一些民族村寨日渐衰落。没有民族文化的乡村再去谈振兴，那就是乡村城市化；将民族村寨推倒重建那就是新农村建设，以上两种方式都不可取。民族村寨文化功能提升是传承、恢复与振兴乡村文化的有效途径，并成为探索农业农村农民现代化生产生活方式的绿色转型，以此成为满足农业农村高质量发展需求的新落脚点。① 本书试图通过民族村寨功能提升对乡村振兴进行多维度、多层面、多元化的模式探索。

二、理论思考

民族地区村寨与乡村振兴紧密关联，是马克思主义中国化时代化的具体实践在我国的充分论证。马克思主义唯物论表明意识形态、生产方式等多种理论方法，具有解释功能、认识功能、指导功能、规范功能、改造功能、资源功能、知识功能等，② 为进一步研究民族村寨与乡村振兴的中国式现代化实践奠定了理论基础。

马克思的历史唯物论对社会物质生产史以其存在的意义的阐述是我们研究社会存在与社会意识的基本原理。社会存在决定社会意识，构成生产、分配、交换、消费的一般逻辑关联。③ 城镇化与民族村寨是社会存在的产物，城镇化变迁导致民族村寨土地和人等生产要素的流动，使原有的分配关系发生变化，这种变化是村寨原有分配关系与生产要素相适应的再生产过程。原有民族村寨已不再局限于村寨本身，而是与城镇化在形式和内容上有了千丝万缕的联系，表明民族村寨的发展与城镇化密切相关。镇化是构成城镇化的路径之一，乡村振兴需要城镇支撑，民族村寨经过功能提升在村寨实现现代小城镇的基本功能是对镇化路径的重要探索。

---

① 柴国生．科技精准供给驱动乡村振兴的时代必然与现实路径[J]．科学管理研究，2021，39（1）：132-141．
② 孙其昂，吴芳芳．论马克思主义的多维功能及其结构思维[J]．学校党建与思想教育，2020（7）：9-12．
③ 中共中央马克思恩格斯列宁斯大林著作编译局．政治经济学批判导言[M]．北京：人民出版社，1998：6-30．

资本积累就是资本再生产和再积累的循环往复过程,① 由此产生分配关系和生产关系。② 民族村寨与乡村振兴密切联系,民族村寨可以看作是民族地区资本积累的产物,民族村寨要想实现振兴就必须有新的生产要素产生。民族村寨的价值体现在政治、经济、文化、生态等多重维度,不同维度价值在资本积累中根据生产内容的不同产生了与之相适应的分配要素,体现了民族村寨资本的多样性特点。不同资本要素所产生的利润与之相匹配的资本在不同生产功能之间用分配方式来调节。民族村寨不同资本要素的分配方式产生的功能决定了各自的生产要素实现的总利润,这一点可以从马克思强调的人类自身的生产与再生产的运动过程中来审视资本发展规律。

资本是生产工具,是过去的、客观化了的劳动。③ 民族村寨既可以看作资本,也可以看作是进行生产的个人劳动的聚集,又可以把个人看作是"生产工具"积累的劳动,由此产生了生产关系的全部历史。文化、生态、人等资本要素构成民族村寨的基本生产要素,不同功能生产要素的聚集决定其具有何种功能,这些要素及功能的实现显示了民族村寨在不同历史阶段民族发展过程中的生产率程度。民族村寨生产要素的高度聚集,是推动村寨生产力发展的前提。

马克思就经济基础和上层建筑对社会结构产生的重要影响,提出的生产力与生产关系的原理始终贯穿社会形态结构的变化规律,尊重发展规律才是坚持马克思主义的正确态度。经济基础决定上层建筑是由生产力与生产关系的一般发展规律决定的。④ 民族村寨功能提升就是生产力发展的过程,通过与城镇功能对接实现村寨现代化发展功能,让民族村寨与城镇实现互往互通是城乡融合的发展趋势。事物的结构解释功能,结构是事物的要素关系,要素及关系决定功能。⑤ 城镇化的政治、经济、文化、社会、生态等中心功能决定了乡村的功能结构变化,民族村寨功能提升就是满足城镇化高质量发展的需要,实现生产、生活、生态融合的城镇化发展模式。民族村寨功能提升是城镇功能辐射带动的结

---

① 中共中央马克思恩格斯列宁斯大林著作编译局.马克思恩格斯文集:第8卷[M].北京:人民出版社,2009:324.
② 中共中央马克思恩格斯列宁斯大林著作编译局.马克思恩格斯文集:第2卷[M].北京:人民出版社,2009:647-654.
③ 中共中央马克思恩格斯列宁斯大林著作编译局.马克思恩格斯文集:第5卷[M].北京:人民出版社,2009:445.
④ 中共中央马克思恩格斯列宁斯大林著作编译局.马克思恩格斯文集:第2卷[M].北京:人民出版社,2009:2.
⑤ 孙其昂,吴芳芳.论马克思主义的多维功能及其结构思维[J].学校党建与思想教育,2020(7):9-12.

果，民族村寨是可以不断解放和发展乡村社会生产力的乡村的特殊形态。如果把民族村寨看作资本，那么在不同的社会发展阶段，它一定会产生各种资本价值并通过资本流通来实现。

在生产、分配、交换、消费一般逻辑中衍生生产关系与交往关系[①]，这可以看作是资本的再生产，也可以看作是资本的生产过程和流通过程。某一个地方创造出来的生产力，特别是发明，再以后的发展中是否会失传，完全取决于交往扩展的情况。资本的交往扩展相当于资本的流通作用。[②] 这给了我们认识和改造民族村寨的方式方法，这说明资本的流通功能在起作用，是启发我们认识和改造民族村寨的重要方式方法。民族村寨可以运用资本的流通功能实现它与城镇功能的交往交流。民族村寨的延续或是衰落主要依赖于自身功能是否实现并与周边城镇能否实现功能互通，也就是村寨资本是否实现内外流通。由于民族村寨的主体是农民，农民的生产和交往在与外界接触中发生变化，民族村寨功能提升就是适应农民的这种流变性。由此，可以清晰看到马克思主义理论及其功能对民族地区村寨发展的影响。

资本的本质是生产资本，但只有生产剩余价值，它才生产资本。[③] 换言之，把民族村寨看作资本，通过实现功能提升产生剩余价值，在剩余价值中不断聚集新的资本，不仅使整个再生产过程扩大而且资本的再积累过程是民族村寨功能不断提升的过程。民族村寨的不同功能来自不同资本的分配关系，将资本实现的过程看作是不同功能起作用的过程。

第二节　研究意义

一、学术意义

通过对我国相关研究成果的梳理和分析，笔者发现民族村寨的理论研究视角多囿于西方的理论分析思维框架，以乡村优秀传统文化为本展开理论与实践

---

① 中共中央马克思恩格斯列宁斯大林著作编译局. 马克思恩格斯文集：第8卷[M]. 北京：人民出版社，2009：13；33.
② 中共中央马克思恩格斯列宁斯大林著作编译局. 资本论：第3卷[M]. 北京：人民出版社，1998：27；296.
③ 中共中央马克思恩格斯列宁斯大林著作编译局. 资本论：第3卷[M]. 北京：人民出版社，1998：538-545.

研究的探讨仍显不足。本书力求对民族村寨这个有形文化载体呈现的乡村社会文明程度，用民族学、人类学、经济学等多学科方法深入探究，在我国城镇化、乡村振兴等国家重大发展战略语境下探索民族村寨价值的存在与村寨作为一种可把握的实体实现自身发展的逻辑关系。民族村寨作为民族文化、乡土文化、区域文化的文化综合体，其多元文化价值为乡村发展带来不可度量的经济价值。民族村寨一直以来是关涉多学科研究的重点领域，其自身价值积累的丰硕成果是乡村振兴战略实施的基础。同时，大量的学术研究集中在民族村寨的民族性和其为民族地区带来的经济价值，为进一步开展研究奠定了扎实的理论基础，这也是我国学界为国际学术研究提供的中国经验和理论解释。在研究过程中，将民族村寨的文化价值应用于乡村振兴，并在具有中国范式的乡村振兴实践中发掘一些有价值的结论，为日后国际社会的研究提供一些学术参考，也可应用于世界民族发展并以此丰富国际学术研究理论，以中国乡村治理现代化的生动实践为丰富和拓展世界相关领域学术发展空间作出贡献。

二、理论意义

学界对民族村寨价值研究的深入探索主要侧重于发展现状[1]、问题与对策[2]、动力机制[3]、评价体系[4]、保护与利用[5]、实践与思考[6]等方面，并没有深入剖析民族村寨的矛盾根源与发展迷思。民族村寨发展囿于传统的理论分析框架和思路，缺乏从新时代战略语境出发的理论和实践探索，缺乏合适的理论框架和对所研究问题的明确定义。[7]从理论创新视角探索理论构建需要对多学科知识交叉运用，才能从民族村寨的发展悖论中揭开矛盾的根源，在民族村寨、

---

[1] 王禹，廖志学．基于景观安全格局的嘉绒藏族传统村落形态研究——以马尔康市直波村为例[J]．生态学报，2021，41（3）：1209-1220.

[2] 吴泽荣．实践、困境与突破：乡村振兴背景下民族地区传统村落的发展策略与路径选择——以广东为例[J]．广西民族研究，2020（2）：35-40.

[3] 程海帆，李楠，毛志睿．传统村落更新的动力机制初探——基于当前旅游发展背景之下[J]．建筑学报，2011（9）：100-103.

[4] 杨立国，龙花楼，刘沛林，等．传统村落保护度评价体系及其实证研究——以湖南省首批中国传统村落为例[J]．人文地理，2018，33（3）：121-128，151.

[5] 李超，蒋彬．西南民族地区传统村落保护研究概况与展望[J]．民族学刊，2018，9（3）：16-24，97-103.

[6] 姜爱．湘鄂民族地区传统村落发展的实践与思考——以龙山县捞车村和来凤县舍米湖村为例[J]．湖北民族学院学报（哲学社会科学版），2016，34（4）：11-15.

[7] 陈文烈，王晓芬．民族地区乡村振兴战略的内在逻辑与建构路径[J]．青海民族研究，2021，32（1）：149-156.

城镇化、乡村振兴协同发展中寻求新的创新发展模式。

本研究的理论意义主要在于：其一，尝试将民族村寨、城镇化、乡村振兴置于同一系统中，通过分析三者之间的逻辑关系深入探讨三者的共性问题，将民族村寨纳入城镇化与乡村振兴的关系中进一步探索民族村寨是否可以为城镇化与乡村振兴提供新的思路和发展模式。其二，尝试基于民族村寨文化价值的视角，将村寨多元文化价值作为民族地区走中国特色社会主义乡村振兴道路的深刻呈现与表达。其三，尝试构建"村寨镇化"理论，通过村寨功能提升探索乡村现代化发展新格局，立足村寨的城镇功能实现乡村"五大振兴"发展。其四，尝试基于民族村寨功能提升的视角探索"村寨镇化"与乡村振兴协同发展的最优路径。其五，尝试运用"村寨镇化"理论分析解决民族村寨在保护与发展、现代与传统关系中面临的诸多问题，为民族地区村寨的存续发展提供可资借鉴的分析框架。

三、现实意义

当前，民族村寨要充分发挥现存价值，运用好民族村寨这个物质载体，厘清民族村寨、城镇化、乡村振兴的内在逻辑，充分发挥三者优势，加快构建新时代城乡一体化发展格局。然而，复杂的社会矛盾成因阻断了三者的关联，割裂了三者的发展。因此，对民族村寨、城镇化、乡村振兴三者关系的探讨对于丰富三者的科学内涵，为解决民族问题在民族地区实现和谐有序的善治乡村提供新的理论视角。

本书不同于某些单向度的理论假设，而是基于对民族地区多个具有典型性的民族村寨深入观察，提供一幅相对真实的民族村寨发展图景。因此，本书的现实意义在于力求对民族地区村寨这个有形文化载体，用经济民族学、人类学等多学科方法深入探索民族村寨的多元文化价值与乡村振兴之间的逻辑关系，从文化持有者角度寻求民族村寨可持续发展的出路。通过对"村寨镇化"理论框架的构建，尝试探索具有中国特色的有价值的民族村寨与乡村振兴协同发展的有效路径。

第三节　文献综述

一、城镇化发展态势与实践路径研究

（一）国外相关研究

城镇化起始于18世纪下半叶的工业革命，到20世纪初逐步发展，这段时间既是工业革命发展时期也是城镇化形成时期，再到城镇化转型研究探索过程创造出丰富的理论成果，并形成可借鉴的经济发展理论。在此归纳一些比较有代表性的观点：一是在城市与工业化同步推进阶段。如 Ira S. Lowry 探讨了城乡失衡和过度城市化问题。[1] 二是城市化问题的突出阶段。这一时期城乡资源要素的不均衡是一系列经济社会政策导致的，而这些政策又是由于政府主导的城市偏向行为导致的。[2] Sassen 认为发展中国家的城乡资源配置极其不均衡。[3] 三是城市化转型研究探索阶段。城市人口的迁移和增长正在创造一条"从下而上"的城市化新轨道，其过程与以城市为基础的"从上而下"的轨道有很大不同。[4] 这两个术语通过类比 Hansen[5] 和 Stohr[6] 的"从上而下或从下而上"的范例而产生，在此进程中形成了具有代表性的城乡结构转换理论、非均衡发展理论和协

---

[1] LOWRY I S. Migration and Metropolitan Growth: Two Analytical Models [J]. Journal of the American Statistical Association, 1967, 62 (320): 1502–1503.

[2] LIPTON M. Why Poor People Stay Poor: A Study of Urban Bias in World Development [J]. Modern Asian Studies, 2008, 13 (1): 167–173.

[3] Sassen, Saskia 2001a, The Global City: New York, London, Tokyo. Second Edition, Princeton, NJ: Princeton University Press. 201b, "Global Cities and Developmental States: How to Derail What Could Be an Interesting Debate: A Response to Hill and Kim." in Urban Studies 38 (13): pp. 2537–2540.

[4] MA L, FAN M. Urbanisation from Below: The Growth of Towns in Jiangsu, China [J]. Urban Studies, 1994, 31 (10): 1625–1645.

[5] HANSEN, N, (1981) Development from above: the centre-down development paradigm, in: W. B. STOHR and D. R. F. TAYLOR (Eds) Development from Above or Below? The Dialectics of Regional Planning in Developing Countries, pp. 15–39. New York: Wiley.

[6] STOHR, W. B. (1981) Development from below: the bottom-up and periphery-inward development paradigm, in: W. B. STOHR and D. R. F. TAYLOR (Eds) Development from Above or Below? The Dialectics of Regional Planning in Developing Countries, 1981, 06 (01) pp. 39–72. New York: Wiley. DOI: 10.57938/b05d32e0-763a-474e-b517-09562fc60515.

调发展理论等。城乡结构转换理论中，美国经济学家钱纳里认为城镇化过程就是人口从城市到乡村的迁移过程；塞尔昆把它看作是城镇的发展规律。① 非均衡发展理论中，缪尔达尔认为不平衡是经济增长的常态，只有扭转不平衡的发展才能摆脱贫困。② 就协调发展理论，英国学者 E. Howdar 提出"从花园城市到绿城"模式。③ 在此基础上，恩温提出构建现代城市新的发展功能。④ 在柯布西耶的理论指导下，"功能城市"这一概念的提出奠定了《雅典宪章》的重要功能理论思想，并提出城市发展要规划好居民的衣食住行，让城市实现发展的多元化功能。⑤

（二）国内相关研究

1. 有关城镇化发展态势分析

在西方"花园城市"理论诞生近百年后，在古老的华夏文明发源地上"城市化"运动开始登上历史舞台。中国城镇化理论的形成是对新中国成立70年来城镇化发展进程的总结和肯定，这也将中国的城镇化借经济发展这条主线分为四个发展阶段。第一阶段，以提高城镇化率为主阶段。吴友仁先生首次提出城镇化问题，回顾并预测了自1949年新中国成立以来到20世纪末城市化发展的现状与变化趋势，以及在探索中实现城镇化的途径和措施，开启了城镇化理论研究的开端。⑥ 第二阶段，城镇化功能实现阶段。这一时期对小城镇集中研究，费孝通认为小城镇功能是对农民生活需求的满足，⑦ 尤其城镇的前身集镇是对乡村功能较为完整的呈现。⑧ 这一时期开始对小城镇进行研究，折晓叶、陈婴婴基于超级村庄提出完善村政功能的重要性。⑨ 工业的发展又促进了地区性产业结构

---

① 钱纳里，塞尔昆. 发展的格局（1950—1970）[M]. 李小青，等译. 北京：中国财政经济出版社，1989：56.
② 缪尔达尔. 世界贫困的挑战 世界反贫困大纲[M]. 顾朝阳，等译. 北京：北京经济学院出版社，1991：48-50.
③ Parsons, Kermit C. (Kermit Carlyle), Schuyler, David. From garden city to green city：The Legacy of Ebenezer Howard [J]. Center Books on Contemporary Landscape Design, 2004：15.
④ HALL P. Cities of Tomorrow [M]. Oxford：Blackwell Publishing, 2002：74.
⑤ 柯布西耶. 雅典宪章[M]. 施植明，译. 台北：田园城市文化事业有限公司，1996：17-67.
⑥ 吴友仁. 关于我国社会主义城市化问题[J]. 人口与经济，1980（1）：19-26.
⑦ 费孝通. 小城镇大问题（续完）[J]. 瞭望周刊，1984（5）：24-26.
⑧ 费孝通. 小城镇再探索（之四）[J]. 瞭望周刊，1984（23）：22-23.
⑨ 折晓叶，陈婴婴. 超级村庄的基本特征及"中间"形态[J]. 社会学研究，1997（6）：37-45.

变化，直接影响人们的生产生活方式，并且促进了城镇化水平的不断发展。① 之后"上山下乡"政策对提高农村生产力并不显著，农村经济发展较缓而且乡村特色丧失、环境污染严重②、经济产权模糊③等问题凸显。第三阶段，快速城镇化发展阶段。伴随着城镇自我发展能力的提高，土地、人口、城镇等发展矛盾日益突出，"城市病"开始蔓延。④ 在这一阶段中后期，我国城镇化扩散效应受限，产业、人口发展动力不足阻碍城镇化均衡发展。⑤ 第四阶段，城镇化高质量发展阶段。这一时期中西部民族地区城镇化发展进度缓慢，面临制度保障失衡、青壮年大量外流、建设资金不足、生态环境脆弱等问题。⑥ 中西部民族地区与东部地区不平衡不充分的发展矛盾日渐显现。⑦

2. 有关城镇化实践路径研究

我国首次提出文旅融合的产业化发展路径。⑧ 当文化成为产业创新发展要素，该发展要素与旅游产业融合的文旅产业化发展方式能有效促进民族地区城镇化经济快速发展。⑨ 文旅产业融合打开了民族地区城镇化现代产业发展新方式。⑩ 文化产业、生态产业、旅游产业等民族特色产业是推进新型城镇化的重要保障。⑪ 城镇化具有民族性特征，民族地区将特色文化融入旅游发展是促进新型

---

① 费孝通, 邱泽奇. 发展如蜕变——关于城镇与区域经济的对话[J]. 安徽决策咨询, 2003（11）：24-28.
② MA L, FAN M. Urbanisation from Below: The Growth of Towns in Jiangsu, China [J]. Urban Studies, 1994, 31（10）：1625-1645.
③ WEI Y D. Beyond the Sunan Model: Trajectory and Underlying Factors of Development in Kunshan, China [J]. Environment and Planning A, 2002, 34（10）：1725-1747.
④ 刘淑英. 发达地区小城镇结构转型及其保障体系研究 [D]. 重庆：重庆大学, 2010.
⑤ 吴闫. 城市群视域下小城镇功能变迁与战略选择 [D]. 北京：中共中央党校, 2015.
⑥ 张永岳, 张传勇, 胡金星. "一带一路"战略下民族地区新型城镇化路径探讨[J]. 西南民族大学学报（人文社科版）, 2017, 38（1）：145-150.
⑦ 高德胜, 金哈斯. 西部少数民族地区人口城镇化的现实分析及其出路[J]. 学理论, 2011（33）：38-39.
⑧ 钟晟. 贯彻十九届五中全会精神, 提高国家文化软实力[J]. 决策与信息, 2021（1）：18-19.
⑨ 钟晟. 贯彻十九届五中全会精神, 提高国家文化软实力[J]. 决策与信息, 2021（1）：18-19.
⑩ 万青松. 城镇化背景下少数民族特色文化旅游经济发展探究[J]. 山西农经, 2020（8）：44-45.
⑪ 俞杰, 郑依寒. 新型城镇化进程中的贵州少数民族文化变迁问题研究[J]. 现代农业研究, 2020, 26（9）：11-12.

城镇化产业经济可持续发展的重要策略。① 新型城镇化旨在扭转传统城镇化"重城市、轻乡村"的传统认识,实现从城乡关系失衡到再平衡的过程最终满足城乡居民发展需求。② 产业功能提升是新型城镇化的首要发展需求,集聚辐射功能、生态宜居功能、生活服务功能为产业功能发展的前提。③

综上可知,城镇化研究在理论上的突破主要取决于对城镇功能发展模式探索的应用和创新。城镇化转型发展是破解社会主要矛盾的必要手段,对于城镇化进程的研究离不开镇功能所起的重要作用,更不能忽略城镇化不同功能发挥的作用。

二、民族村寨功能提升研究

(一) 国外相关研究

西方国家认为村寨集文化、自然④、建筑等遗产所具有的文化价值于一体。⑤ 对村寨的保护经历了不断认识和深化的过程,并逐步将古代文明的建筑、遗址、地理区域纳入村寨保护政策。⑥ 快速城镇化助推着旅游业的兴起,也对文化遗产观的保护带来一定的威胁,⑦ 同时城镇化为村寨带来的一系列生态失衡、资源枯竭、乡村没落等"城市病"问题不容忽视。⑧ 从功能性建设的角度出发,村寨文化遗产景观演变是基于结构和功能以及历史之间的动态相互作用,与以前的文化模式和谐地结合在一起,具有自然、文化或美学价值。⑨ 日本的社区营造和历史保护运动通过评估文化遗产资源,重新通过政治、经济、文化等现代

---

① 黄达远,牟成娟. 近代安多藏区寺院型城镇成因与特征初探[J]. 宗教学研究, 2007 (4): 132-135.
② 倪咸林. 城乡再平衡进程中的乡村社会治理及其路径:以新型城镇化为背景[J]. 理论月刊, 2019 (10): 109-115.
③ 郭小燕. 中小城市和小城镇功能提升研究——基于农业转移人口市民化的视角[J]. 开发研究, 2014 (2): 37-41.
④ 保护世界文化和自然遗产公约 [EB/OL]. 传统村落网, 1972-11-16.
⑤ 关于乡土建筑遗产的宪章 [EB/OL]. 传统村落网, 1999-10-01.
⑥ 威尼斯保护历史性城市的国际宪章 [EB/OL]. 传统村落网, 2017-05-31.
⑦ Palang H, Helmfrid S, Antrop M, et al. Rural Landscapes: past processes and future strategies [J]. LANDSCAPE AND URBAN PLANNING, 2005, 70 (1-2): 0-8.
⑧ 李碧珍. 生态城镇化建设面临的困境及其破解路径——以福建省为例[J]. 福建师范大学学报(哲学社会科学版), 2016 (2): 14-21.
⑨ ANTROP M. Background concepts for integrated landscape analysis [J]. Agriculture Ecosystems & Environment, 2000, 77 (1-2): 17-28.

功能区建设对传统街屋进行社区营造。① 同时，乡村社会通过自身功能发挥作用成为乡村文化经济空间的地理媒介，将文化和经济结合在一起，这种关系构成文化遗产景观吸引力的基础和动力。② 印度尼西亚的潘卡萨里村通过可持续的旅游概念与环境、经济、社会和文化之间相结合，通过旅游活动带动村寨可持续发展。③ 可见，西方国家通过对村寨自身功能性建设实现村寨的保护与发展。

（二）国内相关研究

1. 民族村寨发展现状研究

村落、村庄、村寨是民族村寨的多种形态呈现，是乡村优秀传统文化的载体。学术研究对民族村寨的关注主要聚焦在（1）村寨变迁过程：村落派④、小传统论⑤、大传统论⑥、大小传统的关系⑦、村落边界论⑧；（2）存在意义、基本属性与当代价值；⑨（3）发展模式：对建筑景观建档保护的文化档案模型⑩、解释结构模型⑪、乡村的社区营造范式；⑫（4）问题与对策：从乡村到城镇化的发展路径是实现城镇化的重要方式，⑬ 同时，民族村寨受到城镇化快速发展带来

---

① 西村幸夫．再造美丽故乡：日本传统街区重生故事[M]．王惠君，译．北京：清华大学出版社，2007：22-23，110，125．

② TERKENLI T S. Landscapes of tourism: Towards a global cultural economy of space? [J]. Tourism Geographies, 2002, 4 (3): 227-254.

③ DEWI Y L K. Modeling the Relationships between Tourism Sustainable Factor in the Traditional Village of Pancasari [J]. Procedia Social and Behavioral Sciences, 2014 (135): 57-63.

④ 费孝通．乡土中国·乡土重建[M]．北京：群言出版社，2016（5）：6-10．

⑤ 籍颖．城市化过程中村落"小传统"生命力研究——以北京市石景山区衙门口村为例[J]．青年研究，2010（1）：54-64，95．

⑥ 郑萍．村落视野中的大传统与小传统[J]．读书，2005（7）：11-19．

⑦ 余英时，傅杰．论士衡史[M]．上海：上海文艺出版社，1999：88-89．

⑧ 李培林．村落终结的社会逻辑——羊城村的故事[J]．江苏社会科学，2004（1）：1-10．

⑨ 罗康智．中国传统村落的基本属性及当代价值研究[J]．原生态民族文化学刊，2017，9（3）：76-81．

⑩ 任越，刘思嘉．基于GIS的传统村落文化建档式保护模型构建[J]．档案学研究，2020（4）：69-74．

⑪ 邹君，朱倩，刘沛林．基于解释结构模型的旅游型传统村落脆弱性影响因子研究[J]．经济地理，2018，38（12）：219-225．

⑫ 姚华松．乡土中国的社区营造：基于鄂东某传统村落的乡村建设实践[J]．广州大学学报（社会科学版），2017，16（11）：52-56．

⑬ 李菁，叶云，翁雯霞．美丽乡村建设背景下传统村落资源开发与保护研究[J]．农业经济，2018（1）：53-55．

的影响,① 面临乡村内部空心、人口结构老龄、民族文化异变②、价值观失落③等发展问题引发的一系列社会矛盾,尤其是让中西部民族村寨面临衰落的风险。④

民族村寨学术研究成果还聚焦在多学科方向对相关理论研究的共同探讨,分别从价值、功能、形态演变、保护和利用上积累了丰富的案例素材和研究成果:一是从历史文化层面对民族村寨价值进行探讨。余书敏⑤、姜勇⑥对民族村寨历史遗产的价值及保护研究的关注;何艳冰⑦、吴忠军⑧从文化发展价值及其文化空间重塑的角度对民族村寨开展研究;高洪波⑨、李伯华⑩从风貌景观艺术价值角度出发研究民族村寨的发展;李军⑪、张春艳⑫对民族村寨经济空间重构及协调发展研究;罗康智⑬、任飞⑭立足民族村寨的生态价值引发的思考。二是对民族村寨的形态演变等的现状研究。车震宇运用民族村寨发展要素来分析村

---

① 胡蝶,周尚意,陈子雄,等.快速城镇化背景下"中国传统村落"命名手段的效果分析——以江西省的空间制图分析为例[J].地理科学进展,2021,40(1):104-113.
② 麻勇恒.传统村落保护面临的困境与出路[J].原生态民族文化学刊,2017,9(2):89-94.
③ 陈刚.发展人类学视角下西部民族地区传统村落旅游开发[J].旅游学刊,2017,32(2):11-12.
④ 刘馨秋,王思明.中国传统村落保护的困境与出路[J].中国农史,2015,34(4):99-110.
⑤ 余书敏.四川九寨沟县中查村传统村落的遗产价值及保护研究[J].四川文物,2020(2):106-113.
⑥ 姜勇.新宾满族民间艺术在满族传统村落中的历史价值[J].满族研究,2013(1):108-110.
⑦ 何艳冰,张彤,熊冬梅.传统村落文化价值评价及差异化振兴路径——以河南省焦作市为例[J].经济地理,2020,40(10):230-239.
⑧ 吴忠军,代猛,吴思睿.少数民族村寨文化变迁与空间重构——基于平等侗寨旅游特色小镇规划设计研究[J].广西民族研究,2017(3):133-140.
⑨ 高洪波,王雨枫,王颂,等.豫南地区传统村落风貌特色保护与更新研究——以信阳西河村为例[J].信阳师范学院学报(自然科学版),2018,31(4):687-692.
⑩ 李伯华,杨家蕊,刘沛林,等.传统村落景观价值居民感知与评价研究——以张谷英村为例[J].华中师范大学学报(自然科学版),2018,52(2):248-255.
⑪ 李军,蒋焕洲.经济空间重构:传统村落旅游利益分配正义的西江样本[J].中南民族大学学报(人文社会科学版),2020,40(4):112-118.
⑫ 张春艳.传统村落文化保护与经济协调发展研究——以黎平县地扪侗寨为例[J].原生态民族文化学刊,2017,9(1):101-105.
⑬ 罗康智.生态文明建设语境下的中国传统村落保护[J].原生态民族文化学刊,2019,11(1):79-85.
⑭ 任飞.贵阳布依族传统村寨聚落生态价值研究[J].贵州民族研究,2010,31(2):60-63.

寨景观建筑的发展及其具有的经济价值。① 三是对民族村寨保护利用的研究。从民族村寨的创新理论视角出发，李忠斌认为要化解民族文化的消极影响就要从模式上创新。② 从社区保护理论视角出发，罗永常认为对民族村寨要通过合理增权、有效参与与利益协调等社区营造的方式进行保护利用。③

2. 民族村寨功能提升研究

对民族村寨功能提升的研究需要纳入城镇化进程：小城镇在社会大分工中分化出多种功能。④ 城镇化通过镇化功能提升实现发展，同时辐射带动周边地区的经济增长，并形成不同功能的中心城市。⑤ 在城镇化实践路径研究阶段，新时代城镇的现代化发展必须通过城镇功能提升、产业升级等方式实现城镇的经济、社会、文化等自我发展能力。⑥ 城镇具有强大的辐射带动功能。⑦ 小城镇对人口、资金、技术等外部资源的吸纳和集聚过程，形成了具有城镇特色的经济、政治、文化等现代城镇功能。⑧ 城镇化发展要为居民提供生活宜居、充分就业、居民服务、居住环境等适宜居民生存发展等功能。⑨ 对于城镇化进程的研究离不开城镇化功能，更不能忽略城镇化功能所起的作用。李柏文指出，城镇化中的快速提升使小城镇呈现出规模式发展，这将成为主流发展趋势，同时具备适宜人生产、生活、居住、休闲、文化等多重功能。⑩

从村寨功能形成的角度出发，部分学者开始将村寨功能的实现与城镇化相

---

① 车震宇．旅游发展中传统村落向小城镇的空间形态演变[J]．旅游学刊，2017，32（1）：10-11．
② 李忠斌，郑甘甜．少数民族特色村寨评价指标体系研究[J]．广西民族研究，2013（3）：9-15．
③ 罗永常．合理增权、有效参与与利益协调——基于多理论场域的民族村寨旅游发展再思考[J]．贵州民族研究，2020，41（8）：87-92．
④ 许玲．大城市周边地区小城镇发展研究[D]．咸阳：西北农林科技大学，2004．
⑤ 胡际权．中国新型城镇化发展研究[D]．重庆：西南农业大学，2005．
⑥ 韩晓莉，宋功明，姚润明．可持续发展的城镇复兴与工业用地转型——英国雷丁Oracle项目启示[J]．西安建筑科技大学学报（自然科学版），2018，50（4）：536-542．
⑦ 陈仲伯，沈道义．小城镇带动区域经济发展战略研究——以湖南省为例[J]．经济地理，1999（3）：25-31．
⑧ 李新建．城镇功能与中国小城镇的发展[J]．中国人口科学，1992（1）：24-29．
⑨ 郭小燕．中小城市和小城镇功能提升研究——基于农业转移人口市民化的视角[J]．开发研究，2014（2）：37-41．
⑩ 李柏文，曾博伟，宋红梅．特色小城镇的形成动因及其发展规律[J]．北京联合大学学报（人文社会科学版），2017，15（2）：36-40，47．

关联。① 费孝通认为乡村源于村寨发展，而后其构成乡村的基层组织单位。② 民族村寨是民族地区乡村的基本研究单位，③ 乡村由村寨组成，没有村寨就没有乡村的发展。Skinner 认为对乡村的研究并不局限于村寨及其地域边界，而是以村寨、农民为中心的市场形成的乡村经济社会网络，揭示了村寨、城市、城镇构成的乡村经济社会网络具有空间、经济、社会、文化等集中服务功能，进而对村寨和城市的关系进行宏观分析才能更准确地把握村寨的社会位置。④ 李培林将村寨视为村寨共同体。⑤ 马翀炜认为村寨既有实体的存在也有观念的意涵，其核心价值是以人生意义共识的达成为最终目的实现村寨的存在价值。⑥

从村寨功能提升的角度出发，从小城镇实现发展到重点发展小城镇，再到发展具有民族特色的小城镇，反映了民族村寨在不同历史阶段的发展诉求和演变。⑦ 林耀华从结构—功能论研究村寨发展起源。⑧ 费孝通在《小商品 大市场》中揭示了温州模式的成功源于自身流通网络所发挥的流通作用对小城镇经济的影响。⑨ 费孝通一直致力于小城镇发展的研究，认为小城镇构成乡村发展的政治经济、文化教育、物流流通等功能。⑩ 李忠斌首创"固本扩边"理论，将民族文化整合重塑、吸收融合促进文化产权的实现，形成中心到边缘逐层扩展的经济增长圈。⑪ 李伟红通过对松阳县村寨价值的分析，挖掘整合乡村的多种功能，构建村寨价值传承与保护发展的共荣共享共建机制。⑫

---

① 折晓叶.村庄的再造：一个"超级村庄"的社会变迁[M].北京：中国社会科学出版社，1997：287-288，341.

② 费孝通.乡土中国·乡土重建[M].北京：群言出版社，2016：6-10.

③ 王金伟，陈昕蕾，张丽艳，等.乡村振兴战略视角下民族村寨社区旅游增权研究——以四川省石椅羌寨为例[J].浙江大学学报（理学版），2021，48（1）：107-117，130.

④ SKINNER G W. Marketing and social structure in rural China [M]. Durham: Duke University Press, 2002 (01-06): 217-261.

⑤ 李培林.村落终结的社会逻辑——羊城村的故事[J].江苏社会科学，2004（1）：1-10.

⑥ 马翀炜，覃丽赢.回归村落：保护与利用传统村落的出路[J].旅游学刊，2017，32（2）：9-11.

⑦ 李柏文，曾博伟，宋红梅.特色小城镇的形成动因及其发展规律[J].北京联合大学学报（人文社会科学版），2017，15（2）：36-40，47.

⑧ 林耀华.义序的宗族研究[M].北京：生活·读书·新知三联书店，2000：48.

⑨ 费孝通.小商品 大市场[J].浙江学刊，1986（3）：6-15.

⑩ 费孝通.费孝通自选集[M].北京：首都师范大学出版社，2008：137-167.

⑪ 李忠斌，李军，文晓国.固本扩边：少数民族特色村寨建设的理论探讨[J].民族研究，2016（1）：27-37，124.

⑫ 李伟红，鲁可荣.融合、共享与发展：传统村落保护发展的"松阳经验"及启示[J].广西民族大学学报（哲学社会科学版），2019，41（6）：54-60.

16

综上可知，城镇化快速发展为民族村寨带来一系列问题与挑战：一方面，民族村寨空心化、文化变异等危机的出现，需要依托城镇化方式寻找可以破解的手段；另一方面，民族村寨受制于城镇化进程带来的矛盾迷思却未找到可行的发展途径。学界关于民族村寨的研究卷帙浩繁，积累了丰富的案例和知识素材，但是研究集中且局限于旅游产业和文化层面的探讨，相关研究并未重视民族村寨的具体功能价值，即在民族村寨政治、经济、文化、社会、生态等多维功能及价值的研究聚焦不足。

三、乡村振兴与文化变迁研究

（一）国外相关研究

借鉴西方发达国家在乡村建设发展中的政策、经验、和实践探索，有助于更好地规划我国乡村的建设发展。一是乡村振兴政策制定。欧盟及主要成员国针对乡村探索创新发展方式以提升乡村竞争力制定了多元的发展政策。[①] 德国发布乡村发展与更新计划。[②] 英国乡村建设以赋权为主要路径，表现在纵向放权与横向发展能力提升两方面。[③] 二是乡村振兴经验探索。Pretterhofer 提出了乡村城镇化概念。[④] 美国开展"三体面"乡村改革。[⑤] 三是乡村振兴实践启示。韩国、日本在乡村发展实践中既重视政府引导又尊重农民主体地位，既注重保持传统又突出特色发展，既注重经济发展又保持文化传承，既注重把农民组织起来又倡导依法治村等。[⑥]

乡村的发展过程伴以民族文化的变迁。泰勒是第一位提出原始文化的定义的人，文化发展规律、文化遗留等一系列文化发展研究对后人探讨文化变迁、

[①] 芦千文，姜长云. 欧盟农业农村政策的演变及其对中国实施乡村振兴战略的启示[J]. 中国农村经济，2018（10）：119-135.

[②] 叶兴庆，程郁，于晓华. 产业融合发展推动村庄更新——德国乡村振兴经验启事[J]. 资源导刊，2018（12）：50-51.

[③] 沈费伟. 赋权理论视角下乡村振兴的机理与治理逻辑——基于英国乡村振兴的实践考察[J]. 世界农业，2018（11）：77-82.

[④] Pretterhofer H, SPATH D, V CKLER K. Land：Rurbanismus Oder Leben Im Postruralen Raum [M]. Austria：HDA-Haus der Architektur，2010：179-188.

[⑤] 夏金梅. "三农"强富美：美国乡村振兴的实践及其经验借鉴[J]. 世界农业，2019（5）：10-14.

[⑥] 邱春林. 国外乡村振兴经验及其对中国乡村振兴战略实施的启示——以亚洲的韩国、日本为例[J]. 天津行政学院学报，2019，21（1）：81-88.

发展具有举足轻重的影响。① 祖父江孝男认为文化是社会成员共同所有且被传承下来的人类行为方式，并对文化在不同阶段的表现形态做了详细描述和解释。② 海德格尔认为一个民族的文化传统意味着这个民族在长期适应本民族面对的自然和社会环境挑战过程中形成的集体经验，它事实上起着维持一个民族文化生态平衡的作用。③

（二）国内相关研究

1. 乡村振兴的现状研究

早期乡村发展研究传承了几派人的思想：吴文藻先生的"社区研究论"④；梁漱溟、晏阳初的"乡村建设论"⑤；费孝通的"乡土重建论"⑥；林耀华的"本土宗族家庭研究论"⑦等诸多理论奠定了乡村发展的理论基础。新时代相关研究集中于对乡村振兴（乡村复兴）的解读或表态：一是概念界定。张京祥等从乡村复兴视角解析其内涵。⑧ 二是乡村振兴战略背景研究。刘彦随等就社会主要矛盾变化产生的一系列社会问题，对乡村振兴战略的社会背景及其价值进行解读。⑨ 三是乡村振兴战略路径探索。黄璜认为乡村产业发展可以推动乡村振兴；⑩ 沈费伟、刘祖云认为村庄精英可以带动乡村发展；⑪ 王京海自下而上的乡村探索方式是对乡村发展的新视角研究。⑫ 四是乡村振兴战略导向研究。韩俊对

---

① TYLOR E B. Primitive Culture: Researches into the Development of Mythology, Philosophy, Religion, Language, Art, and Custom [M]. London: John Murray. 1871: 25-41.

② 祖父江孝男. 简明文化人类学：文化人类学[M]. 季红真，译. 北京：作家出版社，1987：32，34.

③ 海德格尔. 尼采[M]. 孙周兴，译. 北京：商务印书馆，2002：424.

④ 吴文藻. 吴文藻自传[J]. 晋阳学刊，1982（6）：44-52.

⑤ 山东政协文史资料委员会. 梁漱溟与山东乡村建设[M]. 济南：山东人民出版社，1991：24.

⑥ 费孝通. 乡土中国·乡土重建合编版[M]. 北京：作家出版社，2019：275.

⑦ 林耀华. 林耀华学述[M]. 杭州：浙江人民出版社，1999：30-56.

⑧ 张京祥，申明锐，赵晨. 乡村复兴：生产主义和后生产主义下的中国乡村转型[J]. 国际城市规划，2014，29（5）：1-7.

⑨ LIU Y S, LIU Y, CHEN Y F. The Process and Driving Forces of Rural Hollowing in China Under Rapid Urbanization [J]. Journal of Geographical Sciences, 2010, 20 (6): 876-888.

⑩ 黄璜，杨贵庆，米塞尔维茨，等. "后乡村城镇化"与乡村振兴——当代德国乡村规划探索及对中国的启示[J]. 城市规划，2017，41（11）：111-119.

⑪ 沈费伟，刘祖云. 精英培育、秩序重构与乡村复兴[J]. 人文杂志，2017（3）：120-128.

⑫ 王京海，张京祥. 资本驱动下乡村复兴的反思与模式建构——基于济南市唐王镇两个典型村庄的比较[J]. 国际城市规划，2016，31（5）：121-127.

乡村振兴战略进行了深入解读;[1] 姜长云认为乡村的高质量发展就是乡村振兴;[2] 张合成认为农业农村优先发展可以实现乡村振兴;[3] 李智等认为城乡融合发展是未来乡村发展的主要趋势。[4]

2. 民族文化的变迁研究

孙中山先生提出"因袭国故·归抚欧学·独见创获"是革新中国文化的道路，他认为发扬吾固有文化，才能立足并实现发展。[5] 吴文藻从文化功能的视角开展"社区研究"[6]。吴仕民提出"民族场"中的文化功能学说。[7] 费孝通的"多元一体格局""文化自觉"是衡量文化功能最有价值之处。[8] 从时代变迁中看文化功能的转型发展特征：一是从城镇化视角看民族文化的进步发展。城镇化的镇化进程呈现了文化的变迁与演进。[9] 民族文化变迁是历史价值[10]、内生价值[11]、社会价值[12]、经济价值[13]等的实现过程，是文化演变为城市文明的发展过程[14]。二是从乡村视角看民族文化的进步发展。梁漱溟指出中国的社会变迁起源

---

[1] 韩俊，高云才，朱隽，等. 新时代乡村振兴的政策蓝图［N］. 人民日报，2018-02-05（4）.

[2] 姜长云. 科学理解推进乡村振兴的重大战略导向［J］. 管理世界，2018，34（4）：17-24.

[3] 张合成. 推动落实农业农村优先发展战略［N］. 学习时报，2017-11-29（7）.

[4] 李智，张小林，陈媛，等. 基于城乡相互作用的中国乡村复兴研究［J］. 经济地理，2017，37（6）：144-150.

[5] 中山大学历史系孙中山研究室. 孙中山全集：第3卷［M］. 北京：中华书局，1985：25.

[6] 齐群. 社区与文化——吴文藻"社区研究"的再回顾［J］. 浙江社会科学，2014（3）：13-18，155.

[7] 吴仕民. 现代化进程中的少数民族文化发展问题［J］. 民族研究，1991（6）：33-39.

[8] 费孝通. 中华民族的多元一体格局［J］. 北京大学学报（哲学社会科学版），1989（4）：3-21.

[9] 蒋彬. 试论四川藏区的城镇化与文化变迁［J］. 西南民族大学学报（人文社科版），2005（8）：30-36.

[10] 费孝通. 反思·对话·文化自觉［J］. 北京大学学报（哲学社会科学版），1997（3）：15-22，158.

[11] 云杉. 文化自觉 文化自信 文化自强——对繁荣发展中国特色社会主义文化的思考（下）［J］. 红旗文稿，2010（17）：4-9，1.

[12] 怀特. 文化的科学［M］. 沈原，等译. 济南：山东人民出版社，1988：32.

[13] 黄健英. 蒙古族经济文化类型在北方农牧交错带变迁中演变［J］. 江汉论坛，2008（9）：133-138.

[14] 宋才发，黄捷. 民族地区新型城镇化建设中乡土文化保护的法治探讨［J］. 北方民族大学学报（哲学社会科学版），2017（2）：101-106.

于乡村，也说明文化多半产生发展于乡村，这是乡村法治、礼俗、习惯等的来源。① 李忠斌指出文化与经济相依而行，故可解读经济发展之脉络。② 因此，民族文化在变迁过程中与村寨共同体的融合发展是重构乡村发展的重要路径。③

民族村寨的文化价值可为民族经济的诸多发展服务。一是纯文化旅游产业发展。云南纳西古乐借助民族文化的发展趋势实现了民族文化的产业化发展、品牌化经营。④ 江南丝竹是太仓突出的文化名片，是基于文化生态所形成的活态传承，被列为首批国家遗产保护名录。⑤ 二是开放式的文化旅游产业发展。甘什岭槟榔谷黎苗原生态文化作为就地开发的民族文化产品，通过民族生态旅游业将村寨、文化和村民凝聚成一个整体"产品"，具有典型性范式。⑥ 三是文化旅游产业的经济价值。"文旅融合"的主流发展模式是新时代民族地区发展转型和文化重构的主要路径。⑦ 公共文化资源、文化旅游产业的经济和人力资源等要素对于民族地区文化旅游产业的竞争力具有显著的促进作用。⑧

民族文化多以产业发展的不同形态在城镇化与乡村振兴中推动民族村寨发展。民族地区在文化旅游产业开发中的相互模仿导致大规模同质化竞争现象出现，为民族村寨发展带来了不可持续性的风险。⑨ 然而，民族地区乡村发展主要是经济层面的发展，文化要素及其种种制度性存在都为它的经济功能服务，经济强势势必会带动文化强势，而文化强势可以从根本上推动经济发展。⑩综上可知，乡村振兴理论研究较多，但是实践层面的研究指导亟待加强，尤其针对民族地区乡村振兴的相关研究应重点关注。

---

① 梁漱溟. 乡村建设理论[M]. 上海：上海人民出版社，2006：10.
② 李忠斌. 民族经济学[M]. 北京：当代中国出版社，2011：221.
③ 盘小梅. 少数民族人口流动与民族文化变迁——以广东连南瑶族为例[J]. 广西民族研究，2019（2）：162-168.
④ 张锐，季慧慧. 云南纳西古乐的品牌化经营策略研究[J]. 贵州民族研究，2017，38（7）：88-91.
⑤ 陈永明. 为江南丝竹的活态传承而发力[J]. 艺术百家，2015，31（S1）：241-243.
⑥ 孙九霞，王学基. 民族文化"旅游域"多元舞台化建构——以三亚槟榔谷为例[J]. 思想战线，2015，41（1）：97-105.
⑦ 邢启顺. 西南民族文化产业与旅游融合发展模式及其社会文化影响[J]. 云南民族大学学报（哲学社会科学版），2016，33（4）：122-127.
⑧ 肖博华，李忠斌. 民族地区文化旅游产业竞争力评估体系及测算[J]. 统计与决策，2016（15）：59-61.
⑨ 饶勇，林雪琼. 民族村寨旅游发展中的同质化竞争困境及其成因研究[J]. 贵州民族研究，2018，39（12）：52-55.
⑩ 马翀炜. 民族发展的文化基础[J]. 广西民族研究，2001（2）：25-31.

四、关系综述

(一) 国外相关研究

从中华优秀传统文化的角度出发,国外最早对乡村的研究始于村寨部落的发展。从文化变迁角度出发,以民族村寨为载体揭示了文化在乡村发展的不同阶段呈现的形态特征。因此,要巧用文化变量因素推动经济发展、重塑城乡关系。① 从民族村寨的角度出发,亚当·斯密认为由于农耕活动产生的聚居形成了小村落,在生产生活的必然规律下形成规模有了村寨和市场的发展。② 从城镇化发展角度出发,在促进乡村发展的实际探索中,亚当·斯密指出农村先于都市形成,都市规模扩张决不能增加农村所能承受的发展负荷。③

(二) 国内相关研究

1. 城镇化与乡村振兴

关于城镇化与乡村振兴的研究,学界主要将焦点放在以下五个方面。一是内涵解读。王春光提出"城乡两栖"是"城乡融合"的未来趋势。④ 二是理论逻辑。雷娜等认为乡村振兴与城镇化之间的耦合关系呈现收敛性增长的协调趋好发展趋势。⑤ 三是战略目标。桂华提出城乡统筹发展机制。⑥ 贺雪峰认为乡村振兴战略要深入研究其内涵才能正确制定政策实施过程。⑦ 四是发展路径。徐维祥等对城镇化与乡村振兴基于耦合机制的研究并运用实证分析加以说明。⑧ 章艳涛、王景新以顺昌县洋墩乡为例对脱贫攻坚、乡村振兴和新型城镇化战略三位

---

① 叶超,曹志冬. 城乡关系的自然顺序及其演变——亚当·斯密的城乡关系理论解析[J]. 经济地理,2008(1):79-82,95.
② 斯密. 国民财富的性质和原因的研究[M]. 郭大力,王亚南,译. 北京:商务印书馆,2002:131-136.
③ 斯密. 国民财富的性质和原因的研究[M]. 郭大力,王亚南,译. 北京:商务印书馆,2002:132,141,346-351,361,367,371-383.
④ 王春光. 第三条城镇化之路:"城乡两栖"[J]. 四川大学学报(哲学社会科学版),2019(6):79-86.
⑤ 雷娜,郑传芳. 乡村振兴与新型城镇化关系的实证分析[J]. 统计与决策,2020,36(11):67-72.
⑥ 桂华. 论新型城镇化与乡村振兴战略的衔接[J]. 贵州社会科学,2020(9):155-161.
⑦ 贺雪峰. 城乡关系视野下的乡村振兴[J]. 中南民族大学学报(人文社会科学版),2020,40(4):99-104.
⑧ 徐维祥,李露,周建平,等. 乡村振兴与新型城镇化耦合协调的动态演进及其驱动机制[J]. 自然资源学报,2020,35(9):2044-2062.

一体协同发展进行深入探索。① 蔡伏虹认为破解城镇化过程中集中突出的产业结构、城乡结构、人地结构等矛盾需要国家、社会、市场、民众共同参与，这是解决乡村振兴和城乡协调发展的有效途径。② 五是问题对策。谢地等认为城镇化与乡村振兴在劳动力转移问题上相互矛盾，解决这一问题的关键在于农村土地产权制度安排的合理性。③ 谢天成以"人、地、钱"为要素剖析城镇化与乡村振兴融合发展的内在机理并提出针对性的对策建议。④

2. 中华优秀传统文化与乡村振兴

文化变迁是对中华优秀传统文化的延续，也记录着村寨的发展演变过程。民族村寨发展须依靠中华优秀传统文化，必须以实现乡村振兴为目的。⑤ 民族村寨本身是最丰富的文化体，乡村振兴的本质是振兴乡村的文化，以文化为本的价值实现才是振兴乡村之道。⑥ 新型城镇化要记住的"乡愁"就是对村寨文化遗产和景观风貌的保护，通过创新文化多种表达方式满足城镇需求。⑦ 中华优秀传统文化的经济价值及其实现方式对乡村振兴具有重要的实践价值。⑧

3. 民族村寨与乡村振兴

民族村寨与乡村振兴结合研究是实现"三农"现代化转型的重要探索。民族村寨理论发展的奠基者以梁漱溟、晏阳初、李景汉、葛学溥等为代表；随着时代变革与文化变迁，以费孝通、林耀华、杨懋春等为代表；随后是对村寨发

---

① 章艳涛，王景新. 脱贫攻坚、乡村振兴和新型城镇化衔接的策略、经验与问题——顺昌县洋墩乡响应国家"三大战略"案例研究[J]. 农村经济，2020（8）：52-59.
② 蔡伏虹. 乡村振兴的路径选择：基于城镇化三重结构矛盾的省思[J]. 河北学刊，2020，40（3）：168-173.
③ 谢地，李梓旗. 城镇化与乡村振兴并行背景下的城乡人口流动：理论、矛盾与出路[J]. 经济体制改革，2020（3）：39-45.
④ 谢天成. 乡村振兴与新型城镇化融合发展机理及对策[J]. 当代经济管理，2020，11（29）：1-8
⑤ 刘沛林. 新型城镇化建设中"留住乡愁"的理论与实践探索[J]. 地理研究，2015，34（7）：1205-1212.
⑥ 白晋湘. 中国民族传统体育文化建设的使命与担当[J]. 体育学研究，2019，2（1）：1-6.
⑦ 刘沛林. 新型城镇化建设中"留住乡愁"的理论与实践探索[J]. 地理研究，2015，34（7）：1205-1212.
⑧ 李忠斌. 民族文化经济价值度量及其实践意义[J]. 西南民族大学学报（人文社科版），2020，41（3）：28-37.

展的实践探索,马若孟"自由市场经济论"①、黄宗智"内卷化理论"②、杜赞奇在乡村中寻找中华民族优秀传统文化的真实性③是这一阶段的优秀代表;最后以冯骥才、陆学艺为代表的诸多学者对乡村理论研究不断深化。

综上可知,对于城镇化与乡村振兴相结合的理论研究较多,但是对民族地区理论研究的关注较少;乡村融入城镇化进程的理论研究偏向较多,城镇对乡村的带动及成效研究或者对二者相互关系的成效研究较少;城镇与乡村从经济发展角度出发的研究较多,对经济、政治、文化、社会、生态建设的综合性研究较少。

五、研究述评

国外对民族村寨、城镇化、乡村振兴的研究探索为我们创造出丰富的理论成果和实践指导,汇集了具有代表性的观点,奠定了民族经济理论发展的先河,也为深化城乡发展提供了理论参考。国内在新时代背景下有关"民族村寨—城镇化—乡村振兴"的研究成果汗牛充栋。有关城镇化的研究更重视城镇化功能所起的作用,随着城镇化研究的不断深入,民族村寨多以文化产业发展的不同形态来推动城镇化与乡村的发展,民族村寨对乡村振兴的带动效应已成为学界共识。国内学者尝试与国外理论研究进行关联,通过对发达国家政策、经验和实践理论的借鉴,探索适合中国国情的民族村寨、城镇化、乡村振兴三者关系的理论构建。

通过对民族村寨、城镇化、乡村振兴三方面文献进行梳理,发现依然存在以下几点不足:

第一,民族村寨旅游产业的有同质化倾向,村寨的多样化价值不足。从多学科视角对民族村寨的理论研究较多没有新的突破,出现"有视角无模式"的学术研究堆砌,缺乏对村寨多重功能的综合性分析。由于发展条件限制,对村寨创新性研究探索不足,关涉城镇化路径的选择多是自上而下的宏观研究,对自下而上的内生发展探索不足。

第二,旅游产业对民族村寨的经济发展仅是产业影响研究的分支,文化保护也仅是民族村寨研究的部分内容,如何实现民族村寨在保护中发展?保护与

---

① 马若孟.中国农民经济[M].史建云,译.南京:江苏人民出版社,1999:277.
② 黄宗智.略论农村社会经济史研究方法:以长江三角洲和华北平原为例[J].中国经济史研究,1991(3):89-94.
③ 杜赞奇.文化、权力与国家:1900—1942年的华北农村[M].王福明,译.南京:江苏人民出版社,2010:9-10,21-23.

发展的主体是谁？怎么发展？对以上研究视角关注较少。相关研究并未强调民族村寨发展的特殊性，缺乏政治、文化、生态、人等多重功能的综合研究分析。

第三，城镇化背景下民族村寨既要实现自身价值，同时也要为村寨所有者提供福利，强化对村寨所有者诉求的关注，在有序推进村寨保护与发展的过程中成为民族村寨发展新的出路。

鉴于此，笔者提出民族村寨功能提升发展模式，旨在实现民族村寨、城镇化、乡村振兴三者密切之关联，就三者模式探索及路径选择等略陈己见，充分发挥民族村寨的现存价值，为民族地区乡村发展探索切实可行的理论依据。

第四节　研究思路

本书从民族村寨、城镇化、乡村振兴三者关系重新审视其内在逻辑，立足形成村寨的城镇功能对村寨进行功能提升，提出"村寨镇化"概念并尝试构建理论框架。要完成这一理论建构仅仅依靠民族地区一两个民族村寨是不足以支撑和说明问题的，因此，本书运用多点调研方式对多个田野点进行分析、提炼，探讨"村寨镇化"模式，为乡村振兴提供理论研究新范式。

本书在经济民族学、文化人类学等多学科理论基础上运用文献研究、田野调查、定性定量分析等方法，在把握了一定文献、梳理了前人相关研究的基础上，从五个方面开展研究。

第一章对民族村寨、村寨镇化、乡村振兴等核心概念和理论基础做学术性的回顾、梳理和总结。

第二章围绕民族村寨、城镇化和乡村振兴三者间的共性、逻辑关系进行深入探讨。

第三章主要聚焦民族村寨的功能提升，从定义、原则、内涵、诉求、模式等维度构建"村寨镇化"理论框架，并围绕村寨镇化理论的内在发展逻辑和现实实践予以阐释。依托丹寨万达小镇、郎德上寨、板告村、保林村、龙脊梯田等案例对五大"村寨镇化"模式进行探索，并将其视为村寨镇化模式构建的指导性框架。

第四章重点分析村寨镇化与乡村振兴内在逻辑关系以及村寨镇化之于乡村振兴的价值。"村寨镇化"借助西江千户苗寨、小丹江苗寨、岜沙苗寨、白雾村、甘什村、格头村、南康村、长滩村等案例展开研究，通过经济生产要素在地重聚、乡村生态环境宜居建设、乡村多维文化自在传承、乡村公共治理能力提升、以人为核心的发展诉求等五个方面促进乡村五大振兴发展。

第五章侧重于"村寨镇化"同乡村振兴协同发展的路径建议，以西江千户苗寨为典型案例，从产业功能辐射与带动、生态功能修复与转型、文化功能调试与再造、政治功能保障与强化、社会功能重构与优化等角度对应乡村振兴战略总要求，构建与乡村振兴的协同发展路径。同时针对协同发展路径提出务必意识先行强化为农服务功能，依靠资本拉动保障乡村产业发展，激活内生动力重现乡村宜居活力，围绕以人为本提升乡村社会文明，壮大集体经济，有效推动乡村治理，合理配置生产要素，繁荣乡村发展等具有针对性的对策建议。

第五节　研究方法

本书主要选取贵州的西江千户苗寨、肇兴侗寨、南花苗寨、堂安侗寨、黄岗侗寨、增冲侗寨、郎德上寨、丹寨万达小镇、地扪村、保林村、板告村、小丹江苗寨、岜沙村、坡东村、石桥村、格头村、南康村、长滩村、陇嘎寨；云南的白族村、白雾村；广西的龙脊梯田；湖北的苏马荡；海南的甘什村；四川的阿土列尔村作为田野调查案例点。由于多个案例点分布于六个省，因此对田野点的调研分别于2019年6月—7月、2020年5月—10月展开。两个阶段调研的侧重点不同，第一阶段主要对广西、云南、湖北、海南、四川的民族村寨进行考察并提出符合"村寨镇化"理论构建的内容和问题。第二阶段集中进入贵州多个民族村寨，运用定性研究中的深度访谈法，在参与观察的同时深度挖掘调研资料并将调研对象的想法建议归纳到研究中，本书主要的调研工作则集中完成于这一阶段。

田野点的选取主要基于三点考虑：一是所选案例地均为中西部民族地区村寨，符合本书民族村寨的涵盖范围。二是疫情下调研点的可进入性。出于疫情下安全问题的考量，本书的案例点多选取在贵州。疫情下不利于跨省多点调研，贵州是作者近年来较熟悉且一直关注的研究点并积累了较丰富的素材，疫情下调研风险较小且可进入性较便捷。三是民族村寨所具有的代表性和典型性。选取的民族村寨民族人口占比较高、民族文化价值显著，且达到"村寨镇化"选取条件，符合本书对民族村寨的定义。在经过初步调研筛选后运用多点调查方式将有着良好进入性条件且较具典型性和代表性的西江千户苗寨作为主要案例地贯穿全文，辅以广西、云南、湖北、海南、四川等中西部民族地区多个具有代表性的民族村寨开展实地调研，可以对中西部不同民族地区村寨进行较为全面的把握。选取不同民族地区村寨作为案例点，在多点联动脉络中寻求民族村寨价值的可存续方式，结合实地案例研究构建"村寨镇化"理论框架，探索民族村寨功能提升与乡村振兴协同发展的实现路径，保证了理论联系实际的信度与效度。本书主要采用文献法、访谈法、参与观察法、定量分析法、定性分析法搜集相关资料，调研过程中笔者做了近 6 万字的调研笔记并对调研录音进行转录，对每一个录音认真分析并根据本书研究问题对民族村寨多重功能发展现状内容进行了开放式编码，然后在反复分析调研材料基础上，围绕"村寨镇化"理论构建关键词，撰写了大量分析笔记。

一、文献研究

本书对国内外文献进行搜集、整理，往今之研究从理论上把握城镇化、乡村振兴战略发展趋势以及民族村寨当下研究成果。通过查阅民族村寨相关文献资料，其内容包括民族村寨历年发展情况等统计材料，省统计年鉴、省年鉴、政协年鉴等官方资料，国土资源志、州志、县志等史志资料，新闻传媒等相关报道资料，游客随笔、日志等，我们从相关资料深入了解和把握民族村寨的发展概况及现状，加深对民族村寨多维功能发展情况的研究和了解。

二、深度访谈

深度访谈是深入田野调查获得最真切数据的主要方法。访谈方式要视具体谈话场景而定，灵活运用标准化访谈与半标准化访谈方法。本书将两种方法结合运用到被访谈对象中，对地方政府管理人员 23 人、景区管理人员 11 人、村寨居民 50 余人、游客 30 余人等多个群体进行深度访谈，通过具体发问获得关键信息。访谈主要围绕民族村寨重要发展性转折所涉及的重要事件和场景，及由此产生的主要矛盾展开，鉴于访谈对象的差异性，笔者采取一对一的深度访谈方式。通过对村支两委管理人员的访谈，了解民族村寨发展概况、资源禀赋、空间布局、管理现状、历史文化、村民生产生活情况、产业发展情况等村寨各种功能现状；通过对地方政协领导、州志办领导访谈，了解民族村寨的发展历程；通过对景区管理人员访谈，了解景区开发、景观设计、民族文化展演等理念与方式；通过对村民、商家、老师、离退休干部、能人匠人技人等各行各业居民访谈，了解居民的生计方式及其民族文化、产业开发为生产生活、民风民俗带来的改变，分析他们在文化变迁中的角色；通过对各地游客的访谈，了解他们参与到当地文化中的真实体验。随着研究的深入，在与被访谈对象深入交往中获取最新最真实的一手数据资料。

三、参与观察

本书选取中西部民族地区村寨开展实地观察，分两个阶段分别进入贵州、广西、云南、湖北、海南、四川等不同省份多个民族地区村寨，采用参与式观察与非参与式观察相结合的方法，与当地居民同吃、同住、同劳动，了解村寨的发展动态。笔者以研究者身份进入民族村寨，深入观察每个村寨既往情况，获取最真实的发展状态并记录，收集田野照片、观察笔记等大量一手数据是本书的主要研究方式。本书主要采用观察法通过对村寨功能从起源到发展的状况来了解研究对象的功能和发展情况，为深入研究的开展作将来探索之验证。

四、定性分析

定性数据主要来自深度访谈内容，谈话内容常以对方熟悉的内容展开，以探讨方式结束。运用定性分析对民族村寨的文化变迁规律及历时态规律下的村寨功能发展进行宏观分析，定性分析内容包括村寨民族文化，生态环境，景观布局，资源禀赋，村寨功能分区，当地居民的生产生活，村寨政治、经济、文化、社会、生态等功能发展情况。深入探究民族村寨功能如何提升，究其缘由、考其利弊，在多个村寨案例分析中进行理论探索，将理论构建和案例分析相结合。

五、定量分析

本书采用多点调查方式，灵活地对多个符合理论构建条件的田野点深入调研，调研案例非唯一性有利于多类型模式的理论构建。本研究的定量数据主要来自政府相关部门、地方志、政府工作报告、社会发展统计公报等，为完成本书撰写提供重要参考，力求所得之成果客观、合理、规范、科学。对多点案例的定量分析为理论构建的定性分析服务，并为理论建构的合理性做补充。

第六节 创新与不足

一、创新点

（一）"村寨镇化"理论的学术创新

既往已有研究多从城镇化视角关注乡村振兴的发展，而对于民族村寨、城镇化、乡村振兴三者间的内在关系、共性问题缺少关注。民族地区是乡村振兴的重要组成部分，民族村寨是乡村的特殊形态，是多元文化的载体。文化是乡村振兴的灵魂，缺少文化的乡村难以重新回归乡村身份。值得注意的是，学界对民族村寨功能提升视角缺乏关注，尤其对中西部民族村寨发展模式与乡村振兴的协同发展路径选择极其有限。民族村寨兼具经济、文化、生态等多元价值是乡村振兴需要的，乡村振兴可以为民族村寨寻求可持续发展出路，乡村振兴需要依托民族村寨的价值和民族地区发展实际重新探讨战略目标下乡村发展的路径选择。结合新时代背景，重新审视民族村寨、城镇化与乡村振兴的内在关联，将三者置于"村寨镇化"模式中，探索三者的内在逻辑、模式选择及具体实践路径，充分发挥民族村寨的现存价值，探讨"村寨镇化"模式的实现逻辑和发展条件。

（二）"村寨镇化"理论的发展创新

目前关涉民族村寨应用性案例分析较多，但理论创新不足对其发展有所限制；定量化方法较多，定性化方法应用较少。基于此，本书从民族村寨、城镇化与乡村振兴内在逻辑出发，在前人积累的理论上有所推进。构建"村寨镇化"理论框架旨在将"村寨镇化"发展为一种理论构建和实践方案，结合民族地区多个民族村寨案例点探索多种实践模式，为实现中华民族伟大复兴、乡村振兴，构建新型城乡关系提供理论指导。"村寨镇化"是乡村振兴战略这一时代背景下的产物，通过乡村振兴让有价值的民族村寨保留下来免遭衰落的风险。

（三）"村寨镇化"理论的应用创新

为了让更多有价值的村寨保留下来，通过镇化方式让村寨具有现代城镇功能，从而促成乡村功能多元发展实现其内生发展能力。村寨镇化关涉现代化发展之需求，既符合城镇化的趋势，又符合乡村振兴的要求。"村寨镇化"为城乡诸多发展矛盾和突出问题寻求破解方式，不但要运用民族学科理论解决一系列学科性理论问题，为民族地区共谋发展而服务①；更要发挥经济民族学的特长，实现城乡资源要素平等交换、双向流通实现通道，以村寨功能提升推动城乡间资源要素良性循环，激活乡村内生发展活力。在"村寨镇化"与乡村振兴协同发展中将话语权重新回归到乡村本身，凸显了民族村寨价值对乡村发展的重要性。以期更多有文化、有条件、有基础的民族村寨能够朝镇化方式去转化，实现民族村寨的应有价值，取得"村寨镇化"理论和实践层面的创新突破。

二、研究不足

1. 在准备前期为了熟悉调研点概况更好地把握调研背景、研究进展和科学问题，笔者已提前进入田野点对当地民情初步了解，并建立了良好互动关系。目前在脱贫攻坚成果的巩固拓展与乡村振兴战略的有效衔接阶段，民族村寨正处于转折期和快速发展期，对案例点即时即刻的历时态观察和生产生活现象的逻辑揭示对"村寨镇化"理论构建应该有较长的时间跨度。但基于新冠疫情等的限制，不利于反复进入调研点进行更长时间的考察，这有待于后续研究工作中进行跟踪观察、跟踪研究，在现有理论构建基础上继续深入，不断完善。

2. 由于民族地区尚处于乡村振兴战略探索初期，民族村寨研究可选取的典型案例较多，相对成熟的案例较少，更不能代表我国所有类型的民族村寨。本书用多点调查方式对多个田野点调研，了解不同民族村寨功能发展现状，以求在研究方法和研究过程中尽量做到深入、客观，在理论构建上也力求做到丰富、创新。本书极具开放探讨性和长远的研究价值，但也存在一定的不足之处，望有更多来自不同民族地区的民族村寨实证研究来补充和丰富这方面的研究内容。

本章小结：为实现民族村寨的可存续发展问题，为解答民族村寨的多元价值存在是乡村振兴需要的，有必要将乡村发展不充分问题集中且突出的民族村寨纳入乡村振兴工作中。本书梳理了城镇化、民族村寨功能提升、乡村振兴与文化变迁及其相互关系等方面的研究进展，并分析了这些研究成果的发展态势，运用文献研究、深度访谈、参与观察、定性与定量分析等研究方法，辅以人类学、社会学、经济学等多学科研究手段对选取的民族村寨案例点进行综合研究。立足于民族村寨这个载体，及其与城镇化、乡村振兴的内在关系，以为什么要对民族村寨进行功能提升并实现镇化功能？基于什么条件的民族村寨可以实现镇化功能，它的前提条件是什么？民族村寨功能提升与乡村振兴的关系如何？

---

① 谷苞.民族研究文选[M].乌鲁木齐：新疆人民出版社，1991：45.

对乡村振兴起到什么作用等发展逻辑线展开本书的理论构建。同时对民族村寨经济、政治、文化、社会、生态、人的发展等维度进行综合分析，为"村寨镇化"理论构建提供从理论到实践的桥梁。

第一章

概念与理论基础

第一节 概念的界定

一、民族村寨

我国古代文明起源于农耕文明,在历时态发展中以村寨为主要存续方式传承着乡土文化。斐迪南·滕尼斯提出:"共同的风俗和共同的信仰存在于任何一个民族之中,由民族扩散到每一个部族,再扩散到具有亲属关系的家族即氏族(Klan)或宗族(patriarchal clan),形成村寨或部落。"① 村寨可以拆分开看,既是村庄,又是寨子。村寨有几个概念,大的叫村落,也被称为传统村落,小的称为村寨。村寨最早是人文地理学的研究范畴,对这一概念的研究最早可从《史记·五帝本纪·虞舜者传》中追根溯源,书中记载:"一年所居成聚,继而成邑,再而成都。"聚是村寨最早的雏形,是早期的乡村;邑是聚的下一发展阶段,是城市早期之形态,城市形成后有了都的产生。聚、邑、都是三种不同规模的人类早期聚居雏形,聚居是村寨的早期形态并形成聚集功能。另有载"为人所聚居",深入诠释聚落与人的密切关联。徐霞客在自己的游记中对聚落特征的描述探索了聚落内人们的生产生活、实际买卖等社会经济情况与周围环境的关系,显示了聚落早期的交往流通功能。聚落逐渐扩大规模形成群体,群体随着规模扩大出现了古村落,又称村庄或村寨。由此可见,村寨是聚落发展而成的,是人类从分散到聚集并且在长期生产生活中用于繁衍生息的一个固定区域。接着,村寨的发展在规模上不断扩大,多个村寨聚集,人们将分布较疏散的称为散村,集聚规模较密集的称为集村。其中集村的人口数量从几十人到数千人不等,并沿着道路两侧、溪流、池塘、祠堂、庙宇等公共设施分布点聚族而居,逐渐形成市廛繁庶的大型村寨或工商业发达的市镇。这些大型村寨或市镇凸显

---

① 滕尼斯. 共同体与社会[M]. 北京:商务印书馆,2019:101.

着农林牧副渔等一个或多个功能，形成具有聚集性区域功能的农区、林区、牧区、渔业区等占主导地位的定居点或发展农业的聚落，被称为乡村或集镇，也有村寨之称。

西方国家对村寨的关注始于1972年，采用村寨保护政策将文化和自然资源保护提上议程；① 1999年将保护建筑遗产提上议程；② 2005年强调城镇化发展为古遗址带来一系列发展危机。③ 伴随危机对人类的威胁加深开始强调遗产保护与发展为人类带来的便利，2013年在日本奈良会议上强调遗产保护的价值；④ 于2018年发布的《威尼斯保护历史性城市的国际宪章》强调了历史文化遗产可持续发展的重要性。⑤

费孝通先生在《乡土中国》中对村寨的概念做了简明科学的定义，他说："中国社会的基层是乡土性的，乡土社区的单位是村落。"⑥ 这说明村落是乡村的基本研究单位，乡村是由村落组成，没有村落就没有乡村的发展。费孝通在《江村经济》中写道，以村为中心展开研究并将范围扩大，有利于由村推广到与相邻村落甚至是市镇等其他的社会关系的研究，有利于更好地考察村与其他社会关系的关联和影响。⑦

民族村寨也成为不同学科视角下的共同研究对象。地理学最早对村寨的研究从聚落的地理范畴即地理环境、民宿建筑、整体结构对村寨及其村民的生产生活的影响进行历史、空间、人地关系的分析。社会学与人类学关注村寨的历史、文化、宗教信仰等，并以案例入手分析其微观、中观、宏观的社会理论。旅游人类学认为民族村寨拥有丰富的自然、文化资源，具有一定的文化、历史、社会价值。民族经济学着重运用经济学思维看民族地区村寨的经济文化现象，从民族村寨的价值、功能、经济发展、保护利用等多角度，去研究民族地区的经济发展方式。

民族村寨多以农业为主，是民族居民聚居功能的载体，是聚落长期发展的一种特殊形态，是聚集民族地区劳动人民生产生活资源的场所。本书研究的是民族地区的村寨聚落，有时以特色小镇、传统村落等形态出现，均与民族村寨

---

① 保护世界文化和自然遗产公约 [EB/OL]. 中国传统村落网，1972-11-16.
② 关于乡土建筑遗产的宪章 [EB/OL]. 中国传统村落网，1999-10-1.
③ 第十五届国际古遗址大会发表西安宣言 [EB/OL]. 中国传统村落网，2005-10-22.
④ 奈良真实性文件 [EB/OL]. 中国传统村落网，2013-04-08.
⑤ 威尼斯保护历史性城市的国际宪章 [EB/OL]. 中国传统村落网，2017-05-31.
⑥ 费孝通. 乡土中国 乡土重建[M]. 北京：群言出版社，2016（5）：6-10.
⑦ 费孝通. 江村经济[M]//费孝通. 费孝通全集：第2卷. 北京：群言出版社，1999：5.

具有一定的相似性。不论是规模较小的少数民族特色村寨还是规模较大的传统村落，人的聚居方式与村寨密切联系在一起，并且与以乡土为根基的农耕活动相生相伴，这几乎涵盖了乡村发展的全过程。由此可见，不论是由聚集形成的聚落还是以聚居为主的族群都体现了村寨的聚集功能，并承担着人们生产生活等一切社会活动的功能。2009年国家民委对少数民族特色村寨施以政策保护；2012年传统村落正式得名；① 2013年强调传统村落的乡村功能性建设；② 2019年开启乡村现代化建设期。③ 截至2019年，我国5批传统村落数量累计达6799个。

本书的民族村寨是指民族共同体聚集的载体，在民族村寨民族人口占比较高且显著，具有历史文化、资源禀赋、空间布局等较丰富的民族文化资源，具有一定历史、文化、经济、空间、景观、社会价值，能体现民族地区典型性、代表性和整体传承性特点。

二、村寨镇化④

本书的"村寨镇化"概念由李忠斌学者首次提出。⑤ 最初的"村寨镇化"概念（文中均以村寨镇化方式表述）是指"民族地区特色村寨立足自身优势，积极主动融入城镇化与乡村振兴的进程中，充分利用资金、技术、人才等发展要素，完善村寨基础设施和公共服务体系，妥善处理传统与现代、保护与发展间关系，获得部分城镇化功能并与周边城镇实现功能对接，获得持续发展能力的过程"。

最初的"村寨镇化"概念特指少数民族特色村寨。少数民族特色村寨是指"民族人口相对聚集的自然村且具有民族文化价值的聚落特征"。特色村寨集中呈现了民族地区经济发展水平和民族文化变迁在不同历史发展阶段、不同地理区位环境、不同文化形态的演变过程。相对完整地保存和展示了民族文化元素，体现了民族文化的多样性特征。2014年以后，少数民族特色村寨开始进入繁盛

---

① 住房城乡建设部 文化部 国家文物局 财政部关于开展传统村落调查的通知［EB/OL］.住建部，2012-04-16.
② 2013年中央一号文件摘要［EB/OL］.中国传统村落网，2013-0101.
③ 中办国办印发《数字乡村发展战略纲要》［EB/OL］.中国传统村落网，2019-05-20.
④ 李忠斌，陈剑.村寨镇化：城镇化背景下民族地区乡村振兴路径选择[J].云南民族大学学报（哲学社会科学版），2018，35（6）：51-58.
⑤ 李忠斌，陈剑.村寨镇化：城镇化背景下民族地区乡村振兴路径选择[J].云南民族大学学报（哲学社会科学版），2018，35（6）：51-58.

发展期。从发展小城镇，到重点镇，再到特色小镇，反映了我国小城镇在历史发展不同阶段的城镇化诉求和发展目标。少数民族特色村寨工作于2009年正式开启。2012年国家民委提出建设1000个特色村寨的任务，并开启了特色村寨保护之路。① 2017年将具有建筑景观特色、民族文化底蕴、民族关系和谐、村寨环境适宜的民族村寨纳入"民族特色村寨名录"，对特色村寨挂牌并推动其品牌化发展。② 截至2019年全国特色村寨数量累计达到1652个。③ 其中，贵州省有312个民族特色村寨入选。

　　本书的"村寨镇化"理论构建是对原有概念的延伸与拓展。"村寨镇化"就是民族村寨的功能提升。功能提升是指各种力量相互作用的结果，各种动力源通过要素的集聚扩散效应相互作用实现功能定位与分工。④ 功能提升是单一功能到多重功能的转变，实现功能互助之便利。⑤ 这里的功能提升主要是提升村寨的发展能力。功能提升主要体现在以下几方面：功能内生能力的强弱决定村寨变革的能力；功能提升和转化的程度决定村寨不同发展要素对各功能的优化配置；功能内聚力的强弱调控村寨与城镇化、周边地区资本要素流通、对接的程度。概言之，要根据新时代城镇化、乡村振兴发展要求实现村寨功能提升与拓展，需要关涉村寨发展的多重功能。

　　功能提升的目的不仅要满足自身发展需求还要与周边腹地同频共振。⑥ 在《史记·五帝本纪》中对乡村与城市的关系记载为，"乡村是城市的母体，城市一般由乡村演变而来"。乡村与城镇的区别主要体现在生产活动上，乡村以农业活动为主，而城镇以非农业活动为主。但是城镇一般由乡村发展而来，乡村与城镇有着密不可分的关系。

　　乡村一定要维护好，城镇一定要发展好，这二者的衔接既是相互独立又是相互支撑的。长期以来，乡村劳动力、自然资源等要素资源流入大部分大中城市，城市需求功能的满足加速了城镇化水平的快速提升。城镇化与乡村处于同

---

① 国家民委关于印发少数民族特色村寨保护与发展的规划纲要（2011—2015）的通知[EB/OL]. 国家民委，2012-12-07.
② 国家民委关于命名首批少数民族特色村寨的通知[EB/OL]. 国家民委，2017-03-24.
③ 国家民委关于做好第三批中国少数民族特色村寨命名相关工作的通知[EB/OL]. 国家民委，2020-01-14.
④ 安树伟，王宇光. 都市圈内中小城市功能提升的体系建构[J]. 经济纵横，2020（8）：33-39，2.
⑤ 蔡玉胜. 城市开发区域的功能提升及路径选择[J]. 天津社会科学，2013（2）：94-97.
⑥ 王燕祥，张丽君. 中外边境毗邻城市的功能互动与少数民族地区经济发展[J]. 黑龙江民族丛刊，2005（1）：27-31.

一演化过程中，经济、社会、文化等活动所产生的人流、物流、交通流、信息流在二者间的不断流动加速了城镇化的发展。① 城镇的镇化功能是对人力、资金、技术等资源要素的聚集，② 以此实现功能提升。③ 资本要素带来城镇功能提升，用佩鲁的增长极理论解释这种情况，通过资源要素从乡村到城市的转移带来了快速城镇化发展，逐步拉大了城乡间经济发展差距。乡村对城镇化需求的补充说明城乡间的相互依存、彼此存在的功能关系。④

民族村寨功能提升的目的是盘活自身的内生发展能力，民族村寨功能提升起到连接城镇、服务乡村的作用。其中，政治功能提升是创新现代乡村治理方式，通过党的政治优势为乡村全面振兴提供坚强的制度保障；经济功能提升可以畅通城乡经济循环，使城乡资源要素双向流动、均衡配置；文化功能提升是民族文化作为实现经济价值最重要的因素；生态功能提升可以有效转变乡村绿色生产生活方式；人的功能提升可以有效激发民族地区乡村内生发展活力；社会功能提升可以真正实现乡村宜居宜业、农民富裕富足的乡村现代化发展；产业功能提升可以有效创造农业现代化转型的竞争力，吸纳更多低收入人口就地就业，让农民在产业增值中获得更多收益。民族村寨功能提升是对接城镇功能、提升乡村功能的重要路径。

民族村寨通过功能提升有助于形成村寨城镇功能，推动乡村现代化发展。村寨功能提升需要资金、技术、人才等资本要素在城镇与乡村双向流动，满足镇化功能提升需求，⑤ 通过功能提升与城镇功能对接实现资本要素从城镇向乡村的反向流动，资本要素在地重聚改变了村寨原有结构和功能，通过"人"、"地"、"业"等要素集聚加快了乡村的转型升级。⑥ 因此，村寨功能提升就是实现村寨的镇化功能，发挥镇化功能的辐射带动作用通过功能提升实现村寨价值，

---

① 杨志恒. 城乡融合发展的理论溯源、内涵与机制分析[J]. 地理与地理信息科学，2019，35（4）：111-116.
② 郭小燕，刘晨光. 农业转移人口市民化与中小城市功能提升关系研究[J]. 当代经济管理，2014，36（8）：54-58.
③ 杨志恒. 城乡融合发展的理论溯源、内涵与机制分析[J]. 地理与地理信息科学，2019，35（4）：111-116.
④ 范可. 人类学观照里的"乡村"存续[J]. 旅游学刊，2017，32（1）：3-4；叶超，于洁. 迈向城乡融合：新型城镇化与乡村振兴结合研究的关键与趋势[J]. 地理科学，2020，40（04）：528-534.
⑤ 张静晓，李慧，周天华，等. 城镇化功能发展模式研究[J]. 城市发展研究，2011，18（9）：12-14.
⑥ 刘彦随. 中国新时代城乡融合与乡村振兴[J]. 地理学报，2018，73（4）：637-650.

丰富乡村的多功能理论研究。①

三、中国式城镇化

说到城镇化，这里不得不提到城市到城镇的演变过程。城市是"城"与"市"的组合词。在辞海中，"城"是古时围绕某一区域以供防守的大围墙；"市"是进行买卖、交易物品的地方。由此可见，城市（city）也是由聚落发展而来，是非农产业和非农人口集聚形成的聚居点，拥有政治、经济、文化等功能。城镇最早在史记中以邑的雏形出现，上文已有提到。城镇（stadt）② 由村庄本身或者独立于村庄发展而成，由一个或几个村庄组成整体，继而又变成支配着环绕它的乡村地区的整体。③ 辞海里对城市的释义为城市和乡镇市集。城镇是介于城市与乡村之间的过渡，既具备城市主要的经济、政治、文化等功能，又带有乡村的乡土特质，但是不论城市、城镇、乡村都是从聚落发展而来，都有聚集人口的作用。

"城镇化"国外习惯称之为"城市化"，二者概念并无本质差别，均译为"Urbanization"，其含义是人口从农村向城市或者郊区转移或者聚集的过程。在许多西方国家城市只有规模大小之分并无制度本质之别，因此没有镇的建制。"城市化"指人口向"城镇"的大规模主流式迁移，包括大中小一切城市均依此过程，因而将"Urbanization"译为"城市化"更符合他国国情。我国沿用的"城镇化"一词最早源自国外的"Urbanization"，根据我国具体国情，有较大规模"城市"和规模尚可的"城镇"之别，且城镇人口规模与国外大城市规模趋同性很强，其形成都在人口转移中实现。为结合我国行政建制特色，更加准确地反映我国人口转移过程且能体现中国特色将"Urbanization"译为"城镇化"，本书不做区分统称为"城镇化"。

由于社会分工，乡村在历史变迁中形成了城市所需的功能和需求并将生产生活主导权让位于城市的发展。《管子·乘马篇》中记载："聚者有市，无市则民乏。"城市功能在这里指城市由聚集形成又因贸易聚集实现了城市发展，是聚集功能在起作用。可见，城市在聚集中发展体现了城市的聚集功能，城市发展规模是城市的扩散功能在起作用，城市对居民的类别分化体现在城市的辐射、

---

① 刘玉，刘彦随. 乡村地域多功能的研究进展与展望[J]. 中国人口·资源与环境，2012，22（10）：164-169.
② 德文"Stadt"既可以翻译为城市（city）或城镇（town），这里指共同体。
③ 滕尼斯. 共同体与社会[M]. 北京：商务印书馆，2019：102.

带动功能。城市化发展遵照历史发展规律，大卫·哈维的城市化理论将城市理论进程从亨利·列斐伏尔扩展到卡尔·马克思的理论理念范围内找到自己的放大视角，他认为，"城市化是要素积累和要素循环的资本再生产过程。"① 马克思强调历史在下一发展阶段要实现乡村的现代化，而非城市的现代化。② 可见，城镇化的发展逻辑同样适用于乡村的演化规律。

早在1980年，城镇的经济、社会、文化功能对城镇发展的影响已初步显现。习近平总书记强调，"要坚持城乡融合发展，扎实推进乡村全面振兴。推进以县城为重要载体的新型城镇化建设，推动城乡之间公共资源均衡配置和生产要素自由流动"③。中国式城镇化经历了两次发展演变，从传统式发展走向高质量发展。从传统城镇化到新型城镇化的转型，从以土而生、以农为本的"乡土中国"转变为乡土变故土、城乡融合的"城乡中国"④，见证了镇化功能的实现过程。⑤ 传统城镇化强调城镇的优先发展，将城镇化作为全面建设现代化社会的经济发展目标；新型城镇化强调新时代高质量的发展方式，其主体是"城镇"，其修饰语是"新"，其落脚点是"镇化"。"新"是指它的带动作用，带动乡村发展，实现资源要素的优化配置。"镇"既是一种主体又是一种功能，可以把"镇"看作是聚集的过程，是人、财、物等的聚集和流动，也可以把"镇"看作在聚落形成发展中实现的。"化"是一种模式又是一种趋势。

这里将"镇化"既作为一种手段又作为一种路径。一方面，"镇化"是资本积累、流通、循环、升值的过程。资本积累、资本流通是镇化的聚集功能、扩散功能在起作用；资本循环、资本升值是镇化的辐射功能、带动功能在起作用。只有"镇化"功能的实现才能促进城镇化发展。另一方面，"镇化"本身有活力，是一种活态发展的过程。"镇化"的活力表现在资本积累和资本流通等资本要素的流动性，要素流动的频繁性形成资本循环，"镇化"在这种活态发展中释放的活力带动了资本增值。"镇化"不仅是城镇化的一部分，也是城镇化的

---

① HARVEY D, The Urbanization of Capital: Studies in the History and Theory of Capitalist Urbanization [M]. Baltimore: the John Hopkins University Press, 1985.
② 中共中央马克思恩格斯列宁斯大林著作编译局. 马克思恩格斯文集：第8卷[M]. 北京：人民出版社，2009：131.
③ 习近平主持召开新时达推动中部地区崛起座谈会强调：在更高起点上扎实推动中部地区崛起[EB/OL]. 中国政府网. 2023-03-20.
④ 刘守英，王一鸽. 从乡土中国到城乡中国——中国转型的乡村变迁视角[J]. 管理世界，2018，34（10）：128-146，232.
⑤ 王千，赵俊俊. 城镇化理论的演进及新型城镇化的内涵[J]. 洛阳师范学院学报，2013，32（6）：98-101.

实现路径之一。城镇不是城市，但是它占据了民族地区的一个据点，这个据点规模没有大小之分，可以小到是一个民族村寨发展而成，村寨慢慢扩大规模演变成一个城镇。这个城镇，镇里面有生活、有文化、有产业、有就业，意味着"镇化"发展具备了经济、文化、社会等现代功能。可见，城镇化就是镇化功能的实现过程。

四、乡村振兴

乡村在辞海的释义为"居民以从事农业为主的地区"。乡和村是构成乡土社会的行政单位，村又是乡的基本单位。费孝通在《乡土中国》中诠释了中国的发展具有乡土特色，这个乡土特色就是以乡村为根基的发展，是依托于乡村的发展。"振兴"是使乡村兴盛，意为乡土重建。"乡村振兴"一词源于习近平总书记关于"三农"工作的政策性指导方针，实施乡村振兴战略是解决"三农"工作的重中之重①。

乡村兴则国家兴。乡村振兴需要满足物质、精神和情感三方面诉求。物质是保障，精神是寄托，情感是依靠。城镇化就是物质基础，乡土是情感依靠，民族文化是精神支柱。过去物质极度缺乏，忽略了情感和精神的表达。如今人们对美好生活的追求转变了需求的内容，城镇化只是人民实现美好生活的前提，如果乡村文化上有所欠缺人民依然不会幸福。乡村振兴的"兴"不是简单追随城镇化规模的扩大和空间的扩张，而是着眼于乡村发展质量的提高和乡土社会的绿色发展转型。

乡村发展始于1982年颁布的《中华人民共和国文物保护法》，将历史文化名城、村镇纳入重点发展对象。1998年《中共中央关于农业和农村工作若干重大问题的决定》对乡村发展开始深度聚焦。2002年保护村寨的政策出台。2006年发布《关于推进社会主义新农村建设的若干意见》，从国家政策层面对村寨重新规划定位。2007年党的十七大提出新农村建设要利用好村寨这个载体。2017年中央农村工作会议将重塑城乡关系提上议程，② 全国农业工作会议提出要实现乡村的全面振兴。③ 2018年《中共中央、国务院关于实施乡村振兴战略的意见》

---

① 习近平在中国共产党第十九次全国代表大会上的报告[EB/OL]. 中国政府网，2017-10-27.
② 中央农村工作会议在北京举行 习近平作重要讲话[EB/OL]. 中华人民共和国农业农村部，2017-12-29.
③ 全国农业工作会议在京召开[N/OL]. 农民日报，2017-12-31（1）.

提出"六大建设"协同发展。[1] 同年发布《乡村振兴战略规划（2018—2022年）》强调"加快发展中小城市综合服务功能""发挥乡村多重功能""引导乡村生活空间功能齐全""加强以镇带村、以村促镇的带动作用",[2] 让乡村多重功能的实现和全面振兴相得益彰。[3] 2021年发布《关于全面推进乡村振兴加快农业农村现代化的意见》,是中共中央关于制定第十四个五年规划中对乡村振兴战略作的一系列全面的决策部署,是现代产业体系基本形成、农村生产生活方式绿色转型、乡村发展活力充分激发、构建共同繁荣的新型城乡关系;意见中强调乡村建设要重视县、乡功能衔接互补的重要性,发挥小城镇的重要桥接功能。[4] 其中,着重强调"农民主体地位[5]、人与自然和谐共生[6]、改革创新[7]、统筹功能空间[8]"等都是直指乡村建设中的实质问题。2022年《中共中央 国务院关于做好2022年全面推进乡村振兴重点工作的意见》中强调,通过挖掘乡村多元价值促进乡村发展。[9] 同年,党的二十大报告明确指出,扎实推动乡村产业、人才、文化、生态、组织全方位振兴。[10] 2023年《中共中央、国务院关于做好2023年全面推进乡村振兴重点工作的意见》中指出,必须坚持不懈把解决好"三农"问题作为全党工作重中之重,坚持城乡融合、宜居宜业和美乡村,扎实推动乡村产业、人才、文化、生态、组织振兴。[11]

---

[1] 中共中央国务院关于实施乡村振兴战略的意见［EB/OL］.中国政府网,2018-02-04.

[2] 中共中央 国务院印发《乡村振兴战略规划（2018-2022年）》中央有关文件［EB/OL］.中国政府网,2018-09-26.

[3] 贺艳华,邹建国,周国华,等.论乡村可持续性与乡村可持续性科学［J］.地理学报,2020,75（4）:736-752.

[4] 中共中央 国务院关于全面推进乡村振兴加快农业农村现代化的意见［EB/OL］.人民政府网,2021-02-21.

[5] 豆书龙,叶敬忠.乡村振兴与脱贫攻坚的有机衔接及其机制构建［J］.改革,2019（1）:19-29.

[6] 刘润秋,黄志兵.实施乡村振兴战略的现实困境、政策误区及改革路径［J］.农村经济,2018（6）:6-10.

[7] 刘祖春.以推动乡村振兴巩固拓展脱贫攻坚成果［N］.经济日报,2021-02-22（10）.

[8] 周武夫,谢继昌.有机更新视角下城镇低效用地再开发思路——以温州为例［J］.规划师,2014,30（S3）:203-207.

[9] 中共中央 国务院关于做好2022年全面推进乡村振兴重点工作的意见［EB/OL］.人民政府网,2021-02-22.

[10] 习近平:高举中国特色社会主义伟大旗帜 为全面建设社会主义现代化国家而团结奋斗——在中国共产党第二十次全国代表大会上的报告［EB/OL］.人民政府网,2022-10-25.

[11] 中共中央 国务院关于做好2023年全面推进乡村振兴重点工作的意见［EB/OL］.人民政府网,2021-02-13.

民族要复兴，乡村必振兴。建设美丽中国离不开乡村，乡村振兴离不开民族地区，民族村寨是构成民族地区乡村的基本单元，对民族村寨的实践探索离不开乡村振兴战略作保障。习近平总书记指出，"小康社会发展，一个民族都不能落下"。可见，少数民族和民族地区牵动着全国人民的关切。[①] 城镇化快速发展过程也是乡村生存、适应、变迁、衰退、重生等过程，乡村振兴就是实现农业高质高效、农村宜业宜居、农民富裕富足的现代化发展，就是实现农业的中国式现代化转型。以传统农业为主的单一功能转变为以健康、特色、生态、休闲农业的多功能叠加的现代农业，由单一的产业功能向一二三产业功能融合转变。

只有深刻理解乡村振兴战略的重要决策导向，才能贯彻好、实施好、落实好乡村振兴战略的重要理论。因此，民族地区村寨的发展要严格遵循"创新、协调、绿色、开放、共享"新发展理念，在目标任务上按照"产业振兴、人才振兴、文化振兴、生态振兴、组织振兴"的"五位一体"总体布局，统筹推进"经济建设、政治建设、文化建设、社会建设、生态建设"的政策举措，促进城乡协同发展，推动经济、政治、文化、社会、生态多重功能在城乡间的双向互通，加快构建城乡要素平等交换、双向流动的制度性通道。[②] 在新型城镇化与乡村振兴战略双轮驱动下，实现高质量的乡村空间就是实现民族地区村寨承载高素质居民及其稳定生活、就业、交往、娱乐并实现财富增值的乡村载体。[③]

传统村落、少数民族特色村寨等民族村寨的发展作为民族地区乡村的主要载体，是乡村振兴工作取得重要实质性进展的呈现。要想充分激发乡村发展活力，就要把民族村寨置于城乡融合发展的关系之中，发挥城镇化的辐射带动作用，[④] 寻求民族村寨发展的出路。[⑤] 乡村空间的主体功能与中国式城镇化、农业农村现代化和农业强国等国家战略实施空间和发展高度契合，民族村寨在新时代的乡村振兴就是让村寨成为承载高素质居民及其稳定生活、安居乐业的乡村

[①] 中共中央文献研究室. 十八大以来重要文件选编[M]. 北京：中央文献出版社，2016：658.

[②] 中共中央 国务院关于全面推进乡村振兴加快农业农村现代化的意见 [EB/OL]. 新华社，2021-02-21.

[③] 陈前虎，刘学，黄祖辉，等. 共同缔造：高质量乡村振兴之路[J]. 城市规划，2019，43（3）：67-74.

[④] 罗超平，黄俊，张卫国. 西部大开发、城乡一体化与新型城镇化——"中国西部开发研究联合体第10届学术年会（2015）"综述[J]. 管理世界，2015（8）：166-169.

[⑤] 吴泽荣. 实践、困境与突破：乡村振兴背景下民族地区传统村落的发展策略与路径选择——以广东为例[J]. 广西民族研究，2020（2）：35-40.

载体，基于民族村寨资源禀赋、地理区位、生态环境、民族文化等优势实现多样化的乡村发展需求。推动城乡生产与消费有效衔接，满足乡村居民消费升级需要，吸引城镇居民下乡消费。通过对民族村寨功能的集聚提升充分发挥乡村价值和功能，实现乡村与城镇协同发展，成为有效化解城乡社会发展矛盾的重要选择。

第二节 理论基础

本书运用六大理论分析民族村寨、城镇化、乡村振兴三者之间的逻辑关系，寻求城镇化背景下民族地区乡村社会发展的多理论协同指导策略，通过对经济民族学相关理论的借鉴和运用，为民族村寨推进乡村发展提供理论分析工具。

一、内生增长理论

增长理论视经济发展为主要研究对象，分为外生新古典经济增长理论和内生增长理论。其中，外生新古典经济增长理论就是实现资本的持续积累过程，并且为内生增长理论的构建奠定了发展基础；内生增长理论对经济增长的内在发展逻辑进行深入研究，解释一个国家的经济可持续增长如何被经济系统内生决定。20世纪80年代罗默（Romer）、卢卡斯（Lucas）等经济学家深入研究经济的内生增长规律，构建出知识溢出模型和人力资本模型，用来解释经济系统内生性如何主导国家经济的持续性增长，揭开"收益递减与经济持续增长矛盾之谜"，这就是内生增长理论。[1]

罗默（Romer）开创了Arrow-Romer模型，对肯尼斯·约瑟夫·阿罗（Kenneth J. Arrow）的"干中学"理论存在的缺陷进行了弥补，提出知识外溢效应内生出技术促进经济的内生增长。[2] 卢卡斯（Lucas）构建了Uzawa-Lucas模型，在前辈宇泽弘文（Hirofumi Uzawa）的经济增长理论发展下，提出人力资本在经济中发挥的增长作用，强调人力资本对经济增长的外部影响呈正相关。[3] 潘士远

---

[1] 潘士远，史晋川. 内生经济增长理论：一个文献综述[J]. 经济学（季刊），2002（4）：753-786.
[2] ROMER P M. Increasing Return and Long-Run Growth [J]. Journal of Political Economy, 1986, 94 (5): 1002-1037.
[3] LUCAS R E, Jr. On the Mechanism of Economic Development [J]. Journal of Monetary Economics, 1988 (22): 3-22.

和史晋川的两种假设性推动：一是知识的异质化发展才能带来知识溢出，同质化发展无法实现；二是知识吸纳能力是溢出效应产生的基础，知识无吸纳能力无法产生溢出效应，是对 Arrow-Romer 模型的知识溢出效应假设性补充。基于此，对知识溢出效应的假设性补充可以进一步运用，作为城镇化、乡村振兴、民族村寨实现经济增长的内在逻辑，同时也可以解释城镇化发展中的"贫困恶性循环""低水平均衡陷阱"①等问题。②

接着亚当·斯密（Adam Smith）对经济增长模型解释归纳为社会大分工中劳动分工促进生产率的提高。③ 托马斯·罗伯特·马尔萨斯（Thomas Robert Malthaus）提出经济增长与人口增长的相互关系理论——"马尔萨斯陷阱"，表明人的增长与内生经济发展密切相关，反而与外生经济增长理论关联性较小。④

托达罗（Todaro）指出平均分配收入可以长期并持续促进经济增长。⑤ Aghion、Caroli 和 Garía-Peñalosa 构建的长期性经济增长内生模型认为在资本市场不完全的情况下，不均衡分配方式严重阻碍经济增长。⑥

North 认为制度变迁决定经济的可持续增长，技术变迁是知识经济增长的主要显现形式。⑦ Matthews⑧ 和 Ruttan⑨ 等认为前者过分强调制度变迁，制度变迁和技术变迁紧密联系、相互影响，不能将二者割裂开来。

---

① 谭崇台. 发展经济学[M]. 上海：上海人民出版社，1989：147.
② 潘士远，史晋川. 知识吸收能力与内生经济增长——关于罗默模型的改进与扩展[J]. 数量经济技术经济研究，2001（11）：82-85.
③ SMITH A. An Inquiry into the Nature and Causes of the Wealth of Nations [M]. Oxford：Oxford University Press：Readings in Economic Sociology，John Wiley & Sons，Ltd，2008.
④ 马尔萨斯. 人口论[M]. 郭大力，译. 北京：北京大学出版社，2008：32-41，131-132.
⑤ TODARO M P. Economic Development [M]. London：Longman，1997.
⑥ AGHION P，CARLOLI E，GARCIA-PENALOSA C. Inequality and Economic Growth：The Perspective of the New Growth Theories [J]. Journal of Economic Literature，1999（37）1615-1660.
⑦ NORTH D C. Structure and Change in Economic History [M]. New York：W. W. Norton & Company，Inc.，1981.
⑧ MATTHEWS R. The Economics of Institutions and the Sources of Growth [J]. The Economic Journal，1986（96）：903-918.
⑨ BINSWANGER H P，RUTTAN V W，BEN-ZION V，et al. Induced Innovation：Technology，Institution，and Development [M]. Baltimore：Johns Hopkins University Press，1978.

还有一部分观点存在于大量的经验研究中，Baumol[①]、Barro[②] 和 Sale-i-Martin[③] 认为经济增长存在趋同。De Long 和 Summers、[④] Young[⑤] 等经济学家认为资本要素的经济价值决定了经济的增长方式，尤其是物质资本要素对经济增长影响非常明显。Sengupta[⑥]、Barro[⑦] 指出实现人力资本积累可以促进经济增长。

综上所述，内生增长理论是分析经济增长最重要的理论之一，主要论证了经济主体如何依靠自身内部的技术产生效用促进收益增加。罗默的内生增长理论认为技术进步是实现经济增长的基础，技术进步由普通生产厂商提供，生产者制造产品的知识分为人力资本部分和知识积累创新的技术进步部分，而知识积累、技术进步具有"溢出效应"和规模效应，边际生产率的递增性及其与资本等生产要素的相互作用，形成知识、技术和投资间的良性循环，使经济收益规模递增。[⑧]

罗默的内生增长理论强调知识和技术促进经济增长的积极正向功能，但是没有将人口变量和环境变量置于理论分析中是它的局限性。本书将人口和环境因素变量纳入内生增长理论展开分析，得出以下结论：城镇化和乡村振兴是有针对性的促进我国区域经济增长的制度性要素，鉴于生态环境要素对经济增长的重要性，应将其纳入经济发展变量。将生态环境因素变量纳入城乡经济发展中，环境因素变量决定了人口的增长率，而不受控制的人口内生性增长会严重

---

① BAUMOL W J. Productivity Growth, Convergence and Welfare: What the Long-Run Data Show [J]. American Economic Review, 1986 (76): 1072-1985.
② BARRO R J. Economic Growth in a Cross Section of Countries [J]. Quarterly Journalof Economics, 1991, (106): 407-443.
③ BARRO R J, SALE-I-MARTIN X. Convergence across States and Regions [J]. Brookings Papers on Economic Activity, 1991 (1): 107-182.
④ DE LONG J B, SUMMERS L H. Equipment Investment and Economic Growth [J]. Quarterly Journal of Economics, 1991 (106): 455-502.
⑤ YOUNGE A. The Tyranny of Numbers: Confronting the Statistical Realities of the East Asian Growth Experience [J]. Quarterly Journal of Economics, 1995 (110): 641-680.
⑥ SENGUPTA J K. Growth in NICs in Asia: Some Tests of New Growth Theory [J]. Journal of Development of Economics, 1993 (29): 342-357.
⑦ BARRO R J. Human Capital and Growth [J]. American Economic Review, 2001 (91): 12-17.
⑧ 周绍森，胡德龙. 保罗·罗默的新增长理论及其在分析中国经济增长因素中的应用 [J]. 南昌大学学报（人文社会科学版），2019, 50 (4): 71-81.

影响生态环境存续。民族村寨的青山绿水等自然生态资源是乡村的地方性知识,[①] 并且与人的活动密切相关。对民族地区村寨的经济发展情况分析需要纳入生态环境变量与人的发展变量。对内生增长理论的运用通过技术进步和人力资本的投入来实现乡村振兴,一是把民族村寨看作一种地方性知识,通过村寨整体文化资本存量的积累和规模报酬递增来实现民族地区经济增长。[②] 二是把民族村寨具体化,将村寨各种资本要素作为工具实现"干中学"的积累,使资本要素实现外生动力和内生动力的共同作用,从而实现村寨经济持续增长。[③] 由此可见,罗默知识、技术对经济发展的内生性借鉴有利于乡村振兴的正向发展。[④]

通过内生增长理论分析乡村的经济活动如何通过民族村寨创新得以实现,例如从民族村寨走向具有民族特色的村寨,也可称之为创新。然而创新与经济发展的拐点碰撞时,最容易被谈及也最容易被抛弃,因为它带来的结果太过漫长和曲折。这就需要通过区位空间分析经济活动如何选择区位,以及为什么会在区位空间内集中并发生作用,这代表了经济活动的发展时间和空间特征,是经济活动存在的主要形态,通过区位论的集聚功能来解释现象。

二、区位理论

区位一词起源于德语Standort,常用指示代词Location表示,是指行为主体或事物主体所占据的场所。[⑤] 具体来讲,是指在特定的地理空间人们对各种生产生活等社会活动的分布和影响。区位理论是指特定时空产生的经济活动对区位的影响,是生产力及生产方式在特定空间的组织及表现形式,它以社会生产的各种资本要素和要素流动过程在空间上的聚集为特征。区位理论将时空概念引入经济学,是分析人类经济行为在时空内的交往关系及其经济活动相互作用方式的理论。[⑥] 学术界常将区位、区域与空间等同于一个概念,是因为三者密切联系且在一定的地域空间内。区位是空间点,区域是空间面,空间是空间体,构

[①] 向琨.内生增长理论下民族文化与旅游产业的融合途径分析——以湘西苗族鼓舞为例[J].贵州社会科学,2020(10):108-113.

[②] 吴芳梅,郑建锋.新型城镇化背景下民族文化保护与地区旅游经济发展研究[J].贵州民族研究,2016,37(11):165-169.

[③] 陈升,王京雷,代欣玲.基于"结构—动力"视角的合作治理模式比较——以小城镇建设为案例[J].公共管理学报,2020,17(2):104-115,172.

[④] 蔡艳芝.西部村镇区域发展战略的选择与调整[J].西安交通大学学报(社会科学版),2011,31(1):57-61.

[⑤] 高洪深.区域经济学[M].北京:中国人民大学出版社,2002:22.

[⑥] 刘树成.中国地区经济发展研究[M].北京:中国统计出版社,1994.

成点面体的关系。经济学是对经济区位的研究,比如民族地区村寨是区位、区域与空间的结合,是民族村寨在经济空间概念内,在区位、区域与空间内发生的经济活动通过经济活动所反映的经济现象。

约翰·冯·杜能对农业区位论的构建[①]是农业区位理论的开创者。相继有韦伯(Alfred Weber)创造的工业区位论;[②]奥古斯特·勒施[③]提出的市场区位论。杜能作为区位理论的奠基者,随后基于韦伯的工业区位理论解释了区域间人口流动以及城市人口和产业的聚集原因。克里斯塔勒的中心区位理论分析了城市、乡村等区位内市场网络构成呈现蜂巢状外形。[④] 沃尔特·艾萨德(W. Isard)结合供给和需求因素提出了区域科学。[⑤] 由此可见,经济学中对区位的研究就是通过要素聚集,不断积累和循环的过程。区位理论可以看作是各类资本生产要素在空间的聚集,[⑥] 通过对时空内资本生产要素的调控改变区位形态干预区位发展过程。[⑦]

杜能的区位理论将农村比喻为孤立国,构想了区位理论的形成过程。城市是孤立国中唯一的中心城市,城市是周边市镇的供给者并对周边土地产生需求。假定孤立国生产力和生产方式全部均等化,只能运用马车实现运输。农民通过农村地租获得最大收益,并根据市场供求关系调整产品;农产品与产地距离,与运费成本呈现正相关。基于"运输成本"的农业布局围绕需求中心呈同心圆环状分布,并且农产品布局层次合理。离中心城市最近的第一层分布不适宜长途运输的果蔬,谷物次之,是集约高效的自由农业带;第二层是生产供应原材料的林业带;第三、四、五层是谷物轮作带;第六层是畜牧业养殖带。这六个环带随市中心距离收益递减,集约化程度也随之递减。杜能的农业区位理论出于假设性的结论,要根据农业现实发展情况合理运用不能生搬硬套,但在区位研究中值得借鉴。杜能区位理论在实际问题研究中的运用有很多,比如以乡

---

① 杜能. 孤立国同农业和国民经济的关系[M]. 吴衡康,译. 北京:商务印书馆,1986:341-351.
② 韦伯. 工业区位论[M]. 李刚剑,等译. 北京:商务印书馆,2009:17-36.
③ 勒施. 经济空间秩序:经济财货与地理间的关系[M]. 王守礼,译. 北京:商务印书馆,2010:133-175,272-284.
④ 克里斯塔勒. 德国南部中心地原理[M]. 常正文,王兴中,译. 北京:商务印书馆,2010:184-218.
⑤ 艾萨德. 区位与空间经济:关于产业区位、市场区、土地利用、贸易和城市结构的一般理论[M]. 杨开忠,等译. 北京:北京大学出版社,2011:143-151,195-225.
⑥ 胡志高,曹建华. 再述城市化与经济增长:理论脉络、现实拓展及问题指向[J]. 经济问题探索,2018(6):182-190.
⑦ 高进田. 区位的经济学分析[M]. 上海:上海人民出版社,2007:93.

村或乡村聚落为中心的区位杜能环,或以市场为中心的区位杜能环,或以较大的地域为中心的杜能环。然而,农业区位理论对现实农业区位分析的局限性,随着交通运输方式的变革,对农业区位规律的认识需要依据现实条件的变化重新提炼。①

杜能指出,"田庄的优越性呈现的价值是以货币和谷物度量的,更多体现在地租量上"②。可知,田庄收入和土地价格等田庄位置作为核心因素,得出生产布局理论和地租理论。杜能农业区位论的建立实质上是对城镇及周边土地的规划布局利用,关于城镇研究的思维方法对民族地区村寨的研究借鉴,合理的产业布局有利于要素聚集实现其经济价值。杜能对城市的描述为,"实际上城市的形成往往是偶然的事。第一位移民者筑居而居,第二位移民者相邻而居,达成团结互助的互利共赢关系。出于同样的原因,第三个、第四个……移民也参加聚居,最后形成城市。如果移民者可以任意搬迁,那么他们会很愿意将许多由这种原因形成的或类似原因形成的城市迁走"③。这说明城市的产生和发展是人类由于聚集产生了相互作用,失去了聚集功能城市也会消失。下面这句话可以看作最高原则:"全境各城市合理布局要以国计民生为前提。比如工场产品能够以最合理的费用进行生产,最优惠的价格销售,就能符合最高布局原则。"④这说明城镇发展与区位布局、区位优势密切相关。城镇不能孤立地存在,而是与周边的小城镇聚集在一起,较小城镇由于中心城镇供需关系的吸引集聚在中心城镇周围。可见,杜能认为孤立国是一个大城镇和周围许多小城镇共同聚集而成,这是杜能对集聚效应的阐述。从区位理论的视角下解释城镇化变迁过程,主要表现在集聚使生产要素在城镇空间的集中基于城镇区位空间的集聚。内在要素聚集的不断递增和外在集聚经济相互作用是居民区位选择的集中表现,城乡生活环境的变化、居民生产、生活方式的转变,加速和影响了区位空间要素的分布变化。

民族村寨是乡村发展的主要载体,是民族地区的人及与人有关的经济活动的聚集地,以聚集的形式展示着人的生产生活。民族村寨作为区位本身,是区

---

① 殷海善,安祥生. 当代城市郊区农业生产类型分布规律及影响因素分析[J]. 经济研究参考,2015(52):3-10.
② 杜能. 孤立国同农业和国民经济的关系[M]. 吴衡康,译. 北京:商务印书馆,1986:345.
③ 杜能. 孤立国同农业和国民经济的关系[M]. 吴衡康,译. 北京:商务印书馆,1986:349.
④ 杜能. 孤立国同农业和国民经济的关系[M]. 吴衡康,译. 北京:商务印书馆,1986:349.

<<< 第一章 概念与理论基础

位理论的研究对象。对民族村寨的最优区位选择如何既满足成本最小化又满足利润最大化，杜能给出了很好的解答。经济活动在区位空间的充分利用可以体现在对其经济价值的充分实现来证明其地理区位优势。① 民族村寨的区位空间价值无法替代，是天然存在的。空间资源是空间内各要素及要素相关联的分布，空间要素可以分为资本、技术、制度等。空间要素以区位为载体，相互优化配置形成多种社会经济关系。社会经济关系包括经济行为主体的供求关系、社会分工、人力技术、制度等，是经济活动和各种经济关系的综合呈现，表现为区位空间的聚集与辐射作用。区位是一种生产要素，对生产要素优化配置形成经济活动及其经济关系。由此可见，民族村寨可以作为生产要素，既是生产者也是消费者，是村寨内各生产要素在区位空间内的聚集、扩散作用决定的。

区位的经济功能是在区位内所进行一切生产活动产生的经济价值。② 从区位要素分类上可以将经济功能贯穿于政治、文化、社会、生态等具有经济特性的功能，不论是哪种功能所起的经济作用大多由于区位的集聚作用产生。区位空间要素聚集主要是产业集聚在起作用，产业发展促进经济增长的动态发展是产业发展中最有利的部分，相比静态的产业发展更能实现经济价值。③

区位理论和内生经济增长理论都是聚集功能在发挥作用。内生经济增长的集聚功能直接影响区位内的经济活动，经济活动的区位特征紧密关联着经济活动的发展。佩鲁认为经济增长不会在所有区位内都实现，而是选择发展较好的区位形成增长点或极。④ 现实中，"极化"带来的聚集效应使生产要素单向流通且辐射带动能力较弱，是造成城乡经济发展差距的主要原因，需要恰当运用增长极原理缩小二者差距。

综上认为，民族地区发展象征一个民族历史发展的过程，形成了民族自身经济特点，既有民族经济的内部联系性又有外部差异性。民族村寨是民族地区发展的主要载体，民族经济发展不仅要从民族地区的区位优势着手，还要分析民族村寨的区位特征，充分考虑村寨小而散的地理位置分布如何以加强相互之间的联系。此外，一个完整的民族村寨都是由核心、过渡、边缘不同区域构成，要协调三者的发展关系发挥区位优势的整体性，而不是发展部分区位优势造成

---

① 高进田. 区位的经济学分析[M]. 上海：上海人民出版社，2007：95.
② 高进田. 区位的经济学分析[M]. 上海：上海人民出版社，2007：220.
③ 高凤莲，段会娟. 产业集聚与经济增长研究综述[J]. 科技进步与策，2010，27（24）：147-150.
④ PERROUX F. Economic space: theory and applications [J]. The quarterly journal of economics, 1950, 64 (1): 89-104.

整体功能脱嵌。民族村寨地理区位的优势是实现乡村振兴的前提，比如西江千户苗寨既可以作为整体区位来看，又可以将整体区位看成是由核心区、过渡区和边缘区三部分构成，核心区基建和公共品等资源要素形成的功能相对完善；过渡区是村寨的休闲、娱乐等宜居功能区；边缘区作为服务功能区如停车场等。从区位理论来解析，核心区成本太高，过渡区和边缘区的资本利用率太高，核心区资本的过分集中使西江千户苗寨的整体经济不能均衡发展，造成过渡区和边缘区经济发展能力萎缩，违背了经济发展规律。

三、增长极理论

增长极理论是针对区域发展不均衡不充分现状导致的城乡差距、贫富差距现实提出的。弗朗索瓦·佩鲁（F. Perroux）构建了增长极理论，是为解决不发达地区的均衡发展问题。佩鲁认为不发达地区的自然资源丰富，多以农业或制造业为主，资本积累不足和技术进步缓慢，缺乏强劲的中心城镇带动其发展。[1]

佩鲁指出，"选择占据一定空间的集体实体的大个体，资本技术等集中在大个体中，增长并未同时出现在大个体内的所有地方，资本聚集程度较强的地方聚集为极点，极点累计到一定程度向外扩散，利用大个体的经济功能向周边辐射传导扩散并产生经济收益，通过增长极的极化效应辐射带动周边发展再回馈大个体"[2]。这里的集体实体包含两种方式：一是指规模较大的主导产业，可以与周边地区产生关联；二是指占据较好区位条件。佩鲁基本思想是"经济增长极不会在任一实体产生，而是产生于创新能力较强的主导产业，再通过扩散功能对整个经济实体产生影响"[3]。增长极理论是要通过极化效应来实现区域均衡发展，同时需要政府干预保障产业顺利发展，再通过增长极辐射扩散到周边地区。佩鲁认为增长极是在经济实体内形成的极化区域，极化区域内产生极点表明经济活动的聚集过程。极化区域由于聚集功能实现经济发展，涉及的经济活动包括生产、贸易、运输等多种功能向一体功能聚集，形成极点并发挥极化效应。[4]

"极化效应"的成因：一是区域在经济发展中具有突出优势，如雄厚的资本、丰富的文化、传统技艺传承、先进的信息技术等。二是区域的经济发展受

---

[1] 参见张秀生. 区域经济学[M]. 武汉：武汉大学出版社，2007：43.
[2] PERROUX F. Economic Space, Theory and Applications [J]. Quarterly Journal of Economics, 1950.
[3] 孙久文. 区域经济学[M]. 北京：首都经济贸易大学出版社，2006：79.
[4] 魏农建. 产业经济学[M]. 上海：上海大学出版社，2008：174-175.

集聚效应影响明显。三是产业集聚是生产、分配、交换、消费的过程不断以乘数效应加速发展。"极化效应"的作用：一是形成极点，通过极点为自身发展吸引聚集有利因素。二是利用区位优势形成集聚经济，随着集聚经济活动规模不断扩大增强集聚效益。三是极化的乘数效应增强了"极化效应"。四是"极化效应"产生的作用为自己带来有力的发展政策。

如何运用于欠发达地区的经济发展？遴选一两个规模较大的极化区域产生乘数效应，通过区域内物质、人力的聚集效应和扩散效应促进自身发展，再发挥极化效应实现均衡发展。因此，增长极的实现应满足以下三个条件：一是该地区必须具备一定经济规模，即具备资本、人力、技术等可观的存量。二是具有创新意识且觉悟甚高的能人带动。三是具有良好的外部保障环境，为地区的增长极发展提供外部支撑条件。

增长极对区域形成的增长点发挥的多种效应：一是乘数效应又称波及效应。增长极对周边区域的辐射带动产生波及乘数效应，通过积累性因果循环实现规模的不断扩大和效应的不断增强。二是剥夺效应又称支配效应。增长极拥有资金、人才、技术等资本产业优势，吸纳周边关联地区的资本要素，并对周边关联地区的要素流动和供求关系产生支配作用，关联地区资本要素向增长极流动，表现为增长极对周边关联地区的扩散，周边关联地区的经济活动在增长极支配下，随着增长极的变化而变化。三是聚集效应又称极化效应。增长极吸引生产要素向极点聚集是不断聚集累积的过程。受到增长极吸引向增长极靠拢的区域称为"极化区域"，主要由经济作用引起的聚集使增长极具有相对优势不断实现供给对需求的满足，使增长极规模逐渐扩展。极化效应是生产要素向"极点"的聚集，包括资金、技术、信息、人才等资本的聚集过程；中心城镇吸引周边地区生产要素向城镇聚集；主导产业吸引周边产业向优势产业聚集；优势区域吸引经济活动向优势区域聚集。由此可知，"极化效应"造成贫富程度的两极分化表现在经济活动和经济要素的极化，带动区域极化，最后形成集聚经济，集聚经济加强了极化效应，不断巩固集聚经济。四是扩散效应又称涓滴效应、淋下效应、辐射效应。扩散效应与聚集效应同时存在。扩散效应主要是极化效应积累到一定程度开始出现溢出需求，辐射带动周边地区的经济发展。中心地区的扩散效应是对周边地区发展的促进和带动，中心地区出于对经济增长的扩张需求需要对周边关联地区进行稀释和同化。

辐射本意是对资金、人才、技术等资本要素从经济发展水平较高地区向较低地区的流动过程，通过流动优化区域间的资源配置。其中点辐射是发展要素充足的中心地区向资源禀赋充足的周边地区扩散，实现资源互补。比如民族村寨可以看作一个民族聚居点，同周边民族村寨和城镇保持着密切联系，实现资源互补。民族村寨也可以看作一个"面"，村寨由各种资本要素构成，在城镇的辐射带动中促进经济发展，再辐射带动周边村寨发展。

佩鲁增长极理论，其核心是在发展不均衡中存在的支配与被支配的关系。他认为，公司、工业、地区、国家都存在一种支配关系，一个主体对另一个主体起支配作用，支配主体对被支配主体产生影响，被支配主体不能影响支配主体，两个主体之间是不平等的。在经济实体内，增长极是其支配作用的主体，通过聚集和扩散功能支配其他个体的经济发展。佩鲁的增长极理论主要用于分析增长极对区域经济的带动作用，尤其对非均衡发展的发展中国家来说区域发展不均衡才能产生极化效应，所以极化一定出现在非均衡发展地区。但是经济非均衡增长是必然的发展规律，一定由支配与被支配关系构成。我国对增长极理论的运用在经济特区发展、东西部协作发展方面都取得了卓有成效的探索。

后期，缪尔达尔、赫希曼在原有理论基础上进行了延伸。缪尔达尔提出"累计性因果循环"理论，认为经济增长是生产要素彼此作用，互为因果，不断累计、循环的不均衡发展过程。生产要素变量引起一个或多个生产要素的变量，进而形成正负反馈结果，导致初始生产要素的变化，是不断累计因果循环的过程。[①] 资金、技术、资本的流动方向都是从低处向高处流出，再流回起点输送能量，是经济规模再扩展、经济功能再提升的不断实现过程，缪尔达尔称为"回波效应"。赫希曼提出了增长极的两种效应，分别是极化效应和涓滴效应以及二者在增长极发展中的相互转化，在二元经济结构中，经济发展短期内极化效应起主要作用，随着规模扩大经济发展水平减缓，极化效应开始减弱，涓滴效应逐步增强，这其中不乏政府调控手段的介入来刺激产生涓滴效应。实现均衡发展主要是涓滴效应逐渐加强、极化效应逐渐减弱的过程。

将国家作为区位，在功能上分为城镇和乡村两大结构体系，城镇作为区位发展的增长极，是经济、人口等优势资源在城镇空间的聚集，优势资源的聚集有利于增长极的形成。由于城镇化政策的"城市偏向"和极化效应无法发挥，造成了相互封闭的城乡关系，使城乡矛盾日趋明显。[②] 在我国，城乡矛盾引起城乡二元结构不平衡，造成城乡非均衡发展，非均衡发展是城镇化作为增长极引起的。乡村振兴需要在城乡非均衡发展中缩小城乡的发展差距，需要城镇的增

---

① 余呈先，郭东强. 知识经济阈境下增长极理论在中国的困境与范式转换[J]. 宏观经济研究，2011（8）：51-55，71.

② 范从来，陈超，刘金友. 论城乡经济的可持续发展战略[J]. 南京社会科学，2000（5）：5-9.

长极效应带动乡村发展。[①] 乡村振兴以乡村发展为重点,选择合适的增长极成为乡村振兴的关键。选择具有创新能力的主导产业培育增长极聚集能量,向磁场一样发散着吸引和辐射作用带动周边地区经济发展。

以城带乡的路径实现,[②] 须要发挥城镇优势资本带动乡村发展。依托城镇化带动民族村寨进行技术辐射、资本扩散、产业关联,带动村寨经济增长和社会发展。[③] 以城带乡是实现乡村振兴的主要途径,但现实中乡村的极化和扩散效应不能让城乡形成良好互动局面,因此,要解决城乡发展不均衡不仅是带动这么简单,还要强调乡村发展的可持续性。

四、可持续发展理论

1972年西方首次提出可持续发展概念。1980年《世界自然资源保护大纲》发布,开始重视人与资源环境的关系。1987年《我们共同的未来》正式提出可持续发展理论。在《21世纪议程》中发布了实践指导纲要。[④] 2016年发布的《变革我们的世界》将消除贫困作为可持续发展的主要任务。[⑤]

我国在1993年《中国21世纪议程——中国21世纪人口、环境与发展白皮书》提出可持续发展的概念。[⑥] 1996年可持续发展政策颁布。[⑦] 党的十七大将可持续发展纳入全面建设小康社会的重要内容。党的十八大将实现"五大建设"融入可持续发展全过程。[⑧] 可持续发展理论是解决我国不平衡不充分发展矛盾的理论指导。

可持续发展要以历史和事物本质为依据。[⑨] 可持续发展是内涵与外延的统

[①] 文琦,郑殿元.西北贫困地区乡村类型识别与振兴途径研究[J].地理研究,2019,38(3):509-521.

[②] 陈丽莎.论新型城镇化战略对实现乡村振兴战略的带动作用[J].云南社会科学,2018(6):97-102.

[③] 李忠斌.民族地区精准脱贫的"村寨模式"研究——基于10个特色村寨的调研[J].西南民族大学学报(人文社科版),2017,38(1):9-16.

[④] 世纪议程[EB/OL].联合国公约与宣言检索系统,1992-06-14.

[⑤] 变革我们的世界:2030年可持续发展议程[EB/OL].外交部网.2016-01-13.

[⑥] 中国21世纪议程——中国21世纪人口、环境与发展白皮书[J].中华护理杂志,1995(7):451.

[⑦] 中华人民共和国国民经济和社会发展"九五"计划和2010年远景目标纲要[EB/OL].中国网,2016-03-06.

[⑧] 李曦辉,李松花.十九大后我国区域发展新格局展望[J].区域经济评论,2018(2):14-22.

[⑨] 李斯特.政治经济学的国民体系[M].陈万煦,译.北京:商务印书馆,1981:8.

一，是经济发展与社会进步的统一，是生态保护和人的发展的统一，是公平与效率的统一，这是可持续发展的基本思想。一是内涵与外延的统一。民族村寨承载着乡村的物质和非物质形态，既内含着乡村的可持续又外延着城镇的发展。面对城镇化加速发展带来的资源、生态、环境不可持续的破坏，物质资源与非物质资源在代内和代际的传承发展中陷入了两难困境。二是经济发展与社会进步的统一。乡村生存的初级阶段就是要牺牲一部分物质资源和非物质资源来换取经济发展，只有经济发展了才能更好地保护乡村生存的权利。三是生态保护与人的发展的统一。人类以对生态资源掠夺性开发换取短暂的经济收益是不可取的。生态保护与人的发展的统一强调人对生态的保育与涵养，生态质量的提高才能体现高度的生态文明，才是农村精神文明建设的内涵体现。四是公平与效率的统一。"效率优先、兼顾公平"是我国从追求经济的高速增长到高质量发展，破解不平衡不充分发展矛盾的重要举措。效率的高质量发展是对中西部、城乡间资本要素流动和分配进行干预，是缩小城乡收入差距的前提。① 机会的均衡性发展将改变无序的市场规则，重构城乡秩序，推进乡村空间结构和功能提升。② 综上可知，可持续发展是发展与矛盾的对立统一，是观念和态度的对立统一，在矛盾的碰撞中融合前行，充分表明可持续的本质就是发展，这个发展来自对原有格局的突破，对新的格局的重塑。

民族村寨的发展旨在提升居民生活的舒适度和幸福感，增加居民可持续居住的可能，是经济、社会、生态、人等各种要素相互支撑与能力延续。③ 因此，可持续发展理论是解决民族地区村寨可持续发展问题的重要指导理论。

五、文化变迁理论

人类的发展进步都是在文化变迁中实现的，④ 文化变迁既呈现静态特征又是一个运动变化发展的过程。⑤ 文化变迁是文化的多样性在相互选择借取中实现新的建构的过程，⑥ 表现在人、自然、社会等变量因素上，⑦ 由文化个体引发的文

---

① 张高军，易小力．有限政府与无限政府：乡村振兴中的基层政府行为研究[J]．中国农村观察，2019（5）：32-52．
② 戈大专，龙花楼．论乡村空间治理与城乡融合发展[J]．地理学报，2020，75（6）：1272-1286．
③ 陈晓键．乡村聚居环境可持续发展初探[J]．地域研究与开发，1999（1）：3-5．
④ 李天雪．民族过程：文化变迁研究的新视角[J]．广西民族研究，2005（4）：6-9．
⑤ 石峰．"文化变迁"研究状况概述[J]．贵州民族研究，1998（4）：5-9．
⑥ 陈国强．简明文化人类学词典[Z]．杭州：浙江人民出版社，1990：136．
⑦ 林耀华．民族学通论[M]．北京：中央民族学院出版社，1990：86．

化整体的变化,[1] 因民族文化内在发展规律或不同民族频繁的交往交流引起的民族文化变动的过程。[2]

文化变迁理论起源并贯穿于人类学研究中,体现在不同时期人类学各学派从不同角度的理论构建。早期进化论从人类进化的起源规律归纳文化变迁的演进过程。[3] 泰勒的进化论认为文化随着历史发展更迭产生了文化的发展与进化,后一阶段是前一阶段文化变迁的结果并对后一阶段产生极大影响。[4] 传播学派从传播角度梳理了人类文化进化史,认为人类文化变迁起源于与人关联的物或行为的习得实现的逐层传播过程。[5] 功能学派认为文化变迁是人的变迁决定了文化的功能变化,文化在不同功能中扮演着不同的角色,每一个角色都是文化功能的体现。[6] 历史特殊论学派以博厄斯为代表,认为文化变迁是一种进化,是思想和行为的持续变化和文化的历史演变方式,具有连续性特征。[7]

文化变迁要经历文化异化、创新变革、时空传播、文化涵化等演变阶段。

一是文化异化。它是文化在自我运行规律内长期变化的过程,从物质、精神、制度层面改变文化原有形态、功能等显性或隐性特征的演变,这种演变是长期缓慢积累的过程。文化异化是引发文化向本体或异体融合、改变、消失、再造的过程,[8] 经过结构和合成成为文化的变异体。[9] 民族地区文化异化主要表现在文化在开放的交流交往中,外来文化引起文化信仰及价值观更迭对文化带来的直接影响。

二是创新变革。文化变迁的发生在于文化创新,[10] 创新是对整个文化变迁过程的一种改变和重构,任何物质、观念都可以作为文化创新的变量。[11] 文化创新

---

[1] 周大鸣,秦红增.文化人类学概论[M].广州:中山大学出版社,2009:75.
[2] 黄淑娉,龚佩华.文化人类学理论方法研究[M].广州:广东高等教育出版社,1996.03:211.
[3] 周大鸣,秦红增.文化人类学概论[M].广州:中山大学出版社,2009:409.
[4] 泰勒.原始文化[M].蔡江浓,译.杭州:浙江人民出版社,1988:15-22.
[5] 梅琼林,连水兴.从文化人类学的角度开启传播学研究的新视野[J].南京社会科学,2007(6):97-105.
[6] 何星亮.人类学研究范式的特征、类型及其转换[J].世界民族,2014(5):38-45.
[7] 博厄斯.原始艺术[M].金辉,译.贵阳:贵州人民出版社,2004:53.
[8] 潘顺安.旅游开发引起民族文化变异的经济学审视[J].贵州民族研究,2009,29(6):134-138.
[9] 严绍璗.比较文学与文化"变异体"研究[M].上海:复旦大学出版社,2011:67.
[10] 邓建富.试以文化变迁理论评马家窑文化的起源、发展说[J].中原文物,1995(3):40-45.
[11] 邓建富.试以文化变迁理论评马家窑文化的起源、发展说[J].中原文物,1995(3):40-45.

就是广泛接受新的做法、工具和原理,对新原理的发展和应用称为创新或发明。① 民族地区优秀农业文化创新是对农业文化遗产与非物质文化遗产可持续发展路径的探索,结合新时代生产要素满足现代消费需求的创新式发展。

三是时空传播。文化变迁的基础是文化传播,是指文化以物质和意识的不同呈现方式在时空中的传承发展,是时代更迭的过程。创新是实现传播的前提,创新和传播在成为文化的部分之前需要被社会接纳,实现被社会成员认识和接纳的过程才能进行接下来的文化创新和传播。时空传播的过程是文化在前后演进中自我扬弃的演变过程。② 中华民族优秀传统文化传播要尊重时代发展规律,符合时代发展对文化的新需求才能被时代所接纳,在适应式发展中体现文化的传承价值。中华民族优秀传统文化传播过程也是文化的借取过程,一个包容的民族必然能够接纳更多人类文明并在此基础上实现创新和发展。③

四是文化涵化。涵化是不同的文化个体构成了不同的文化群体在彼此交融中导致文化融入与被融入的过程,④ 是在民族生活、生产中频繁接触发生的。⑤ 文化涵化可以理解和解释民族文化在相互交流交往交融中的变化,通过民族共同体的多样性发展实现文化的"自觉"重塑,并在此过程中建构中华民族优秀传统文化的过程。⑥

民族多元一体发展是中华民族优秀传统文化变迁的过程,中华民族优秀传统文化与历史、社会、生态、经济等方面的发展密切相关,是顺应历史规律的必然结果。中华民族优秀传统文化在历史变迁中经历涵化的过程实现时空传播,在时空传播中的创新变革有利于文化变迁,创新在中华民族传统文化发展中不断扬弃,在取舍中寻求适合自身发展的有利文化,创新是促使中华民族优秀传统文化在时空传播中通过整合与重塑形成的文化"自觉"建构过程。

---

① 周大鸣,秦红增. 文化人类学概论[M]. 广州:中山大学出版社,2009:417.
② 邓建富. 试以文化变迁理论评马家窑文化的起源、发展说[J]. 中原文物,1995(3):40-45.
③ 龚佩华. 人类学文化变迁理论与黔东南民族文化变迁研究[J]. 中山大学学报(社会科学版),1993(1):87-93.
④ 周大鸣,秦红增. 文化人类学概论[M]. 广州:中山大学出版社,2009:420.
⑤ 操竹霞. 民族文化涵化动力研究——以皖江安庆回族为考据[J]. 求索,2012(5):179-181.
⑥ 秦红增. 全球化时代民族文化传播中的涵化、濡化与创新——从广西龙州布傣"天琴文化"谈起[J]. 思想战线,2012,38(2):79-84.

六、协同发展理论

协同发展是指多种事物间彼此协作、共同进步。协同发展是可持续发展的前提，其内涵表明事物之间同生共存、不可分离的"和谐"共生关系。协同发展体现了三方面特征：多样性、公平性和协同性。多样性是随事物发展变化不拘泥于一种发展形式的多类型共同发展。公平性是指机会均等的竞争式发展，实现公平竞争。协同性是协同发展的本质属性，不是优胜劣汰的淘汰制，是在相互协作中成就彼此的共同发展。

早期国外对城镇与乡村的协同发展强调以二者的共同发展为总体目标。马克思认为城乡协同发展就是由对立走向统一的过程。新古典经济理论对城乡协同发展以城镇化偏向为主，优先实现城镇发展，通过城镇带动乡村的"涓滴效应"实现乡村发展。而以需求为导向的乡村偏向理论将乡村发展置于首位，实现先乡村再城镇的发展。[1] 城乡协同发展理论强调通过要素流在城乡间流动加强城乡间功能联系。[2]

国内对城乡的协同发展研究源于费孝通提出的"城乡协同关系论"[3]，强调城乡协同互助的区域发展。受功能主义影响，费孝通从小城镇的不同功能来区别其作为政治、经济、工业中心的类型，强调城乡社会是功能趋于一致的协同发展。[4] 随着城乡协同研究的深入，何仁伟认为城乡资源要素平等流动是先振兴乡村再实现城乡协同的前提，[5] 是农业从单要素向多要素、多业态转化，农民从传统身份向偏重职业、技能的转化，实现乡村多重功能提升与城镇协同发展。[6]

协同理论最早起源于古希腊文字 Synergetic，译为"协同合作"。1971年由哈肯（Hermann Haken）教授从物理学等学科研究角度首次以理论方式提出"协

---

[1] STOHR W B. Development from above or below？：The dialectics of regional planning in developing countries / edited by Walter B. Stohr and D. R. Fraser Taylor [J]. Wiley, 1981：9-10.

[2] DOUGLASS M. A Regional Network Strategy for Reciprocal Rural Urban Linkages：An Agenda for Policy Research with Reference to Indonesia [J]. Third World Planning Review, 1998, 20 (1)，124-154.

[3] 费孝通. 中国城乡发展的道路——我一生的研究课题[J]. 中国社会科学, 1993 (1)：3-13.

[4] 费孝通. 农村、小城镇、区域发展——我的社区研究历程的再回顾[J]. 北京大学学报（哲学社会科学版），1995 (2)：4-14, 127.

[5] 何仁伟. 城乡融合与乡村振兴：理论探讨、机理阐释与实现路径[J]. 地理研究, 2018, 37 (11)：2127-2140.

[6] 陆林, 韩娅, 黄剑锋, 等. 基于扎根理论的杭州市梅家坞旅游城市化特征与机制[J]. 自然资源学报, 2017, 32 (11)：1905-1918.

同学"的观点，无须借助公式而能日常阐明的机理奠定了它的理论地位。① 协同理论是指，存在于同一系统的子系统相互间支配与协作的功能从无序到有序、竞争到协作的增持规律，最终形成从共存到彼此稳定的有序、自组织的协同状态。②

协同理论主要研究事物发展内部与外部通过物质能量的交换，从事物无序的散乱状态到有序的发展状态的协作过程的实现，从偶然的无序到必然的有序发展的实现过程称为"序度"，并且以一种有秩序的排列呈现出来。③ 一方面，每一个系统内部由许多杂乱无章的子系统构成，这种杂乱是无序且自我状态的运动；也有有序、关联的协同运动，这种协同运动源于多个子系统在结构和功能上的同生共存、互不分离。另一方面，每一个系统的自我组织能力可以实现结构和功能从杂乱无序状态到规则有序状态的自我转变。

协同理论沿着信息、控制、系统等传统式理论，发展为协同、突变、结构等新式发展理论并运用于现代研究发展中。协同理论主要内容以协同、自组织、伺服三种方式开展。协同原理产生的协同作用是协同发展理论的基础，协同作用是指一个系统由若干个子系统构成，每个子系统有多个杂乱无章的要素，要素之间互斥、排异、无序的发展，到有序、互融、合作的相互组合形成多样化的协同效果。④ 自组织原理是指在系统、要素、环境三者相互作用中不断提高自我发展功能，形成有序的结构变化的自我内生发展功能。⑤ 伺服原理又称支配原理或役使原理，将系统分为两大变量，大规模的快变量和小规模的慢变量；形成小规模慢变量役使大规模快变量，或者大规模快变量伺服小规模慢变量，应用于有差异或不平衡的事物发展。⑥

本书对六大理论的运用都是为民族村寨寻求可持续发展的理论支撑。"现

---

① 哈肯. 协同学：大自然构成的奥秘[M]. 凌复华, 译. 上海：上海译文出版社, 2013：3.
② 哈肯. 协同学：大自然构成的奥秘[M]. 凌复华, 译. 上海：上海译文出版社, 2013：8-9.
③ 李湘洲. 协同学的产生与现状[J]. 科技导报, 1997, (4)：38-40.
④ 向从武, 谢正发. 武陵山片区民族特色村镇旅游扶贫与协同发展研究——以渝湘交界地洪安镇和茶洞镇为例[J]. 云南民族大学学报（哲学社会科学版）, 2019, 36 (4)：79-83.
⑤ 毛焱, 梁滨, 邓祖涛. 区域旅游空间系统的自组织原理[J]. 经济问题, 2013 (7)：115-119.
⑥ 吴彤. 论协同学理论方法——自组织动力学方法及其应用[J]. 内蒙古社会科学（汉文版）, 2000 (6)：19-26.

实"与"社会建构"之间的鸿沟往往被描绘成一种二元结构。① 同样,理论在实际问题中的运用也存在优势和缺陷,不能有效解决民族村寨发展中的全部问题。

区位理论的假设来自均质的空间推理,现实中区域多存在异质性发展,对理论的运用存在解释上的缺陷,更适合用于区域非均衡发展,在分析实际问题中通过优势互补破解区域间异质性发展的需求。

内生增长理论对解释城镇化经济增长具有实用价值,但是对于解释乡村的发展困境仍然存在一定的理论缺陷。随着城镇化发展,乡村对城镇的供给作用使乡村比较容易获取知识和技术,城镇化对乡村的索取式掠夺也在加速着城镇的知识扩散和技术溢出,但是乡村并没有因为获取城镇的知识和技术而带来经济发展。因此,探索中国特色社会主义乡村振兴道路,不能简单用城镇化及国外乡村的经济解释理论。我国国情决定了我国乡村问题的特殊性和复杂性,实现乡村的内生发展就必须将知识和技术融入新发展理念中。

民族村寨功能提升需要增长极理论的指导,但是增长极理论在发展中国家的实践运用中又会带来一系列极化发展问题,比如"孟买现象""乡村边缘化"问题。增长极理论在我国城镇化进程的运用暴露了许多理论缺陷,带来的弊端助长了区域结构矛盾。乡村振兴战略可以在增长极理论实践运用中对其弊端调整并通过多极统筹实现乡村高质量发展。

可持续发展理论的最终目的是实现民族村寨现代化的持续发展能力。但是问题的核心在于具体实践中对民族村寨的可持续发展路径尚在探索,这一理论从宏观上给出要以乡村振兴的实现为发展方向,但微观操作略显空白。

文化变迁理论往往在社会变迁中呈现,文化变迁发展多由外部因素引起,呈现出一种被动的状况。② 文化的脆弱性导致其极易受到外部多个变量干扰,极易造成文化异化甚至文化功能衰退,从多维角度探索文化变迁原因对民族文化之性质、功用、法则加以说明,③ 在对其深入研究中不断提升文化功能。

协同发展理论衍生出的"功能结构"原理可以重点应用于城镇化与乡村协同发展。城乡二元结构的形成源于城乡间不能充分协同甚至出现不平等和互斥

---

① HOGGART K, PANIAGUA A. What rural restructuring [J]. Journal of Rural Studies, 2001:57.
② 马翀炜. 陈庆德. 民族文化资本化[M]. 北京:人民出版社,2004:196.
③ 黄文山. 民族学与中国民族研究[J]. 民族学研究集刊,1936 (1).

等非协同发展现象，其根源主要是制度固化，[1] 如何通过协同发展理论消解城乡无序发展带来的二元结构矛盾是需要深入研究的课题。

　　本章小结：本书研究既借鉴前人的研究理论，同时也将理论置于现实开放的条件中，跟随现实变化进行综合分析，让理论在现实中的运用更加真实有效，得出的研究结果才更有价值。本书将民族村寨发展置于多理论实践探索中，不难发现和理解，多理论场域既为民族村寨发展挖掘自身优势，又互补了不同理论的自身缺陷和不足，通过多理论综合研究对实际问题有较全面准确的分析，在理论创新中更具操作性和解释力。人类学的"功能法"适用于"工业前期的各种社会"的研究也就是乡村；区位法适用于"近代都市社会"的研究也就是城镇化。[2] 对六大理论的综合运用将有助于在城镇化发展中探索民族村寨实现乡村振兴的可能。对民族村寨的深入研究要突破单一理论视角，运用多理论研究方法实现知识整合。同时，民族地区经济发展不平衡，对中西部民族村寨在功能、价值、保护与利用等重点问题的关注不足，是本书接下来研究的重点。

---

[1] 王艳飞，刘彦随，严镔，等. 中国城乡协调发展格局特征及影响因素[J]. 地理科学，2016，36（1）：20-28.
[2] 吴文藻. 中国社区研究计划的商榷[J]. 社会学刊，1938（5）：463.

第二章

民族村寨、城镇化与乡村振兴关系

不论是民族村寨的保护与利用，还是城镇化的转型发展，抑或是乡村振兴战略的出台与实施，其本质是人与人的关系、人与自然的关系、人与区域的发展关系、区域与区域之间的发展关系，最终落脚点是人—自然—社会的协调可持续发展。民族村寨、城镇化、乡村振兴都可以归结为经济的活动方式，如何让三种经济活动均衡发展？民族村寨在中国式现代化多重战略背景下，亦受中国式城镇化与乡村振兴战略的双重影响，面临多重机遇交织的复杂现状，民族村寨该何去何从、如何归属？以上问题需要立足民族村寨、城镇化与乡村振兴三者间的逻辑关系进行深入解读。不仅要立足民族村寨自身的实际发展，还要趁势融入城镇化与乡村振兴两大发展机遇的洪流中实现三者互促共融的"三位一体"协同发展，让民族村寨、城镇化、乡村振兴在历时态和共时性发展中互为支撑、相互成就。为了更加形象地诠释民族村寨、城镇化、乡村振兴三者间不同的交集方式，笔者用逻辑关系图的方式表示三者内在关联，如图2-1所示。

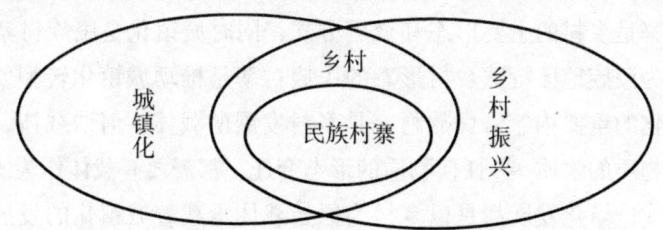

图 2-1 民族村寨、城镇化、乡村振兴三者关系图

第一节 民族村寨与城镇化

一、民族村寨是城镇化发展的重要内容

城镇化起源于乡村，是乡村转化为城镇的过程。乡村向城镇转化顺应了经济社会发展的一般规律，乡村是实现城镇化的基础和前提，是向城镇化发展的

必然趋势。如果违背这一规律，乡村就会错过发展的良机。所谓城镇化进程是乡村支撑其实现的过程，也是镇化功能的实现过程。具体来讲，城镇化进程就是传统农业生产力向现代农业或非农业生产的转化，是乡村从传统的农耕社会向现代化城市社会的转化，是乡村地缘向城市地缘的发展和转化，是乡村人口向城镇的集聚和转化，是农民从自给自足的温饱向富足生活品质的转化过程。在城镇化发展阶段，乡村是城镇发展经济必需的流通渠道，是从村到镇、再到城镇化发展、最后到区域经济的发展过程必不可少的一环。城镇化进程不只依赖乡村的经济功能推动城镇经济发展，还关联政治、文化、社会、生态等多重功能。城镇化多重功能的形成需要乡村多重功能的支撑，城乡间功能不是固定不变的，而是动态发展的，是遵循一般历史发展规律从而引起传统生产生活方式、思维方式、价值观念的变化，使乡村逐渐具有城镇化的经济、政治、文化功能。城镇化是在镇化过程中实现的，城镇化发展是综合、复杂、全面的社会转型，体现了城镇化拉动经济的发展价值。[①] 城镇化进程对拉动乡村经济发展、优化乡村发展结构发挥了重要作用，同时促进了我国民族地区经济的发展。城镇化进程对我国民族地区既是机遇又是挑战，民族地区地理位置偏远，自然条件恶劣，交通环境闭塞，为地区经济发展带来不少阻力。然而，民族地区自然生态资源丰富、民族文化浓厚，拥有独具风格的民族特色，有利于推进民族地区乡村城镇化进程。

民族村寨是乡村的主要形态和聚居方式，同时城镇化是民族村寨变革的主要原因。作为民族地区特殊乡村形态的民族村寨是推动城镇化转型发展、构成中国式城镇化的重要内容。民族村寨是乡村发展的载体。何谓载体，就是能运行承载某种物质的物质。[②] 任何物质的形态变迁，都需要有载体作为支撑、作为依托。中国式城镇化发展都是以乡村为原始载体承载着城镇化的发展，城镇化快速发展离不开乡村的支撑，更离不开特殊乡村形态民族村寨的支撑。民族村寨是乡村的基本单位，是乡村人口的聚居点，依附于中国式城镇化进程而发展。可见，中国式城镇化的发展离不开乡村的助推，离不开乡村的特殊形态民族村寨的助推。

[①] 王国敏，王元聪. 我国城镇化发展的四大误区及对策研究[J]. 思想战线，2015，41（6）：84-87.

[②] 何耀华. 小城镇建设在中国城市化进程中的地位和作用[J]. 思想战线，1999（3）：3-5.

二、城镇化是引导民族村寨发展的思路创新

城镇化是村寨聚落演变发展而来的。① 城镇化进程改变了民族村寨封闭式的生活方式和固化的生产方式，更好地延续了中华优秀传统文化的发展。城镇化与民族村寨在功能空间和内容上的重叠，催生了民族村寨城镇功能的实现。

一方面，民族村寨与城镇化在功能空间上重叠。经济活动的解构和重塑使民族村寨的发展与变迁烙印着城镇化的发展痕迹。民族村寨的发展同城镇化一样必然依赖于一定的社会经济基础。城镇化进程中的产业结构、生产生活方式、城镇功能的现代化转变，使民族村寨由农业向非农业为主的生活方式转变，是农耕生产向非农生产的生产方式的转变，是村民向市民的思维方式的转变。民族村寨在城镇化进程中对现代文明的生产生活方式的接纳和融入，改变了民族村寨以农业为主的单一经济功能，向政治、文化（服务）、社会（服务）、生态等城镇化中心功能扩展，向三产融合的多元经济功能转变。原来依附于民族村寨旧的生产生活方式、结构功能形态在城镇化进程中逐渐瓦解剧变，带有城镇烙印的现代化观念已然融入民族村寨变迁中，这需要我们在镇化过程中重新审视和寻求民族村寨的存续方式。

另一方面，民族村寨与城镇化在内容上重叠。民族传统文化与城镇文明都是以高度的文化自信守护民族文化根脉的重要内容。民族村寨拥有丰富的物质形态和非物质形态资源，具有较高的文化、历史、社会、生态和经济价值。② 民族村寨是承载和弘扬中华优秀传统文化的基石，村寨的文化自觉和文化自信等文化软实力是构成中国式城镇化发展的重要内容。③ 民族村寨是乡村的载体，承载着土地、资源、劳动力等生产要素的供给，这些生产要素是城镇化发展的重要支撑，在城镇化进程中发挥了重要作用，同时对城镇化建设产生重要影响。城镇化发展过程必然带来乡村空间、产业、人口、就业结构的变化，带来农民生产生活方式的变化。④ 民族村寨的人口、经济、社会、环境是构成城镇化建设

---

① 李萍，田坤明. 新型城镇化：文化资本理论视域下的一种诠释[J]. 学术月刊，2014，46（3）：85-93.
② 李军红. 传统村落生态补偿机制研究[J]. 思想战线，2015，41（5）：88-92.
③ 鲁可荣，胡凤娇. 传统村落的综合多元性价值解析及其活态传承[J]. 福建论坛（人文社会科学版），2016（12）：115-122.
④ 曲福田. 以破除城乡二元结构为突破口 加快形成城乡发展一体化新格局[J]. 群众，2011（3）：17-19.

的文化资本,是推动城镇协调、可持续发展的重要动力。[①] 由此可见,民族村寨城镇功能的实现是村寨实现农业农村现代化发展的创新探索,是循序渐进引导民族地区迈入中国式现代化发展进程的变革创新。

民族村寨和城镇化在功能和内容上的重叠体现了城乡协调发展的深刻内涵,贯穿着新发展理念的发展,是民族村寨就地就近城镇化的理想方式,催生了民族村寨镇化发展模式,是循序渐进引导民族村寨逐渐实现城镇化的创新思路。[②] 民族村寨镇化模式是城镇化发展进程的产物,在民族地区培育一批不同镇化方式的民族村寨,不仅有利于促进民族地区城镇化水平的提升,而且有利于实现乡村全面振兴的战略目标。城镇化与民族村寨催生的村寨镇化的发展模式为最终实现城乡融合发展,在实践中探索和检验理论的可行性提供了重要的发展思路。

三、城镇化是实现民族村寨发展的高效手段

一个完整的城镇化进程既需要物质和技术层面的城镇化,更需要社会文化和个体层面的城镇化。[③] 乡村空间有限、人口有限限制了乡村发展和市场需求。[④] 民族村寨作为特殊的乡村形态,其土地、人、文化、生态等资源禀赋使"人的城镇化""物的城镇化""空间的城镇化"的实现成为可能。

首先,"人的城镇化"是以人的现代化发展为核心的城镇化,[⑤] 表现为人口向村寨聚集的过程,是以人的需求为前提的功能提升的过程。[⑥] 爱德华·格莱泽在《城市的胜利》中提道:"真正的城市是由居民而非混凝土组成的。"[⑦] 说明人的城镇化就是突出人的主体地位,人的权利与义务相辅相成,将人的利益置

[①] 李萍,田坤明. 新型城镇化:文化资本理论视域下的一种诠释[J]. 学术月刊,2014,46(3):85-93.
[②] 杨卫忠. 农业转移人口就地城镇化的战略思考[J]. 农业经济问题,2018(1):53-63.
[③] 史玉丰. 城镇化的关键是人的城镇化[J]. 人民论坛,2019(21):56-57.
[④] 孙凤娟,秦兴方. 中国特色乡村发展动力结构研究:历史变迁、存在问题及重构[J]. 现代经济探讨,2020(8):119-124.
[⑤] 李强,王昊. 什么是人的城镇化?[J]. 南京农业大学学报(社会科学版),2017,17(2):1-7,150.
[⑥] 任远. 人的城镇化:新型城镇化的本质研究[J]. 复旦学报(社会科学版),2014,56(4):134-139.
[⑦] 爱德华格雷泽. 城市的胜利[M]. 刘润泉,译. 上海:上海社会科学院出版社,2012:14.

于首要地位。[1] 人的城镇化实现了人口向城镇的自由流动，是大量人流向城镇聚集的过程；[2] 是人对城镇功能和服务能力的不断提升，带来城镇功能和形态的不断演化。[3] 民族村寨"人的城镇化"的实现是资源变资本的过程，是资本的原始聚集和持续的资本积累。大量农业人口与赖以生存的农业分离并进入非农业的劳动市场，受雇于聚集的资本促成村寨人口的聚集，推动了镇化的规模扩展和镇化功能的形成。人的聚集以资本的空间聚集为前提，实现了民族村寨由传统的政治功能向经济功能的转变，并由此逐渐扩大村寨规模和促进镇化规模的形成。资本在村寨空间聚集推动产业功能发展，吸引并聚集大量人力从周边流入，人在空间的聚集加速了资本生产、流通的速度，随着规模扩大形成资本市场，带来市场经济。市场是检验资本是否顺畅流通的关键标准，并且为村寨经济和非经济功能提升的实现提供了保障。因此，实现人口聚集并形成规模是资本原始聚集和持续积累的重要使命，[4] 是民族村寨"人的城镇化"实现的重要前提。"人的城镇化"是实现民族村寨镇化功能的重要条件，而人口流失是村寨衰落的主要原因。

民族村寨"人的城镇化"的实现坚持以人为核心，充分尊重农民意愿，其内涵是从人本出发，解决与之相关的一切生产、生活矛盾和问题。[5] 民族村寨实现人的城镇化需要具备三方面内容：一是要充分尊重人的选择自由，实现人的自由流动与权益的自由流动。从农民的空间聚集转变为"以人为核心"的农民权利义务的实现，这是实现"人的城镇化"的基本特征和应有属性。二是保障农民权利与义务的公平性，让农民共同享有民族村寨经济发展成果，享有平等的政治、经济、文化、社会、生态各方面权益。三是要不断提升人的福利水平，与人的生存发展需求相吻合。民族村寨是人口聚集的结果，人口聚集带来生产要素的聚集，改变了原有的农业生产方式，促使产业结构向工业和服务业逐渐转变。[6] 民族村寨"人的城镇化"通过人的聚集过程实现，人的聚集是由劳动力转移引发的，且通过两种途径实现，一种是乡村人口异地城镇化的路径，另

---

[1] 李强，王昊. 什么是人的城镇化？[J]. 南京农业大学学报（社会科学版），2017，17(2)：1-7，150.
[2] 张帅，赵小曼，杨健全，等. 城市要素聚集能力评价及耦合协调度研究——以陕西省为例[J]. 南京师大学报（自然科学版），2020，43(4)：23-30.
[3] 任远. 人的城镇化：新型城镇化的本质研究[J]. 复旦学报（社会科学版），2014，56(4)：134-139.
[4] 刘国光. 中外城市知识辞典[M]. 北京：中国城市经济出版社，1991：2.
[5] 亢安毅. 解读"以人为本"[J]. 人才开发，2004(3)：14-15.
[6] 史玉丰. 城镇化的关键是人的城镇化[J]. 人民论坛，2019(21)：56-57.

一种是人口在乡村空间聚集的就地就近城镇化转化。人口在乡村空间聚集的就地就近转化通过劳动力从城镇回流、周边村寨的劳动力就近聚集、乡村发展较为滞后地区劳动力向民族村寨聚集三种方式实现。民族村寨在"人的城镇化"实现过程中，融入城镇化的生产方式、生活态度、思维方式，使民族村寨受到城镇化知识外溢的影响，为民族村寨实现"人的城镇化"提供了可能。另外，民族村寨的优秀传统文化和乡土文化在城镇化发展中，随着生产方式、生活方式、思维方式的改变融入城镇的现代文明，但是民族文化的牵绊，乡土之情的眷恋仍然维系和稳固着民族村寨人口离土不离根的习惯，为民族村寨实现"人的城镇化"提供了可能。如今许多民族村寨，如西江千户苗寨、肇兴侗寨等以非农产业发展为主导，为"人的城镇化"的实现提供了可能。物的城镇化、空间的城镇化都是为人的城镇化服务的，民族村寨土地、劳动力、生态、文化等资源可以对现有村寨构成引力，有效、有序地重新分布人口。

其次，"物的城镇化"就是支撑村寨运行的"物"的数量与质量。"物的城镇化"既包括显性的"物"，也包括隐性的"物"。显性的"物"主要指土地、生态、产业等有形资本物质生产要素，使"土地城镇化""生态城镇化"成为可能；非物质形态的"物"主要指文化、知识、技术等无形资本生产要素，使"文化城镇化"成为可能。一是土地城镇化。土地不是冰冷的物，土地孕育着中华民族优秀传统文化，承载着人的活动，土地是带有人的温度的土地，土地与文化的相融是"土地城镇化"的基础。民族村寨"土地城镇化"是土地及与土地相关的文化景观构成村寨的有形资本，土地可以看作民族村寨的根，承载着民族村寨的一切发展活动。民族村寨传承着农耕文明，农业是民族村寨的主要产业，农业离不开土地，土地孕育着农业及农耕文化的一切文明，并承载着与农耕文化、民族文化活动相关的人的生产生活活动。土地是民族村寨的根基，支撑着人以生存为目的的社会活动，民族村寨离开孕育它的土地就会丧失原有的生命力，丢失基于土地所构建起来的社会关系网络和民族情感，[①] 因此民族村寨"土地城镇化"更强调土地孕育的民族文化属性。二是生态城镇化。"生态城镇化"应遵循自然生态客观条件，在环境可容纳和承载的基础上规划和建设村寨。[②] 民族村寨的"生态城镇化"建设是在以人为核心的基础上实现人与自然的和谐发展，要实现绿色生产生活方式的现代化转型，又要在保持生态环境明

---

① 韩玉斌. 论民族地区土地开发利用中少数民族决策参与权[J]. 贵州民族研究, 2013, 34 (2): 21-24.

② GEDDES P. Cities in evolution: An introduction to the town planning movement and to the study of civics [M]. London: Williams and Norgate, 1997: 342-344.

显改善的同时保持民族的原生态特色，呈现的是乡村形态的地域性和乡村风貌保护与利用的和谐统一。① 把自然、生态、环境等资本要素融入村寨"生态城镇化"建设中，生态既作为一种资源，也作为一种资本。"生态城镇化"是自然生态从资源到资本的转化过程，是绿水青山到金山银山的实践过程。民族村寨对生态的尊重、顺从、保护的民族发展观为"生态城镇化"发展提供了生态的给养，与城镇化发展中的自然绿色、生态绿色、经济绿色相呼应，与城镇化生产生活方式的绿色转型相协调。三是文化城镇化。"文化城镇化"是指有效利用民族优秀传统文化资源促进村寨的建设，实现民族村寨的现代文明。这里指在民族地区深入挖掘、继承创新中华优秀传统文化，把保护传承与开发利用结合起来，充分发挥文化传承功能活跃民族村寨活力，提升民族村寨的城镇化水平，而且有利于传承和发展民族优秀传统文化。民族村寨独具特色的民族文化、思维方式、价值观念，构成了中华民族文化的瑰宝；民族村寨的民风民俗、服饰节庆、技艺传承、语言文字等极具民族特征的文化要素催生了民族地区文化资本的形成，是民族智慧的体现。② 将民族文化资本转变为推动村寨生产力发展的民族文化经济，在以人为核心的城镇化中，让居民望得见山、看得见水，记得住承载文化根脉的乡愁，就要实现民族村寨"文化城镇化"，重现民族村寨的空间文化价值。民族文化在中国式城镇化进程中带来的传承与创新，构建了中华优秀传统文化的转化发展，使民族村寨"文化城镇化"成为可能。同时，实现民族村寨"文化城镇化"就是实现文化功能的提升，协同经济、政治、社会、生态等方面的共同发展和演进，推动村寨城镇功能的实现。

再次，空间的城镇化。"空间的城镇化"就是村寨的空间扩张，资源的集约化利用和利用率的不断提高，是对民族村寨空间规模扩展和布局优化。③ 民族村寨"空间的城镇化"是要素在空间的聚集，以生产力发展为前提，以聚集生产力要素为特征，以实现现代生产生活方式的转变为目的，是一种动态的生产过程。用列斐伏尔"空间的生产理论"解释空间的动态发展过程，可以将"空间的城镇化"看作是民族村寨生产空间的城镇功能转向。村寨人力、资源、技术等要素供给在空间上的聚集及产生的各种经济活动为"空间的城镇化"实现提

---

① 文剑钢，文瀚梓. 新型城镇化的基本问题探讨——以苏南城镇化与乡村风貌保护为例[J]. 现代城市研究，2013，28（6）：9-19.

② 卜希霆，齐骥. 新型城镇化的文化路径[J]. 现代传播（中国传媒大学学报），2013，35（7）：119-123.

③ 李秋颖，方创琳，王少剑，等. 山东省人口城镇化与空间城镇化协调发展及空间格局[J]. 地域研究与开发，2015，34（1）：31-36.

供了可能。民族村寨"空间的城镇化"有刺激消费和拉动内需的功能,① 不仅能产生巨大的需求积累效应,② 而且能全面释放乡村居民的生产潜力,推动城乡生产与消费有效衔接,满足城镇居民消费升级的需要,吸引城镇居民下乡消费。另外,城镇居民到乡村构建第二住所或者用乡村的生活方式在城市生活,加速了民族村寨"空间的城镇化"实现的可能。"人的城镇化""物的城镇化""空间的城镇化"的实现能恢复民族村寨生机,充分激发村寨活力。

西江千户苗寨是世界上人口最多的苗族村,西江苗族人民对上千年苗族文化历史的传承主要体现在苗族刺绣、蜡染、银饰锻造等民族技艺的传承,高山流水、拦门酒、长桌宴等苗族仪式的保留,苗年节、鼓藏节、吃新节等苗族节日的开展,上千栋具有苗族特色的木质吊脚楼鳞次栉比呈带状环绕形成了西江千户苗寨的牛角形状的地貌形态,它的生态文化资源是苗寨居民与自然和谐发展的绿色生产生活方式的体现,延续着高生态覆盖率的绿色发展,为"人的城镇化""物的城镇化""空间的城镇化"的实现提供了可能。③

总之,城镇化不是目的而是手段,城镇化的最终目标是为了满足人民对美好生活的需求。城镇化镇化功能的实现,可以为民族村寨发展提供有利因素,可以为民族村寨提供更广阔的市场。一方面,城镇的现代功能为民族村寨产业发展、产品供给、劳动力安置等提供了发展要素。城镇化的产业功能使民族村寨剩余劳动力向城镇转移,促进劳动力市场的起步、发展和成熟,改变民族村寨大量剩余劳动力闲置的现状,促进社会分工与劳动者专业技能的培养,提升劳动力整体素质,吸纳周边民族地区更多的剩余劳动力,有效解决低收入人口的就业问题,缓解了劳动力向城镇转移带来的更多城镇化问题。同时,城镇化经济功能为民族村寨拓展了市场规模,优化了要素市场化配置,促进民族地区现代乡村产业体系的形成。同时,城镇化文化功能带动了第三产业的蓬勃发展,为民族村寨带来产业发展契机,尤其与民族文化消费相关联的第三产业,可以大幅度增加民族文化产品的文化附加值,提升民族文化产业的核心竞争力,为民族村寨农副产品、文化产品等供给提供更广阔的市场。另一方面,城镇的现代功能促进了民族村寨经济、政治、文化等功能提升,推进了村寨现代发展方式的转变,使城乡要素互动更加频繁,加快了城乡功能融合发展。城镇化为民

---

① 吴业苗. 农民消费空间转向及其对"人的城镇化"作用[J]. 中国农业大学学报(社会科学版),2016,33(6):20-29.
② 周毅,罗英. 以新型城镇化引领区域协调发展[N]. 光明日报,2013-01-06(7).
③ 笔者调研所得。

族村寨带来生活方式、就业方式、产业结构、居住环境、思维方式等各方面现代化的转变，人们逐渐接受了现代文明的生产生活方式，自身的需求也发生了改变。① 人的需求变化带来了民族村寨经济、文化、生态、社会等功能转型与空间重构,② 使城乡要素互动更加频繁，实现了城乡功能衔接互补。

1988年以来，黔东南开启了"旅游兴业、旅游强县"战略。雷山县接待游客由1994年的0.69万人次增长到2015年的548.5万人次。2019年西江千户苗寨的客流量飙升至1321.95万人次，和上一年度同期相比增长2.37%；实现旅游综合收入共计118.97亿元，与上一年同期相比增长11.31%。旅游综合收入由1994年的7.25万元扩大到2015年的45.16亿元。③ 2008年黔东南开启了"旅游兴业、旅游强村"战略。贵州第三届旅发会加速了西江千户苗寨现代化发展进程，旅游产业发展加速了西江千户苗寨城镇功能的转化。民族村寨是乡村及民族地区重塑和建构的关键，也是实现乡村现代化发展的重要内容。西江千户苗寨发展至今已有1478户、6000多苗民居住，为"人的城镇化"的实现提供了可能。西江千户苗寨苗族文化历经1790多年的时光，历史悠久，内涵深厚，是苗族原生态文化的核心保留地；丰富的资源让西江千户苗寨拥有十三项国家非物质文化遗产，木质吊脚楼之最、生态福地等多样态乡村优势特色资源，每年举行的鼓藏节、吃新节等更能反映西江千户苗寨从农耕文明伊始对苗族农耕文化的传承，对农耕文化的延续为"空间的城镇化"提供了可能。西江千户苗寨的优秀传统文化自信带给苗族人民对苗寨的深切热爱，铸造了苗族人民热情善良淳朴的个性，并通过苗族人民将苗寨的民族特色真实地展现出来，随后渗透在生产生活空间的各种形态之中。④

---

① 秦德智，赵德森，邵慧敏. 民族文化与城镇化的双螺旋耦合机制研究[J]. 思想战线，2016，42（2）：168-172.
② 李伯华，周鑫，刘沛林，等. 城镇化进程中张谷英村功能转型与空间重构[J]. 地理科学，2018，38（8）：1310-1318.
③ 数据来自雷山县2019年国民经济和社会发展统计公报。
④ 笔者调研所得。

第二节 民族村寨与乡村振兴

一、乡村振兴密切关联着民族地区发展

党的二十大报告中明确提出,全面推进乡村振兴,坚持农业农村优先发展,着力推进城乡融合和区域协调发展。①"三农"问题经历了城乡统筹发展—城乡一体化发展—城乡融合发展的不同阶段,乡村振兴战略的提出标志着"三农"新发展理念在新时代新征程中国式现代化中开始步入农业高质高效、乡村宜居宜业、农民富裕富足的转型发展新阶段。乡村振兴战略明确了"三农"发展的优先地位,就是在工业化、城镇化、信息化、农业现代化发展中坚持农业农村优先发展,这就需要处理好工农关系、城乡关系,不再将以工促农、以城带乡看成是不得不完成的任务,而是需要各方面配合农业农村主动发展,变被动反哺为主动反哺。在乡村振兴战略中,农村是主体,也是对象,乡村振兴作为长期战略过程将贯穿于第二个百年奋斗目标,是推进农业农村现代化的总抓手。农业、农村、农民是乡村振兴战略要聚焦的主要内容。"三农"问题是不平衡不充分发展矛盾的集中性呈现,现实中农业农村发展滞后,城乡二元结构矛盾突出,具体表现为农业生产经营方式落后、农产品流通方式落后、城市辐射带动能力弱和城乡投入结构不合理;城乡居民就业、社保、户籍、教育的区别化等城乡分割的体制制约。②"三农"问题是乡村建设要解决的焦点问题,问题的实质是社会发展的结构失衡,表现在工业与农业、城镇与乡村、市民与乡民的发展结构失衡,导致农业农村农民跟不上甚至远滞后于工业化、城镇化、现代化的新时代发展速度,带来了城乡人均收入差距逐渐变大等一系列社会矛盾,这些问题不仅事关农民利益,也影响着社会主义事业的全局发展。只有在现实中找到矛盾和问题,才能化解矛盾,解决问题。乡村振兴战略的提出就是要化解矛盾,解决问题。

乡村振兴既是出发点也是落脚点,打破乡村发展速度、经济发展水平、经

---

① 习近平. 高举中国特色社会主义伟大旗帜 为全面建设社会主义现代化国家而团结奋斗——在中国共产党第二十次全国代表大会上的报告 [EB/OL]. 人民政府网, 2022-10-25.

② 习近平. 之江新语 [M]. 杭州:浙江人民出版社, 2007: 104-105.

济结构方式的现实制约条件,将乡村经济发展置于战略性高度,其重要性远超出单纯的经济收益的目的。乡村振兴战略的意义在于为长期未能实现脱贫致富的民族地区乡村迎来新的发展机遇,只有全面解读好乡村振兴战略,才能让乡村经济发展不断取得新成效。对农业农村的优先发展就是保障农民的根本利益和应有权益。[①] 将农村作为振兴和发展的重中之重,就是要彻底解决农村如何发展的问题。观于既往,诸多研究中对乡村发展的评述仍沿袭固有思维和观念,将乡村振兴当作一种背景来谈文化、谈旅游、论生态,并将之等归结为战略背景下的新问题,但当对策归结在对"XX策略的研究""XX问题及对策的探讨""XX产业发展的意义"这些一以贯之的思维和观念,又将战略背景下的新问题拉回了区域一般性发展问题,克隆已有的方式方法完成未来战略性的发展任务难以实现创新发展。乡村振兴战略不再遵循剪刀差式的经济发展格局,不是一味追求城镇化率的提升,不再将发展速度作为衡量优劣的趋势。乡村振兴战略的意义在于它不是区域经济的发展问题,而是关乎民族发展的问题、社会均衡发展的问题、经济充分发展的问题。乡村振兴不是简单的农民市民化、乡村城镇化、农业现代化的过程,而是随着主要矛盾变化体现了广大人民群众对现代化的理解和对当下生活状态迫切改变的期待。乡村振兴战略再一次将农业强、农村美、农民富的振兴事业提到了更加突出的战略高度,表达了党和政府对全面建设乡村的决心,体现了实现第二个百年奋斗目标的战略抉择。

"三农"问题既是农民问题和民族问题的交织,又是民族地区乡村发展最迫切要解决的重点难点。乡村作为乡村振兴战略的主战场,完成了脱贫攻坚的目标任务,还要巩固拓展脱贫攻坚成果防止返贫,其关键就是利用好乡村振兴战略这个契机。习近平总书记说:"一定要把我们的老百姓,特别是我们的农民扶一把。"[②] 农民离不开土地,土地是乡村的根,民族村寨承载着乡村这片土地上绝大多数民族脱贫人口。要想巩固拓展民族地区脱贫攻坚成果,就要实现民族村寨的发展,实现民族地区的振兴。村寨是少数民族人民多年来赖以生存的地方。农民聚村寨而居,农民离不开土地所以选择世世代代在民族村寨居住,安土重建的思想导致农民经济再贫困、收入再薄弱也不会离开民族村寨所在的这片乡村土地。[③] 民族村寨既有少数民族身份又有着农民身份,既在民族村寨生根,又在乡村土地上成长。乡村振兴既维系着民族村寨的发展,又推动着乡村

---

① 习近平. 之江新语[M]. 杭州:浙江人民出版社,2007:102.
② 习近平. 一定要把我们的农民扶一把[EB/OL]. 中华网,2020-05-23.
③ 谷苞. 传统的乡村行政制度——一个社区行政的实地研究[J]. 西北民族研究,2006,(1).

的发展，还牵动着中华民族伟大复兴。

二、民族村寨是民族地区少数民族主要聚居方式

民族地区居民以不同的聚集方式形成了一批民族村寨，这些民族特色鲜明、民族文化浓郁、民族价值厚重的村寨是实现乡村振兴的主要载体。民族地区实现振兴是乡村实现振兴的难点。民族村寨是多元文化的综合呈现，是乡村建设的重要载体。乡村振兴不是简单盲目地建设乡村，不是丢弃多元文化另辟蹊径，而是运用好民族村寨这个载体。民族村寨作为村的特殊形态，是乡村最基本的单元，没有民族村寨就没有乡村的全面发展。乡村的发展，民族的发展离不开民族村寨，民族村寨是民族发展的根基，这个根是乡土文化。乡土文化的根依托民族村寨，民族村寨是民族地区典型乡土文化的有形呈现，因此，民族村寨价值甚高，可为乡村发展所用。早期的乡村都是以民族村寨为原始载体，原因大致有以下几点：一是农民的农耕方式多以小农耕作为主，耕地面积小、人口少的小规模家庭农业，形成了地缘相近、血缘相亲的农耕生活方式，聚集在一起形成民族村寨。二是"靠天吃饭、干旱缺水"是农业生产最大的威胁，传统农业生产中的水利不发达，农民需要同饮一井水、同耕一方田，在这样相互依赖和交往的关系中形成民族村寨。三是很少有单家独户自成一村。追溯到远古时期，当时人类十分弱小，为了抵御灾害、战争、外族的侵略，躲避灭族的灾难，人类往往在偏远区域定居，依靠聚集的力量抵御侵害抵抗风险。聚族而居的文化小到一个家族、大到一个部落的迁徙，世代相传形成了现在的民族村寨。四是在家族宗祠的房产、土地继承下，民族村寨的聚集规模不断壮大，加之世代沿袭的传承方式，推动了民族村寨的发展。可见，民族村寨的发展离不开田、离不开地、离不开人，是满足人的生计方式、生产生活需求、生态环境等"三生需求"，为人们提供生存居住的场所。纵观部分民族村寨，地理位置闭塞、经济发展滞后、产业发展单一、人均收入偏低等问题带来农村凋敝、农业衰落、农民消散等"三农"困境，"三农"问题在民族村寨集中且突出地呈现出来，想彻底解决村寨的发展问题，就要利用好国家政策，借助好乡村振兴的契机。如果说脱贫攻坚让贫困人口实现了物质小康，那么乡村振兴就是让脱贫人口实现精神小康。乡村振兴不是强行将农民留在农村，而是农民不论在哪里都有所依，有所靠，有所保障。

2007年以前，西江千户苗寨由平寨、也东寨、也通寨、也薅寨、东引村、羊排村、白岩新村、欧噶新村等四个大寨和四个自然村组成，每个村有自己的村主任和村委书记，后来合并成西江千户苗寨，分为南贵、羊排、东引、平寨四个片区，是规模最大的苗族村寨，寨内各自然村经济发展良莠不齐。2008年以后西江千户苗寨开始开发旅游产业，在旅游产业带动下离观景台较近的南贵村、也薅寨开发最好，经济收益可观；远离观景台的其他自然村寨经济发展滞后，尤其是羊排村和东引村。①

西江千户苗寨村民JZF1950年出生，曾当过村主任，2002—2006年担任雷山县西江镇人大代表。在西江千户苗寨羊排村生活居住至今已有70年之久，儿子在西江旅游公司当保安，儿媳妇在农家乐当服务员。他认为西江千户苗寨的居住、交通、休闲活动至今仍存在诸多问题。

问题一：收入不均衡。JZF说："我生活在羊排村距山顶较近的位置，是西江千户苗寨发展一直被忽略的地方。在旅游产业发展中地段好的自然村，村民经济收入很可观，发展好了村民生活就好了。"他认为一直不被开发和重视的羊排村和东引村会慢慢没落。由于东引村长期没有被纳入苗寨发展中，导致村民收入太少。

问题二：土地荒废。JZF回忆："自己年纪大了无法下地劳动，后遇邻居田地收割在焚烧过程中火苗蔓延到自家田地把土壤毁了，现在的土壤无法种地。村里大部分田地逐渐荒废，2008年以前村里一直种植杨梅树和梨树，现如今村里不再种植梨树，不约而同种植杨梅，杨梅收成颇丰却销售不出去，大部分杨梅每年都烂在地里。现在各家农田会种些水稻和一些菜够自己食用。年轻人也不种地耕作嫌收益太慢。"

问题三：住房问题。据他所说："西江千户苗寨政府要求保留木质结构老房子的样貌，但是老房子住得非常不舒服。由于家里的木质吊脚楼没钱翻修，使得自己早年背井离乡在广州打工积攒了50万元全部用来修缮老房子，房子高四层，有七个厕所，但是一间厕所就要耗资30000元，入不敷出的生活状态一直延续到现在，截至目前（2020年7月）房子还有一层没有建好。"

问题四：交通问题。他说："我年事已高，住在山顶上，生活非常不便利。2008年西江千户苗寨开始发展旅游，一直在围绕观景台、也东寨、羊排村周边开发。我住在羊排村山顶，每天下山要走一个多小时山路，买菜十分不便利，只有依靠孩子每天买菜送到山上。"

问题四：对老年人不重视。他说："苗寨的老年服务中心共有900多位老人统称为'寨老'，寨老常委会由13人负责组织管理老年活动。原教育局办公楼旧址的房子拿给村里的寨老们活动使用，但是房子一直没有修葺，无法投入使

---

① 笔者调研所得。

用,至今没有好的老年活动和办公场所。目前寨老常在一间狭窄的小房间里办公,照明和办公条件都不好。原本教育局旧址改造的老年活动中心又被辗转给了XX茶叶公司,寨老们至今没有固定的活动场所,比如棋牌室等。每天一小时身着苗服唱苗歌是寨老的常规活动,场地只能选在露天的室外广场进行,天气好也罢,每到数九寒天都无法正常举行活动。"

JZF说:"我最大的担忧主要在苗寨建设是否重视东引村和羊排村的发展,是否可以将通车环线修好,通村高速公路不通车住在山顶的老人上山下山非常不方便,通村高速公路尽快通车是他们最大的期盼。山上紧邻梯田,希望通过旅游开发梯田文化、农耕文化,这样随着梯田文化的重视,游客就可以自己上山,山上的房子很安静适合居住,游客住在自己家就能有收益。"①

三、民族村寨是乡村振兴的载体与媒介

乡村振兴是一个长期过程,乡村发展主要以民族村寨为载体,是符合历史发展规律的。在《国家乡村振兴战略规划(2018—2022年)》中将传统村落定义为"特色保护类"村庄,其核心是具有民族特色的乡村建设。② 民族村寨具有丰富的民族文化形态,经历了农耕文明的发展,孕育着民族文化与民族精神。建设和美乡村不是丢弃民族村寨建设新农村,而是更好地传承利用民族村寨这个载体来建设乡村。民族村寨的发展顺应了乡村发展的内生性和规律性,要根据民族村寨的存续特征和发展需求,针对不同村寨聚落的民族文化特点,结合乡村资源优势,探索民族村寨存续发展的路径和方式。因势利导创新村寨的用途就是其功能提升的过程。实施乡村振兴战略就是实现民族复兴,是提升民族地区人民的国家认同感、获得感、幸福感的必然选择。民族村寨承载着绝大多数乡村低收入人口,承担着多重角色和历史使命,将"三农"问题集中且突出的民族村寨纳入乡村全面振兴战略中是必要的也是可行的。因此,让民族村寨在中国式现代化进程中全面推进乡村振兴、建设农业强国显得刻不容缓。

将农业、农村、农民问题集中、矛盾突出的民族村寨纳入乡村振兴事业,才能为农业农村发展增动力、添活力。我国部分民族村寨区位闭塞、交通不畅、思想封闭、与外界交流阻滞,只从外部要素资源供给实现民族村寨可持续发展是行不通的。这就需要我们从反传统的发展思路出发,把乡村振兴作为带动民族村寨发展的战略机遇,重视民族村寨作为农业农村农民聚集载体的功能,不

---

① 笔者调研所得。
② 麻国庆.乡村建设,实非建设乡村[J].旅游学刊,2019,34(6):10-11.

断探索民族地区"三农"的自我发展能力，借助乡村振兴战略实现民族村寨内生发展与外部城镇化相结合，实现民族村寨巩固拓展脱贫攻坚成果同乡村振兴的全面有效衔接。首先，我们要深入解读乡村振兴与民族村寨的关系，用反传统思维把民族村寨作为乡村振兴战略的突破点。其次，民族村寨作为乡村振兴中必须振兴的部分，亦是复兴民族地区与发展优秀传统文化的有效途径。在乡村振兴战略下，民族村寨不断更新乡村文化和地方发展经验，塑造出适应现代乡村发展的"民族新村寨"，不断提升民族文化自觉与文化自信。最后，乡村振兴真正的生命线是中华优秀传统文化，民族村寨恰好是传承乡土文化和民族文化的载体，不能把乡村当作城镇化来建设，而是要凸显民族村寨的多重空间价值。文化是乡村振兴的灵魂，民族村寨丰富的文化内涵和深厚的历史积淀为走中国式现代化乡村振兴道路提供了全新选择。

第三节　民族村寨、城镇化与乡村振兴

一、城镇化背景下民族村寨发展历程及其重要地位

大多数民族村寨由于发展起点低、底子薄、自然条件恶劣、贫困成因复杂造成经济发展滞后，矛盾问题突出。将民族村寨纳入城镇化与乡村振兴两大发展战略中，不仅丰富了二者的科学内涵，而且对践行以人为核心的现代化发展具有重大意义。民族地区村寨的经济发展经历了漫长的历史过程，从适应自然到顺从自然的过程中出现了农林牧副等不同经济类型为主的基础经济结构。制度性要素在不同历史时期直接影响和制约民族村寨的经济发展，既有民族特殊性又有乡村地方性等多重复杂身份交织。民族村寨低水平发展现状的成因是主要源于我国人多地少的结构性矛盾及长期维持的以粮食生产为主的单一产业格局。生产越是单一化，传统发展模式越难创新，单一产业限制对市场经济影响程度小，产业发展的局限性造成产业发展结构单一，失去了多样化发展可能，将民族村寨拖入低水平发展的陷阱。由于发展模式传统、产业结构单一、市场经济影响力弱等原因，想彻底解决民族村寨的发展问题只通过外部力量介入，实现现代化的民族村寨发展是较难的。不同历史时期制度性要素等外力介入主要是通过生产关系变革引起的，民族村寨伴随着生产关系的变革经历了从生产资料个体私有制到生产资料公有制的一系列社会生产力变革。比如通过产业结构调整和新的生产方式介入，民族村寨开始转向以市场为导向的市场经济体系

的建立。村寨的经济要借助市场来运转，产业发展、村民收入几乎依赖于市场发展。可见，外力介入使民族村寨表现为整体性的经济结构转型，没有从根本上解决民族村寨由于资源约束产生的贫困问题，从而导致劳动力大量外流，造成耕地自然荒废，村寨空间一度瘫痪，造成村寨"空心化"问题甚至逐渐走向衰落。各级地方政府对民族村寨长远发展前瞻性不足，片面追求发展利益，导致村寨开发不当，引起不可修复的自然生态资源破坏，利益共同体缺失带来利益失衡并激化了多方矛盾，导致民族村寨历史发展成因更加复杂，贫困程度日益加剧，保护与发展的矛盾更加尖锐。

比如黔东南苗族侗族自治州 14 个县市相继退出了国家级贫困县的行列，占了全州 16 个县市的绝大部分，这与民族村寨的历史成因密切关联。黔东南民族村寨主要以苗、侗族为主，苗族集中在雷公山北侧清水江流域，侗族主要集中在月亮山一带的侗疆腹地。这些民族聚落由于先民历朝历代被排斥，在不断迁徙中躲避灭族风险，对村寨的选址大都依山而建、择险而居，在山峰、山腰等悬崖、险沟之处扎寨，便于防守抵御危险。民族村寨以农业为主的自耕而食、自织而衣的织耕时代反映出人多地少、产业发展单一的现状。除了黔东南部分民族村寨开展旅游和手工艺产业外，大部分村寨的人通过外出打工、经营农业或其他副业维持家庭基本生活。农业处于产业链低端，产出的低附加值、单一产业的支撑能力较差推动了农民的兼业化趋势，将产业发展向低水平均衡化扩散，并从人的角度演化了村寨的经济转型过程。

二、民族村寨有助于加强城镇化与乡村振兴的关联

我国乡村已由全面脱贫转向全面振兴。实施乡村振兴战略，是党和政府继新农村建设战略后的又一大着眼于"三农"问题所做的重大决策和战略部署，在全面建成小康社会的决胜期和全面建设社会主义现代化国家的转折关口，立足于不平衡不充分发展矛盾的解决，关乎实现全体农民共同富裕、关乎实现"三农"高质量发展的科学内涵。全面开展好落实好这一战略要求，必须准确把握乡村振兴战略的特殊时代背景和深刻科学内涵。乡村振兴战略是站在新的历史方位上提出的，是新时代新征程新伟业下应运而生的且有其特殊意义。我国社会主要矛盾已经转化为人民日益增长的美好生活需要和不平衡不充分发展之间的矛盾，我国不平衡不充分发展的矛盾需要从三个层面理解，即物质、情感和精神。本书又将它引申了一下，物质是基础，情感是依靠，精神是支柱。城镇化是物质基础，乡土是情感依靠，民族文化是精神支柱。如果没有城镇化推动经济发展，乡土文化和民族文化也是脆弱的。为什么？基础不牢地动山摇。

毫无疑问，吃饱穿暖，对一个人的幸福感来说太重要了。我国社会主要矛盾是对过去几十年发展成绩的总结和肯定，在过去吃不饱、穿不暖的旧时代，我们以为只要拥有了物质基础就会幸福，忽略了情感和精神的作用。新时代新征程经济社会快速发展，人民生活基本实现小康水平，已然解决了温饱问题，但是对乡村情结和民族文化的精神寄托才能回应人们追求生活幸福感、获得感、满足感的诉求和期待。

正是在这样的现实中，《中共中央 国务院关于做好2023年全面推进乡村振兴重点工作的意见》坚持不懈把解决好"三农"问题作为全党工作的重中之重。民族村寨的衰退是城镇化快速发展的必然结果，然而民族村寨至今依然延续着乡村的根基，虽然乡村的经济功能日益衰退，但是乡愁记忆仍被铭记和珍藏，即民族村寨的文化功能仍然具有勃勃生机。乡村经济功能衰退显现的乡村问题实际上是城镇化问题引起的，城镇化趋势是不可逆的，但是乡村的发展并非不可逆。一个发达的经济体是没有城乡之分的，城乡的本质差异是生活方式的不同，但是新时代城乡需要共同维系国家经济社会发展，从不同角度传承各自的区域文明。民族村寨的发展既是对城镇化快速发展的补充，又是对乡村经济衰退的补救，也是对城乡区域协同发展功能的补足。中国是统一的多民族国家，拥有广阔的民族地区和多元一体的中华民族共同体，这也意味着必须凝聚民族共同体的合力才能实现全面振兴。乡村振兴战略不仅是民族村寨的发展问题，更关乎民族复兴、共同繁荣。乡村振兴就是实现乡村的现代化发展，具体而言，是为"乡"和"村"的现代化发展提供了创新空间，既可以是以"乡"为载体的现代化发展，也可以是以"村"为载体的现代化发展，[①]就是探索"乡—乡镇—镇村—村寨—村"从乡到村之间的现代发展关系，就是实现乡村、城镇化、民族村寨三者的关联价值。

据西江千户苗寨东引村书记SJF介绍，"西江千户苗寨和别的村寨的民族文化是一样的，就是开发不开发，展示不展示的问题。西江千户苗寨把苗族文化做得很好，20世纪50至60年代国家都在重点搞经济建设，当时正值国家困难时期文娱活动不被支持。20世纪80年代开始吹芦笙，1985—1986年国外的文化学者开始关注苗族来苗寨调研，芦笙等民族文化开始被挖掘。苗族人开始重视苗族节日穿苗族服装，此时全国各地都在搞乡村旅游，挖掘优秀传统文化。20世纪90年代逐渐开发出来的优秀传统文化被尽量保存下来，2000年以后苗年节开始得到重视。2008年旅发会带来的发展机遇下，做好基础设施建设非常重要。

[①] 黄祖辉. 准确把握中国乡村振兴战略[J]. 中国农村经济，2018（4）：2-12.

苗族文化产业由西江旅游公司经营主导，文化传承主要是刺绣，已经被列入非遗。环寨公路正在建设，计划开发步道展示苗族传统工艺和农耕文化，传统工艺包括银饰锻造、刺绣等。银饰锻造工艺主要来自西江千户苗寨周边的控拜村和麻料村，它们是西江的银饰村。新中国成立之初，国家重点关注经济建设，集中力量发展城镇化使我国在短期内实现快速崛起。城镇化发展对相对滞后的农村生产生活带来诸多影响，不仅极大改善了居民的生存条件，而且也促使优秀传统文化开始受到重视。随着城镇化进程加快，民族地区村寨开始逐渐发展，优秀传统文化的多元价值不断提升，不仅体现在农耕文化向现代农业发展的转变，也体现在乡土文化与现代产业的多样化结合，为乡村发展开辟了新的契机。"①

只有顺应城镇化发展规律，将城镇化、乡村和乡村振兴战略严密衔接，只有这样才能展现中华民族交往交流交融的多元一体格局，铸牢中华民族共同体意识，才能正确贯彻党的民族政策，才能推动农业全面升级、农村全面进步、农民全面发展。

城镇化与乡村振兴战略衔接就是要实现城乡区域协调发展，实现城乡人居环境、居民收入增长、区域经济增长基本同步。城乡问题对应着工业与农业的关系、城镇化与乡村的关系、农民与市民的关系，城镇化带来的直接结果是人民的生活质量更高、收入增长更快，"以人为本"的人的城镇化得以实现。城镇化发展进程中城市优先的资金制度、保障制度、投资福利制度，加速了城镇化、工业化发展，这既是导致乡村滞后发展的原因又是振兴乡村发展的答案。城镇和乡村是一个有机整体，应相互促进、相互支撑，实现可持续发展的目的。

乡村是现代化、城镇化的根基。乡村振兴就是要正确认识城镇化的功能，重新审视城镇化发展路径为乡村发展带来的契机。城镇化与乡村衔接就是要借鉴城镇化模式，创新乡村发展方式。借鉴城镇化模式不是在乡村建设中搞大拆大建的建设性破坏，也不是对乡村同质化复制的保护性破坏，而是由单一的乡村功能转向多元化乡村功能的发展，让乡村功能提升，改变原有的生产生活方式。具体来说，就是不仅仅局限于政策牵引、经济拉动、资本约束等方式，要突破累计因果理论所说的资本约束性和限制性，乡村要想发展，不得不打破固有经济增长方式，改变乡村经济对资本的依赖，寻求乡村经济新的转型发展的实现，这种经济转型的过程就是打破与重构的过程，催生乡村经济新的增长方式的形成悄然且迫切。

城镇化与乡村振兴都是在民族村寨这一载体上扩展和深化的，民族村寨将

---

① 笔者调研所得。

两者巧妙地联系起来，有利于分析三者的共性问题。城镇化与乡村振兴是相互支撑，相互作用的，其联结和沟通的交集部分就是民族村寨。民族村寨既是城镇化的组成部分，同时又是特殊的乡村形态。城镇化随着规模的广度和深度扩展到民族村寨，乡村振兴随着结构形态的变化向更高层次深化蔓延到民族村寨，不仅将民族村寨作为发展的载体，又通过村寨这一载体将城镇化与乡村振兴巧妙地联系起来。民族村寨的发展既要植根于民族文化和乡土文化，并将民族文化、乡土文化等多元文化价值传承下来，同时又要跟随城镇化进程不断发展变革着乡村生产生活思维方式向中国式现代化转化。城镇化与乡村振兴也要借助民族村寨这一载体拓展和深化，实现可持续发展。城镇与乡村是两种质的差别，是异质性的发展过程。对于异质性的城乡发展既要求同也要存异，在城镇化与乡村振兴的差异中求融合，其意就是强调在城乡差异化发展的基础上实现功能互补，这种互补可以借助民族村寨这个载体拓展和深化，民族村寨将二者巧妙地联系在一起。民族村寨在一定意义上是将城镇化与乡村振兴巧妙地联系起来实现二者间的协同发展，其思是利用民族村寨的经济、政治、文化、生态、社会等功能，实现城乡协同发展，突出民族村寨与城乡关系的"求同存异、由异化同"的协同发展及其内在联系。如乡村与城镇化发展中借助民族村寨这一载体发展的典型模式，如苏南模式、温州模式、珠江三角洲模式等，成为在三者共性中发展的经典范式。三者共性问题的探讨恰好契合了新时代发展理念，就是依靠创新来解决自身发展问题的时代。从全局角度看，民族村寨是城镇化与乡村振兴的重要交集部分，是重构城乡结构的重要途径，对建立新型的城乡协同关系、缩小城乡发展差距具有重要意义。

民族村寨要想实现乡村振兴就要跳出乡村原有格局、重视城镇化对乡村的带动作用，就要实现民族村寨、城镇化、乡村三者的关联价值。民族村寨是民族地区居民的主要聚居方式，是乡村振兴战略实施的重要载体，是破解城乡二元结构的关键。民族村寨在长期历史演变中形成了具有民族特色的风俗习惯、思维方式，是对中华优秀传统文化的继承和发展。保护、利用好民族村寨就是留住村貌、记住乡愁、延续历史文脉的重要依据。① 城镇化、乡村早期形成都以村寨为雏形，是建立在村寨发展基础上的发展。民族村寨与城镇化、乡村一直是共生发展的关系，民族村寨的本质特性与城镇化、乡村在时间和空间上是"同时性"与"同在性"相一致。民族村寨要素流动与城镇、乡村主体重聚，推动社会资本阶段性发展，促进村寨与城镇化、乡村的互动交流。民族村寨是

---

① 广东省自然村落历史人文普查工作方案［EB/OL］. 中国方志网, 2017-06-21.

城镇化与乡村生产与供给的场域，城镇化与乡村消费需求使得民族村寨的生产生活方式成为重要的资源供给地，串联起民族村寨与城镇化、民族村寨与乡村的互动关系，将民族村寨嵌入新的城乡关系网络建构中。可见，民族村寨与城镇化、乡村振兴的"同时性"与"同在性"，是三者既有个性又有共性的"在地化"发展。共同的血缘、地缘、文化信仰联结着三者的关系，构成了命运共同体，正因为三者之间的有机联系沉淀出中华民族历史的广度和深度，构成社会可持续发展的秩序和稳定性。城镇化与乡村振兴有着共同的战略交集就是民族村寨，在深化实施两大战略过程中，民族村寨发挥着重要作用。

城镇化与乡村振兴都将民族村寨作为扩展和深化的载体，民族村寨将二者密切关联有利于三者共性的探讨。城镇化与乡村振兴相互支撑、相互作用，其联结和沟通的交集部分是民族村寨。民族村寨既是城镇化的组成部分，又是乡村振兴的主要内容。城镇化随着规模的广度和深度扩展到民族村寨，乡村振兴随着结构形态的变化蔓延到民族村寨，二者都将民族村寨作为发展的载体，又通过民族村寨把城镇化与乡村振兴巧妙地联系在一起。民族村寨的发展既要植根优秀传统文化的传承，又要跟随城镇化进程推动乡村向现代化发展转化。城镇化与乡村振兴也要借助民族村寨这一载体实现拓展和深化，民族村寨是重构城乡结构的重要途径，对建立新型城乡关系、缩小城乡发展差距具有重要意义。

三、民族村寨有助于支撑城镇化与乡村振兴的发展

民族村寨发挥着土地、生态、文化、劳动力等资源要素供给者的作用，是城镇化与乡村振兴顺利实施的基础和前提。民族村寨需要找到其在村寨体系内区别于其他村寨的独特身份及其价值存在，并非所有的村寨都能满足城镇与乡村发展的多元需求，只有拥有土地、生态、文化、劳动力等资源要素的民族村寨才能决定城镇化与乡村发展的质量。一方面，民族村寨是城镇化、乡村振兴经济产业地位建立的基本前提。从资源要素供给角度来说，民族村寨在一定程度上支撑着城镇、乡村两大主体的发展。民族村寨资源要素成本较低，城镇、乡村靠近资源要素市场，可以缩短运输距离，降低生产成本，有利于经济效益的提高。从惠利性发展角度来说，民族村寨与城镇、乡村联结的金融体系，为城乡扩大生产规模、开展低成本贷款、周转资金等方面提供了便利的前提条件，保证城乡生产经营的正常循环。若没有民族村寨的支撑，城镇化与乡村振兴便缺乏一个必要的前提和基础，不利于城镇与乡村格局的稳定和持久的社会体系。另一方面，民族村寨是城镇化、乡村振兴主体地位确立的基本前提。单纯的村寨发展只能凸显村寨与城镇化、乡村的发展差距，而民族村寨代表资源要素的

供给主体，城镇和乡村代表需求客体。因此，必须从可持续发展的视角实现供给主体和需求个体的平衡，实施城镇化与乡村振兴战略需要通过资源要素的介入，满足市场和经济需求，获得可以支撑二者发展的要素，在民族村寨与二者的来往互通中实现双方平等对话与交融，也是城镇化与乡村振兴顺利实施的基础和前提。有别于一般村寨在城乡发展中的角色，独具特色的"民族""传统""文化""精神"等价值肌理赋予民族村寨特殊的内涵，城镇化与乡村振兴要顺利实现均衡和充分发展就要以民族村寨为基本前提，凸显其"和而不同"的价值特征。

民族村寨作为一种特殊的乡村形态，具有其他村寨所不具备的资源禀赋优势，为城镇化和乡村振兴两大战略发展提供了新的思路，民族村寨的发展必然会将民族地区优势资源传播到城镇和乡村，同时将城市文明带回民族村寨。民族村寨与城镇化、乡村既在空间上共同存在，也在时间上前后继起。城镇化与乡村振兴的发展是对中华优秀传统文化的传承，传承发展民族文化、乡土文化是任何时期发展永恒不变的主题。对城镇化与乡村振兴的发展不能拘泥于旧的发展思路，民族村寨作为一种特殊的乡村形态，具有其他村寨所不具备的生态文化资源优势，为城镇化和乡村振兴提供了新的思路和发展模式，若以民族村寨统筹城乡发展来实现城镇化与乡村之间的平等"互哺"，这既是民族村寨的本质使然，也是城镇化与乡村振兴的新思路。一方面，民族村寨具有其他村寨没有的民族文化资源、自然生态资源等优势，其古朴性、原真性、民族性的传统特色，赋予了乡土气息的乡村更多的受众聚焦价值。民族村寨具有一般村寨没有的差异化特色，它的异文化、异域风情，与城镇化和乡村差异并存。如果把民族村寨比作"墙里的世界"，城镇化与乡村振兴是"墙外的世界"，"墙里的世界"对外界的吸引能让"墙外世界"的人出于新鲜好奇带来的体验价值更高。另一方面，民族村寨在消弭城镇化与乡村之间的鸿沟，城镇化、乡村与民族村寨能够和谐互动，城镇和乡村在带动民族村寨发展的同时也接受着民族村寨的恩赐。城镇和乡村吸纳着民族村寨的民族文化和生态资源优势，民族村寨的生态资源间接保护了城镇和乡村的环境，民族村寨的自然生态资源平衡了城镇和乡村的过度开发。虽然城镇和乡村的资金、技术和产业等资源要素带来了现代文明向民族村寨的流动，但城镇、乡村与民族村寨之间不是简单的城镇和乡村对民族村寨的带动、反哺，甚至施舍关系，而是平等的互哺关系。民族村寨作为一种特殊的乡村形态，保留了民族传统的生活方式、生产方式和思维方式，是城镇与乡村的过去，同时也是城镇与乡村的未来，是迷失于"墙外的人"于现代化洪流中的心灵归宿。

民族地区是乡村振兴的重要组成部分，同时也是乡村发展的重要组成部分。乡村是民族聚居的主要区域，是实现中华民族共同体繁荣发展的主战场。实施乡村振兴战略对于维护民族团结，促进乡村及民族地区经济社会文化可持续发展有着十分重要的意义。民族地区发展起点低、底子薄、发展状态缓慢、经济水平滞后，要实现农业农村的现代化发展就要跳出乡村旧有格局，重视城镇化发展对乡村及民族地区的带动作用。民族地区起步发展慢，历史成因复杂，经济停滞落后，加之乡村的绝大部分脱贫人口在民族地区，因此民族地区是乡村全面振兴的主战场。城镇化发展在乡村，乡村的发展在民族地区，民族地区是村寨的空间载体，而村寨作为民族地区的主要聚居方式，是乡村的有机组成部分，是乡村振兴的文化支点和实施的重要载体，是破解城乡二元结构问题的关键。新时代恰恰需要一批具有中坚力量的民族村寨才能填补城乡发展中的空白，才能实现民族地区的繁荣发展，实现中华民族伟大复兴。以民族村寨为突破口，探索城镇化进程对民族地区的影响，是全面实现乡村振兴战略的主要方式。只有将民族村寨保护好、利用好，才能让乡村发展存续，才能全面实现振兴乡村的目的。在新发展理念的引领下，对三者的统筹兼顾涉及经济、政治、文化、社会生态等五个领域的统筹，在城镇化与乡村振兴战略发展中要面对差异、承认差异、尊重差异，通过对城乡资源要素的差异互补、城乡之间动能互通、城乡资源配置合理、城乡产业融合发展的全要素生产率的提高，建立城镇化—民族村寨—乡村的要素流动网络，来统筹五个领域的发展。在三者的协调互促中坚持以人为本，才能真正实现全面、协调、高质量可持续发展。①

本章小结：通过梳理民族村寨、城镇化、乡村振兴三者之间的逻辑关系，对三者关系进行细致解读。要想实现民族村寨从精准脱贫到全面振兴的顺利过渡，就要从根本上阻断民族村寨致贫返贫的途径，在民族村寨发展中铸牢中华民族共同体意识。这就需要打破传统的经济增长方式，将城镇化与乡村振兴作为民族村寨经济转型发展的新机遇。

---

① 习近平. 之江新语[M]. 杭州：浙江人民出版社，2007：108-109.

第三章

"村寨镇化"的理论构建

第一节 "村寨镇化"基本原则

一、坚持以人为本

以人为本是乡村振兴战略的出发点和落脚点。民族地区乡村的现代化发展，根基在农民，血脉在农民，农民最有发言权。把人作为村寨镇化发展的核心，且将该宗旨践行到底并不断深化。一是培育人。在基层干部队伍中培育一批"敢作为、乐作为、善作为"的乡村现代化建设的推动者、践行者，让他们成为带领乡村致富的领路人；鼓励支持"乡村精英"下沉乡村创业，发挥其"一人带动一乡"的先进典型示范带头人作用；挖掘和培育能人、技人、匠人和职业农民，培育农民对乡村建设的内生能力。二是依靠人。有了具备专业知识技能、积极作为的干部队伍，村寨镇化才能真正规划和实施。有了乡村带头人的介入，村寨镇化才有了发轫之始。三是服务人。农民既是建设者也是受益者，村寨镇化要满足以农民为主体参与者的生产活动、创业环境、生计收益、在地就业等民之所向的民意需求。

二、绿色生态为基

民族地区具有浓郁民族文化的自然生态景观是乡村最直观的表征，乡村发展、农业生产、农民生活等所有社会活动都直接影响着生态环境的存续发展。民族地区生态环境的原真性、完整性、脆弱性在人的社会活动中不断经历着保存、修复、还原等生态循环过程。人的社会活动要规避对生态的建设性破坏和保护性破坏现象，村寨镇化在统筹规划中合理整合生态资源，在生态资源富民、生态价值增值中实现生态环境的现代化发展方式转型。

三、民族文化为魂

文化振兴是乡村振兴的重要内容，乡村优秀传统文化与乡村振兴是互嵌式发展。① 乡村文化功能提升应贯穿于构建合理的中华民族优秀传统文化秩序，实现农民对优秀传统文化需求的认同感、精神力量的满足感、社会发展的归属感的村寨镇化的实现过程中。同时，不断调适与重塑中华民族优秀传统文化保护与发展的关系、传统与现代的关系，并在村寨镇化中一以贯之，在不断坚定乡村优秀传统文化的自信与自觉中提升乡村社会文明程度。

四、制度安排科学

适合实践且科学的制度安排有利于村寨镇化的有序推进，是村寨镇化实施的重要保障。村寨镇化不是盲目地大搞乡村现代化建设等开发失当行为，而是实现对乡村社会满足感与社会认同感的一致；不是在乡村拆建整新中对民族地区造成冲击和瓦解，而是在保护与利用中重构乡土结构与乡村公共性；不是简单实现资本要素的流入或流出，而是依托民族资源要素对接外来资本要素实现乡村内生发展。这就需要充分发挥制度优势，通过制度安排，引导、规范、监管村寨镇化过程中农业、农村、农民因资本要素的趋利性在竞争中所处的劣势地位，通过制度保障让农业、农村、农民回归主体身份，重谋村寨价值、重塑乡村活力。

五、产业选择合理

产业兴旺是乡村振兴的重要支点。合理的产业选择是产业形成和发展的重要支撑，产业选择彰显村寨镇化整体竞争力和乡村综合实力。村寨镇化在推动产业发展中就业机会多，带动致富农民多、农民增值收益多，是解决一切乡村问题的前提。村寨镇化要立足民族地区乡村产业优势，避免产业发展低水平同质化竞争，陷入相互模仿、千村一业的同质化倾向。要明确村寨镇化是长期规划实践的系统工程，培育民族地区起步晚、基点低、技术滞后的主导产业发展，形成民族特色产业品牌，完成产业转化增值，拓展产业市场空间是一个循序渐进的漫长积累过程，避免重利轻质的低质量发展思维。

---

① 马翀炜. 民族文化的资本化运用[J]. 民族研究，2001（1）：18-28，106-107.

六、功能建设健全

村寨镇化强调民族村寨具有更加多元的功能和更丰富的空间要素，即开始强调村寨镇化的多功能发展。"镇化"是在利用民族村寨特色民族资源的基础上，通过村寨内、外部资本要素的聚集和流通，使村寨成为集物流、商贸、居住、就业、消费等于一身的具有一定"城镇"功能的综合集散中心，形成政治、经济、文化等现代城镇功能，成为具有聚集、辐射、带动、创新的价值栖居空间。实现农业农村农民由传统向现代方式转变，这种转变可以从根本上盘活村寨资源，发挥村寨价值，助推乡村发展。否则，民族村寨仅是一个"村寨"，其乡村优秀传统文化价值不能充分彰显。

七、保障机制及时

及时的保障机制让村寨镇化多重功能在科学规划中统筹协调，协同推进。建立村寨镇化人才聘用机制，通过提升人的发展功能实现村寨镇化发展。建好村寨镇化的资金保障机制，保障建设项目资金需求，多渠道促进村寨投资主体和融资方式的多元化，确保资金池规模充足且适度。建成村寨镇化的资源产权保障机制，保障产权创造、运用、保护、管理、服务等经营主体的合法权益，约束开发主体的侵权行为。健全村寨镇化的监管机制，让镇化功能的实现过程不违背客观发展规律，在有序推进镇化功能提升中实现其功能价值最大化。

第二节 "村寨镇化"科学内涵

"村寨镇化"理论构建的根源来自"村寨镇化"[①] 概念理论，是基于原有概念的延伸和拓展。民族村寨的发展路径选择较为有限，对"村寨镇化"理论构建可借鉴的研究成果并不多。把城镇化的"镇化"发展路径作为逻辑关联，为"村寨镇化"理论构建提供可借鉴的实现逻辑和发展条件，深化对"村寨镇化"的科学内涵、实践路径的探索。

---

① 本书所指"村寨镇化"来源"村寨镇化"概念理论；基于表述习惯，正文以村寨镇化行文和表达。

一、"村寨镇化"科学内涵

（一）"村寨镇化"科学内涵

本书"村寨镇化"的定义：民族村寨依托地理区位优势、历史文化优势、资源禀赋优势、空间布局优势等前提条件，积极主动融入乡村振兴与城镇化等国家战略发展中，在充分利用资金、技术、人才、信息等资源要素发展的同时，推进村寨基本公共服务均等化，妥善处理好保护与发展、现代与传统等协同发展关系，使村寨通过功能提升获得部分城镇功能，且与周边城镇、村寨实现功能对接，获得现代化可持续发展能力的过程。

其分析过程如下：

村寨镇化功能假定：

（1）将村寨镇化分为政治功能（P）、经济功能（E）、文化功能（C）、生态功能（E_c）、社会功能（S）；

（2）将部分城镇功能记为 U；

（3）$P+E+C+E_c+S$ 记为 G。

于是，我们可以得到如下功能叠加情形：

$P+E$；$E+U$；$P+E+U$；$P+C$；$E+C$；$P+E+C$；$P+E+C+U$；$P+E_c$；$E+E_c$；$P+E+E_c$；$P+E+E_c+U$；$P+E+C+E_c+U$……

同样还有的情形：

$P+E_c+F$；$B+E_c+F$；$C+E_c+F$；$P+E_c+F+U$；$B+E_c+F+U$；$C+E_c+F+U$……

得出 $G=f(P, E, C, E_c, S)$

在镇化各种功能中，若能确定 P, E, C, E_c, S 各镇化功能的百分比，那么，村寨镇化的功能提升就是可以量化的。

通常，U 的量是必须存在且可计量的，如资金、技术、人才等资本要素，我们可以理解为是城镇化的部分功能在起作用。测度镇化功能时，可以加入一个虚拟功能变量 F（镇化功能总产出），由此进行推论 $P+E+C+E_c+S+U=F$，

记 $P+E+C+E_c+S$ 为 G

$G+U=F$

$G=F-U$

村寨镇化功能可以近似理解为村寨镇化总功能减去城镇化部分功能产生的效果部分，即 $F-U$，这个余值我们称之为"村寨镇化"。

通过百分比看出"村寨镇化"效果，在所建等式两边除以 I（城镇部分功

能在村寨镇化中所占的投入比例），即

$G/I = (F-U)/I$

或两边同时除以 G（镇化功能整体提升的比例），

$1 = (F-U)/G$

若 $U=100$，$F=600$，则 $G=500$

基于假设似乎不成立，且没有通过实践量化得到有效的百分比，仅仅从假设中理解为量化结果是 5000%。但从村寨镇化的实践模式探索中，我们对镇化过程做出如下解释：当城镇化部分功能作用不足时，而镇化功能却十分明显，那么，是村寨镇化功能提升的结果，是民族地区乡村内生能力的实现。

村寨镇化功能提升贡献率：

由村寨镇化功能 $G=F-U$，两边同时除以 I（城镇部分功能在村寨镇化中所占的投入比例），

$G/I = (F-U)/I$

假设：已知 $F=300$，$U=100$

则 $G/300 = (300-100)/300$

$G=200$，即 $G=2/3$ 约等于 66%

这组算式有助于我们得出"村寨镇化功能提升率"。式中的 G 为镇化村寨各部分功能，包含村寨的政治、经济、文化、社会、生态等功能，及与功能相关的资本要素（按已知假设，事实上还有产业功能、人的发展功能等功能延伸），因此，也可以将村寨镇化功能提升贡献率理解为"村寨镇化资本要素全要素产出率"。基于经济民族学观点，估算资本要素全要素生产率有助于进行村寨镇化功能提升路径分析，即分析各种资本要素对村寨各功能的贡献，识别各功能提升的情况，确定村寨镇化功能提升的可持续性。据此，如果某一功能提升与村寨镇化高度相关，如文化功能、生态功能等，那么在村寨镇化中我们可以估算各功能之贡献量。在探索村寨镇化实践模式时，可依照此方法测度，主要基于何种镇化功能可以通过"资本要素量化"来测度。

于是推导出一组度量村寨镇化功能提升的方法集：

$G=F-U$

$G/I = (F-U)/I$

$I = (F-U)/G$

$G/F = (F-U)/F$

相应地，城镇部分功能在村寨镇化中所占的投入比例 U 是可以计算的，F 也是可知的，由此去计算 G 中各镇化功能比重并不难。

从实践中获取，可得到的预测分析：（1）村寨镇化功能提升率可以预测村寨功能提升效果，如文化功能提升体现了文化价值被很好地保护利用，提升乡村社会文明程度；（2）检验资金、技术、人才等资本要素参与功能提升的过程，并与村寨资源要素优化配置，实现功能提升的效果；（3）村寨在镇化过程中其功能提升程度，可验证村寨优势资源是否被高效利用，呈现何种边际效应。以上可能的情形可以证明村寨镇化实现，且镇化模式得当。

（二）"村寨镇化"概念由来

本书的"村寨镇化"理论构建是李忠斌学者及笔者在近年内所提出的"村寨镇化"概念理论的延伸和拓展。在原有概念中"村寨"有着特定的范围，特指民委等部门所评选的少数民族特色村寨名录中具备相对成熟可镇化条件的特色村寨。这些入选名录的民族村寨经过调查、遴选、评价、鉴定等层层筛选且具有一定的优势特色资源。本书研究的民族村寨是指民族共同体聚集且民族人口占比较高的少数民族特色村寨和传统村落，二者都关涉民族村寨的内涵范围，都是民族村寨聚落的表现形式，是乡村社会最基本的单元，均以民族村寨为原始雏形，本书的民族村寨涵盖以上所指。本书研究的民族地区是指中西部民族地区聚集民族共同体生产生活资源的场所，区域内民族村寨分布较集中且呈一定规模，民族人口占比较高且相对集中，能承载民族共同体守望相助的民族聚居区域。但并非所有民族村寨都可以进行镇化，需要具备一定的前提条件。选取的民族村寨要具备地理区位优势、历史文化优势、资源禀赋优势、空间布局优势等价值，才能探索"村寨镇化"模式。

村寨镇化不是行政区划规定的建制"镇"，不属于城镇的行政区划。村寨镇化是以"镇化"方式对村寨功能进行提升，在"化"的过程中实现村寨政治、经济、文化、社会、生态等多重功能提升，形成村寨的城镇发展功能，让村寨实现向非农的现代化转化过程。"村寨镇化"不是将村寨变成一个村镇，村和镇属于不同行政级别，而是让村寨实现城镇的现代功能。"村镇"这个词本身并不科学，"村镇"既包括村，也包括镇，村和镇并非同一空间概念。镇是行政区划的规定名称，现有的行政大镇是镇，一个镇的规模范围非常大。如果将一个村寨变成一个镇既不符合实际，又与现在行政区划的"镇"相冲突。

民族地区的村寨数量众多、类型丰富，并非所有的民族地区都可以开展村寨镇化，也并非所有类型的民族村寨都可以进行功能提升，需遵循一定镇化前提。民族村寨不能盲目强制套用，这有悖理论构建的初衷。村寨镇化不是强硬构建的，而是基于有基础、有资源、有条件、有价值的民族村寨，以"化"的方式实现村寨功能提升的过程。"盲目发展"和"遍地开发"是目前民族村寨发展中的突出问题,"镇化方式"的选择要因地制宜且有针对性地开展。

二、"村寨镇化"内涵解读

（一）"村寨镇化"提出背景

我国农村劳动力在城市的比重仍然很大,而这些没有城市户口的务工农民的工资报酬、子女入学教育、社会福利等市民福利仍没有充分实现,加剧了城乡社会矛盾。出于破解社会矛盾,呼应各方关切,以及缓解城乡发展失衡带来的突出问题,党和国家契合当前形势从现实需要出发,审时度势应时出台乡村振兴战略。"村寨镇化"正是乡村振兴战略下紧随时代变迁的民族村寨寻求发展的一种路径选择,借助"村寨镇化"来探讨中国特色社会主义乡村振兴道路的实现逻辑和发展模式,对解读村寨镇化如何推动乡村振兴具有重要意义。

（二）"村寨镇化"总体要求与关键举措

村寨镇化按照"政策先行、科学规划、多方参与、权责明晰、模式多元"的总体要求,有针对性地制定关键举措。在推进村寨镇化过程中,要紧扣功能提升且互补,要素流动有序且持久,产业优势明显且充分,公共服务均衡且完善,人与生态和谐且共生,循序渐进稳步推进乡村发展。政策先行,要正确解读乡村振兴的战略内涵,通过村寨功能提升,统筹谋划乡村"五大振兴"发展;做到各项政策规划先行、落实到位,有章可循。科学规划,要根据民族村寨的区位条件、资源禀赋、历史文化、传承技艺、空间优势及市场需求因地制宜发展特色鲜明的主导产业。多方参与就是调动村寨各方力量投身现代化发展中,激活主体、激活要素、激活市场,重视农民优先参与村寨镇化的全过程、全方式、全策略。权责明晰就是各参与主体不违背共同意愿,各在其位、各司其职,增强自我发展能力,推动和保障村寨镇化的实现。模式多元是指村寨镇化的实践模式要因地施策,分类制宜,立足优势功能,培育村寨发展竞争力。

（三）"村寨镇化"主要目标

"村寨镇化"的主要目标分别对应乡村振兴的"产业兴旺、生态宜居、乡风文明、治理有效、生活富裕"二十字战略方针。"村寨镇化"可以被认为是一条比较有效的民族村寨发展路径,其理论构建的初衷与乡村振兴迫切要解决的问题相一致,都是为实现农业高质高效、乡村宜居宜业、农民富裕富足的总原则下满足群众迫切性、普遍性、根本性诉求。

第三节 "村寨镇化"构建诉求

"村寨镇化"是城镇化与乡村振兴顺利实施的前提,同时为丰富二者的科学内涵提供新的发展思路。那就可以加以追问,民族村寨为什么要进行功能提升实现镇化功能?基于什么条件的民族村寨可以实现镇化功能?镇化功能的实现与乡村振兴的关系如何?以上一系列问题分别从"村寨镇化"的构建逻辑、条件获取、实践作为三方面来解读。

一、"村寨镇化"构建逻辑

（一）"村寨镇化"构建逻辑

"村寨镇化"模式探索是实现乡村振兴的发展路径之一。村寨镇化既能有效承接城镇辐射又能有效带动周边村寨发展,本质是实现资源要素聚集、发挥镇化辐射带动功能。一些优势条件明显的民族村寨初具实现村寨镇化的条件,通过村寨功能提升解决其发展能级与资源限制间的矛盾,实现村寨的镇化功能释放镇化活力。由此可见,"村寨镇化"作为城乡功能衔接的表达,即城乡功能借助要素双向聚集和双向流通实现,畅通要素流通渠道实现村寨功能提升,成为乡村建设新层级,其基本内涵如图3-1所视。

首先,实现村寨资源要素聚集和流通,是为输入阶段。村寨有根基、有条件,是丰富的文化体和资源体。村寨镇化突破以往村寨主体和资源要素大多向城镇的单向流动困境,立足村寨优势特色资源,以此吸引城镇大量人才、资金、技术、信息等发展要素输入,与村寨内部资源要素聚集且优化配置,形成增长点。要素持续聚集且规模不断扩大使增长点变成增长极。

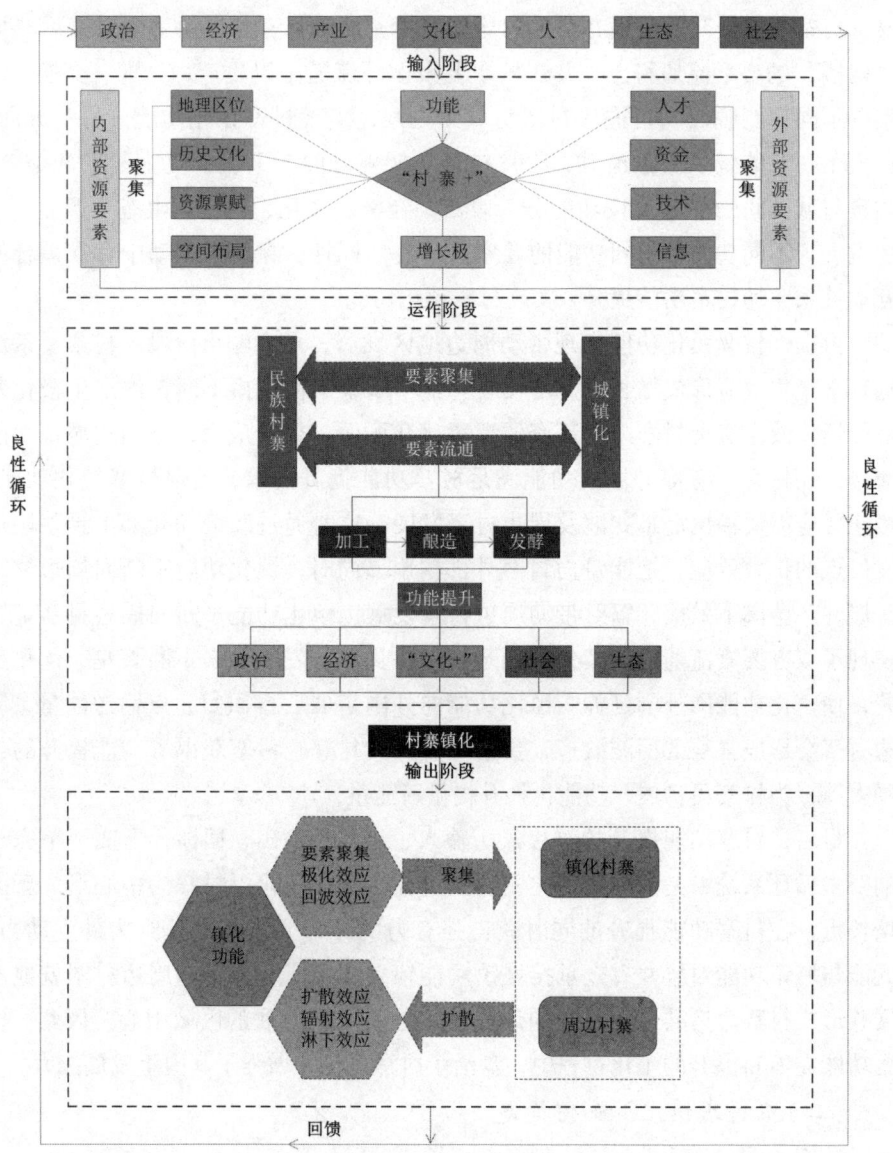

图 3-1 村寨镇化逻辑图

其次,实现村寨增长极的辐射带动效应,是为运作阶段。极点达到一定程度要发挥溢出效应,村寨产业要流出,产品也要流出。在运作阶段,要素通过加工、酿造、发酵等过程在流通中形成物质流、能量流、信息流等发展能级,打破资源限制的藩篱,打通城乡要素流通通道,实现要素从村寨到城镇的双向聚集和双向流通,提升村寨功能。一方面,要素流通过程实现了村寨功能提升。

支撑村寨功能提升的要素并非单向流向城镇，而是具有与城镇功能对接后"城乡两栖"的要素流通特点，并在城乡要素循环流通中以生产、分配、交换、消费等不同功能脱嵌与再嵌入村寨与城镇之间，实现村寨镇化功能。另一方面，区别于一般的城乡要素流动，支撑村寨功能提升的要素流动更为复杂和综合，村寨与城镇间的要素流按功能分为政治、经济、文化、社会、生态、产业、人的发展等不同功能。不同功能的要素流具有协同性，在要素流动中存在耦合的互动关系驱动村寨功能提升，实现村寨镇化功能。

再次，村寨镇化功能实现带动周边地区发展，是为输出阶段。村寨要素流通带来聚集效应形成增长极，增长极要素不断聚集使规模不断扩展产生极化效应。极化效应实现村寨内外部资源要素优化配置、聚合成力，与周边城镇功能对接，让村寨获得部分城镇功能满足村寨功能提升需求，实现村寨镇化功能。极化效应需要输出能量并波及周边村寨发展，这时通过政策等外部干预手段促发极点的扩散效应，把能量向村寨外部输出。同时，镇化功能不断向周边村寨扩展并产生淋下效应，辐射带动周边村寨发展。镇化功能不断向周边村寨扩展实现了双方要素流通的持续性与循环性，并且双方发展要素不断聚集、优化配置，使镇化功能向外围延伸。镇化功能向外围扩展后再回归起点输送能量，周边村寨会形成强势的回波效应，要素回流回馈村寨，村寨获得了功能提升的外围支撑，为村寨再扩展、功能再提升提供新能量。

最后，村寨功能提升的过程经历输入、运作、输出、回馈，形成一个完整的要素循环系统，是为村寨镇化实现全过程。村寨镇化以村寨为中心形成新的增长点，在村寨功能提升的同时获得强有力的外部要素支撑且互为外生动力；既能与城镇功能对接并有效承接城镇功能辐射，又能有力带动周边村寨就地发展并形成村寨命运共同体，共同形成民族地区乡村发展的区域中心。因此，村寨功能在不断提升的镇化过程中，盘活了村寨资源并增强了其内生发展能力。

（二）"村寨镇化"如何构建

1. 什么是"镇化"

城镇化就是通过"化"的过程实现城镇的基本功能。镇是规模化的人口聚集，人口聚集以产业为载体。镇通过发展产业实现就业的方式解决人口聚集引发的生计问题；同时镇通过投入大量基础设施和公共设施的方式解决人口聚集引发的生活问题。镇的发展是通过"化"来实现的，化是一个过程；同时，化又是一个结果。产业化和市场化是化的重要实现方式和手段。"镇化"主要指城镇化功能的实现方式，其核心是实现要素聚集和流通。镇化功能的实现就是从资源要素聚集、流通到优化配置的过程，在资源要素聚集和流通中实现城镇的聚集功能和扩散功能，且通过产业化和市场化的方式来完成。

首先，镇化的过程是资源变资本的过程，是人与土地等生存资料的剥离，将人重新受雇于资本的过程，是在资本对镇化功能的催化和推动中实现的。镇化的实现是资本积累的过程，表现在资本运动对镇化各个功能提升的实现。"化"的过程就是资本要素经聚集、整合、辐射、波及、扩散、淋下、回波等效应实现循环流通过程，资本在循环流通过程中不断满足镇化发展需要。资本的发展主要以产业为载体，产业功能提升要在生产中实现，贯穿于资本从生产到消费的整个环节，而且表现在资本对产业功能提升的各个环节。

其次，从生产角度看，产业功能的实现就是实现资源要素的聚集过程。资源要素在生产空间大规模聚集形成产业资本，同时吸引人在同一空间的大规模聚集，包括物资、技术、设备等生产资料的规模化聚集，形成增长极。从流通角度看，资本剩余价值的不断积累扩大了生产空间，资本在生产空间的流通中形成了资本市场。资本积累形成市场且以最快的速度不断扩大流通市场，并与外部发展要素优化配置形成人流、资金流、技术流。同时，在此过程中需要不断提升交通运输功能和信息功能，形成物流、信息流，加快资本、产品、信息和人等要素聚集和流通的速度，加强镇化的现代化发展功能。在此过程中，交通功能提升又不断满足市场规模拓展、市场边界扩展等需求，镇化功能不断被强化。

最后，增长极的极化效应使周边地区的各种资源要素流向极点，产生聚集效应，在更大的范围内实现资源优化配置。资源聚集到一定程度产业功能提升，产业和产品开始外溢，向外扩散的离心力引发扩散效应大于极化效应，这时政府干预手段介入，产业功能的辐射效应开始显现。产业功能提升产生波及效应，通过与周边地区产业功能对接不断强化产业功能。产业功能不断提升不仅能满足周边地区的发展需要，并且能辐射带动周边地区发展。周边地区产业功能发展产生的回波效应继续强化镇化产业功能，镇化功能在产业功能提升中实现。

2. "镇化"的作用

镇化有活力，有辐射，有带动，是一种活态发展过程。可见，活力、辐射、带动是镇化的三大属性，其作用是提升镇的竞争活力、增强镇的辐射能力、提升镇的带动能力。

首先，镇化就是提升镇的竞争活力。镇化的活力体现在镇化功能的提升与转化，资源要素构成镇化不同功能并通过功能提升促进镇化发展。镇化活力还体现在将资源优势转变为经济优势，资源要素的流动涉及众多主体和主体利益。① 资源要素流动构成镇化区域发展和产业形成，吸引更多人、物资、技术、设备等聚集，产生要素流、信息流、交通流，实现镇的聚集效应。镇化与外部系统通过要素流、信息流、交通流实现镇化的扩散效应。镇化的聚集效应和扩散效应是镇化功能的实现过程，如果镇失去聚集和扩散功能就会失去镇化活力，镇化功能就无法实现。

其次，镇化就是增强镇的辐射能力。镇化是诸多要素聚集形成新的空间格局，要素聚集是有活力的，是动态、流动的过程。通过镇化的聚集功能，聚集资源要素向外部流动并形成极点。这个点可以将一个村寨的功能不断提升，通过对周边资源、要素的聚集形成规模并不断增强功能的运行和发展，在镇化过程中不断满足功能提升需求。

最后，镇化就是提升镇的带动能力。一个城镇，镇里面有人、有产业、有就业、有生活、有文化，人在生产生活中充分实现了自我发展功能。同时，这意味着镇的政治、经济、文化、社会、生态等功能实现，并且这些功能发挥了作用才促进了镇的发展。镇化功能带来人的聚集，人的聚集带来产业的发展，产业发展带动人的就业，最终形成镇化功能获得可持续发展的能力，再发挥镇化的扩散功能，辐射带动周边地区发展。

浙江义乌由马路市场起步，通过吸引大量农村劳动力等资本要素聚集并产生流通，而聚集功能的实现形成产业和市场，并在聚集流通中带动商业、贸易、居住等镇的功能的实现，并随镇化功能不断完善。义乌兴一个产业带一个镇的过程就是镇化的活力、辐射、带动发生作用。②

3. 村寨与"镇化"的关系

民族村寨世代沿袭农耕文化，农耕文化以农业为生，依附于乡村的土地，即在土地上生存，在耕地上找活路。有限的耕地让大量人力、物力的投入呈现出边际效应递减的趋势，这种被称为"过密化"或"内卷化"现象③，制约着民族村寨发展。只有打破传统的资源约束，才能找到村寨发展新方式。

首先，民族村寨有规模、有历史、有文化，聚集了各种资源要素，具有多

---

① 李忠斌，郑甘甜. 民族地区新型城镇化发展的现实困境与模式选择[J]. 民族研究，2017（5）：27-41，124.
② 黄勇等. 协调发展：浙江的探索与实践[M]. 北京：中国社会科学出版社，2018：46-47.
③ 黄宗智. 小农经济理论与"内卷化"及"去内卷化"[J]. 开放时代，2020（4）：126-139，9.

重价值。文化是民族村寨的根脉，文化以民族村寨为载体实现传承发展。民族村寨不科学的开发与建设会改变乡村的发展格局，导致村寨价值丧失。不能把村寨丢弃在一旁去实施乡村振兴，去推进城镇化。民族共同体将土地看作祖辈血缘相亲的民族精神传承，由此，充分认识民族村寨的存在价值、思考保护发展的路径就显得迫在眉睫。镇化路径为民族村寨提供了更多发展的可行性空间，通过镇化功能的探索寻求村寨发展出路是行之有效的发展路径之一。

其次，乡村振兴的本质是让乡村以现代化方式回归乡村身份。乡村振兴应该将乡村建设的重点放在村寨的文化内涵和民族特色方面，依托村寨自身丰富的优势特色文化资源实现其富足价值。部分民族村寨的自然衰退就意味着文化的失落，缺失了部分文化的乡村再去谈振兴，那就是乡村城市化，将民族村寨推倒重建那就是新农村建设，以上两种方式都不可取。乡村振兴并不是简单盲目地建设乡村，不是丢弃文化另辟蹊径。村寨有人、有产业、有就业、有生活、有文化，为何不传承好、利用好这个载体，而要去新建一个乡村！乡村振兴需要有规模、有历史、有文化的民族村寨，这样的特色民族村寨更能体现民族村寨所具有的价值，推动乡村振兴的发展。乡村振兴是大概念，是宏观的空间概念，但是里面内涵了乡村功能提升发展。乡村振兴实质是实现乡村的现代化发展。民族村寨功能提升为乡村振兴带来了发展新思路，既为乡村建设节约了发展成本，也把建设成本降到最低，同时让农民落叶归根回归乡村的主体身份，扎根乡村、回报乡村。

最后，民族村寨缺乏较具针对性的发展路径导致民族地区乡村发展难见成效。因此，以民族村寨的镇化功能的实现对接城镇化功能，实现城镇与乡村的功能互哺过程。将村寨功能向城镇的现代化功能转化，是村寨实现现代化发展的一种路径。通过功能提升让村寨获得部分城镇功能，实现村寨的镇化功能。城镇化的实质是一种功能秩序[1]，对村寨进行镇化是构建村寨现代化的非农功能带动乡村发展的逻辑构想，是对传统发展模式的创新突破。现在的村寨不具备现代化的发展功能，村寨镇化就是实现村寨的现代化功能。民族村寨的优势特色资源渗透在其历史文化、区位条件、资源禀赋、产业基础中，对优势特色资源的发展更能反映村寨的历史延续性和深刻的文化内涵。村寨镇化需要立足民族村寨优势价值对村寨功能进行提升，形成村寨的现代城镇功能。

---

[1] 陈友华，赵民. 城市规划概论[M]. 上海：上海科学技术文献出版社，2000：47.

4. "村寨镇化"的构建

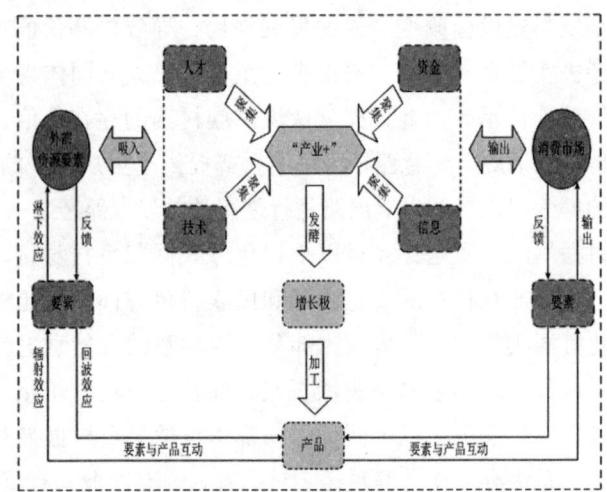

图 3-2　村寨产业功能提升逻辑图

一是村寨镇化构建要满足基本的镇化条件。

民族地区村寨类型丰富，数量众多，不是每一个民族村寨都可以进行镇化，需要具备一定的镇化条件。具有地理区位优势、历史文化优势、资源禀赋优势、空间布局优势等的民族村寨初步具备了村寨镇化的基础。这些条件是构成民族村寨镇化发展的基本要素，有了基本要素，外部资源要素才可以流入村寨，向村寨聚集。人对村寨资源的利用与分配，资源产生聚集和流通才可以实现"化"的过程。资源要素流通必然通过产业化和市场化方式实现，形成民族村寨功能的非农化转变过程，直接为满足市场需求建立起生产与消费的流通网络。民族村寨多年维系的传统农业发展方式导致农业发展既无市也无场，农业优先发展重在优先发展产业、形成市场。民族村寨的条件选取是实现村寨向非农化、现代化转变的前提。

二是村寨镇化是活态的发展过程。

首先，民族村寨通过内外部资源要素聚集转化成产业发展资本，形成资本的产业化发展。民族村寨在有人、有产业、有就业、有生活、有文化的基础上，利用村寨资源禀赋吸引各种外部资源要素聚集。产业发展需要不断与城镇进行资金、人才、技术、信息等发展要素的发酵实现流通和交换，形成人流、物流、信息流、技术流，以流通带动生产并发展基础设施建设、公共服务建设、交通设施建设等。高效的流通通道让资源呈现活态发展过程，内外要素双向流通有利于村寨要素合理配置，多种资本要素聚集流通形成市场。随着资本积累，市场规模不断扩大，产生了村寨集散中心进行商品交换并形成专业市场。专业市场商品类别繁多形成扎堆现象，扎堆聚集形成规模将商业资本转化为产业资本。产业市场的形成吸引人们向村寨聚集，同时吸引技术、信息等发展要素向村寨流通，聚集规模进一步扩大，促进了产业化水平的提高。立足村寨优势特色资源，以村寨最有价值之功能培育村寨增长极。村寨资源要素的聚集效应达到一定程度产生增长极，考虑产业发展的外溢需求，产业要流出，产品也要流出，不断扩大村寨市场规模和市场边界，实现村寨产业化和市场化发展。同时，城镇的现代化产业资本外溢带来的价值红利为村寨产业赋能，辐射带动村寨产业功能提升。村寨农业实现非农化转化并投入现代化产业发展洪流中，其生产力与生产关系不断变化，变化过程中村寨与城镇实现要素双向流通、双向聚集，村寨镇化功能加强。

其次，村寨镇化增长极的聚集效应有利于产业市场吸纳散落在周边村寨的劳动力和各种资本要素，通过加工成为产品集散地，利用村寨镇化的区位优势实现产品流通，继续聚集要素扩大规模。村寨镇化增长极的扩散效应对周边村寨进行二次辐射，产业辐射带动周边村寨产业发展，并且与周边形成密切的水平式产业分工协作，通过产业功能互补支撑周边村寨发展。村寨镇化生产要素外溢提升了周边村寨的资源要素质量，有助于形成协作共存的关系，共同提升乡村产业竞争力，为乡村剩余劳动力提供充分的就业岗位。同时，周边村寨的回波效应支撑村寨镇化发展并形成良性循环，盘活了村寨及其价值。

最后，村寨镇化要素双向流动且优化配置形成流通网络，流通网络促进镇化功能加强，吸引乡村剩余劳动力不断向村寨转移，村寨人口不断聚集。随着城镇消费需求升级，对乡村的消费需求扩大，推动了村寨产业规模不断扩大，形成生产与消费间的流通网络。为低收入人口提供了更多就业岗位，农民在流通网络中获得收入维持生计，农民收入提高相继投入更多生产要素继续强化产业功能，在要素与产品互动中满足市场多元化需求形成村寨、城镇功能双循环且相互促进的发展格局，提高了村寨产业市场发展竞争力和加大了对村寨资本的运营力度，村寨功能逐步向现代城镇功能转化。同时周边村寨的人来此从事产业或产品的生产交换，实现了大批劳动力、能人、技人等人口要素的流入，高质量的人才流入加速了"人的城镇化"的形成。村寨与周边村寨资源要素互通，功能互补的产业市场一体化形成，共享产业发展红利和公共设施服务，实现其涓滴效应，周边村寨的回波效应支撑村寨发展，这是村寨镇化功能实现的活态发展过程。

三是村寨在"化"的过程中实现村寨的现代化发展。

村寨镇化是村寨政治、经济、文化、社会、生态等功能共同参与了"化"的过程。村寨功能提升来自不同功能现代化发展诉求,"化人"和"化文"是化之主体。随主体发展寻求最合宜的生产方式以供消费、以利收入,形成商贸、服务等各类消费市场。消费市场在能流、物流、信息流、技术流等多种要素流中发挥作用,提升村寨功能并转化为经济价值。同时,在经济发展、民族文化、生态保护、乡村治理、社会活动等方面满足人的生活、就业等民生诉求,以此实现村寨镇化非农化的现代功能。

(三)"村寨镇化"优势所在

1. "村寨镇化"与城镇化的异同

村寨镇化是实现现代城镇功能的路径之一,可以看作是城镇化镇化路径的一种探索方式。二者的相同点如下。

第一,二者的镇化实现路径具有同一性。城镇化是在"化"的过程中实现城镇的现代发展功能。[①] "村寨镇化"是在"化"的过程中实现"村寨"的现代发展功能。二者都具有现代化的城镇发展功能。二者的镇化路径实现方式具有同一性,其目的都是通过"化"的过程达到现代化发展水平,实现现代化的发展。

第二,生产生活方式具有同一性。城镇化是对城镇转移人口的市民化身份实现过程;村寨镇化是人口不需要转移,在乡村就地实现"非农化"的现代化过程。二者都以非农业生产生活方式存在于各自发展空间,都通过"镇化"方式实现生产生活方式的现代化转型发展。[②]

第三,镇化过程都通过市场化、产业化方式实现。二者都是在镇化本身具有的活力、辐射、带动等属性中实现的。二者都通过产业和市场建立生产关系,以实现产业经济推动经济发展为主要方式。二者都是以产业功能提升为前提,不断优化基础设施和公共服务设施的过程。二者都是通过功能提升实现现代化发展,通过"两化"方式进行供给侧结构性改革提升镇化功能;都是基于发展不平衡带来的收入差距倒逼产业变革生产技术,调整产业结构,建立现代化市

[①] 张鸿雁.中国新型城镇化理论与实践创新[J].社会学研究,2013,28(3):1-14,241.

[②] 乔小勇."人的城镇化"与"土地城镇化"发展关系研究[J].中国科技论坛,2015(6):117-123.

场关系，实现收入均衡的同时抵消边际成本下降效应①，实现镇化过程。

第四，都具有现代化发展功能。二者在镇化过程中都需要解决发展能级与资源限制的矛盾。二者都发展以非农业生产为主的产业经济，打破要素流通在传统体制机制的藩篱，畅通资源要素流通渠道实现双向聚集，成为区域增长极。通过聚集扩展效应与周边地区发生大量的能流物流交换，形成社会分工解决当地就业。

不同之处：城镇化目的是促进城镇的发展，村寨镇化目的是实现民族地区村寨的发展。村寨镇化的目的是让民族村寨通过镇化功能提升达到城镇的现代化功能，推动乡村振兴、推进城镇化。乡村振兴需要村寨镇化支撑，村寨镇化的价值存在是因为它是乡村振兴所需要的。

2. "村寨镇化"优势所在

第一，村寨镇化在村寨功能提升中实现了村寨的现代城镇发展功能。长期以来，村寨发展的逻辑往往因为背离农民生活诉求而使村寨主体被搁置，而村寨镇化是在功能提升中实现村寨的现代化发展，在非农转化过程中形成与乡村的共生发展。村寨镇化让民族村寨有价可寻。民族村寨有根基，有基础，有条件，努力方向将是让村寨在"化"的过程和功能提升中找到结合点，使有价值的村寨充分实现自身价值延续其发展。村寨镇化就是让村寨实现有人、有资本、有产业、能就业的现代城镇发展功能，成为村寨探索中国特色社会主义乡村振兴道路的发展路径之一。

第二，村寨镇化关涉现代化发展之需求，既符合城镇化的趋势，又符合乡村振兴的要求。历史上所有城镇发展追本溯源都是镇化的实现过程，且都由村寨聚落演变而来。如果民族村寨功能提升过度或失当，与周边城镇产生不恰当的流通效应，现有的村寨仍旧不能实现合理开发。村寨作为一个生产生活的聚居点，若人不能发挥主体作用，资本的发展受到局限，逐渐脱离了人、产业、就业的村寨就失去了可持续发展的能力。村寨通过镇化方式被盘活，立足村寨的城镇功能寻求其现代化的转型发展，能较好地处理与周边地区的协同发展关系，同时注重与城镇功能的协同性、关联性，这也是对接城镇化发展的重要方式。

例如，南花苗寨是苗族村寨，自1997年开始发展旅游产业，2005年达到高

---

① 丁为民．新时代我国社会主要矛盾与社会主义初级阶段的发展动力[J]．政治经济学报，2018（2）：3-13．

峰，高峰期后的南花苗寨呈现衰落的趋势，2009年以后南花苗寨全面衰落。①究其原因是发展旅游产业过程中逐渐失去了市场竞争力，其苗族文化、苗族长裙服饰、吊脚楼、姊妹节、吃新节等民族风俗与其他苗族村寨较为相似，同质化凸显。2008年有"世界第一大苗寨"之称的西江千户苗寨的兴起更是为南花苗寨带来较大冲击。然而，南花苗寨并没有停止发展的步伐，而是在市场经济的变革中积极探索中国式现代化的民族村寨发展道路。

再比如，肇兴侗寨（见图3-3）。作为我国规模最大的侗族村寨，肇兴侗寨2018年成为央视春晚分会场，却没有抓住这次良机做好宣传，更没有趁势而上进行规划建设，虽拥有众多优势资源，但其发展仍旧停滞不前。肇兴侗寨除了旅游产业之外的其他产业发展较弱，但是对黎平县及周边地区资本要素的聚集能力较强，对周边村寨的辐射带动能力较弱。黎平县侗寨呈规模小、数量多的零散布局，其区位优势不明显，产业优势不突出，没有核心村寨对周边地区辐射带动，对劳动力吸纳和安置能力弱，导致村寨之间缺乏有效分工与协作。在村寨规模密集的民族地区，小而多的村寨应该成为镇化村寨不可分割的组成部分，周边村寨的经济效益取决于镇化村寨对它的辐射带动。②

图3-3　肇兴侗寨梯田③

第三，村寨镇化让部分自然衰落的民族村寨重拾希望、重现生机。村寨镇化不是让村寨无特色，产业无优势，文化无底蕴，更不是相互模仿抄袭的同质化发展。镇化不仅是做产业，产业发展不仅仅通过旅游，单是让民族村寨发展

---

① 罗永常．合理增权、有效参与与利益协调——基于多理论场域的民族村寨旅游发展再思考[J]．贵州民族研究，2020，41（8）：87-92．
② 笔者调研所得。
③ 笔者调研所得。

旅游不可能实现村寨镇化功能，也曲解了村寨镇化的本质内涵。村寨镇化是让原本一个孤零零的有价值的村寨发挥它的价值优势，和现有的一些大型城镇功能去对接实现村寨的城镇功能，把村寨发展好利用好，实现村寨的现代化转型，在村寨原有价值基础上实现价值增值。

肇兴侗寨在发展进程中也面临诸多问题，这些问题的出现为当地发展旅游业带来了警示和经验。在2008年西江千户苗寨发展旅游产业获得成功后，肇兴侗寨盲目照搬其发展模式，拆除了具有侗族特色的传统民居，建立多层砖混结构的民宿客栈，这种做法在一定程度上破坏了肇兴侗寨原有的民族景观风貌和传统格局，对侗寨文化价值的完整性造成了较难修复的损坏。肇兴侗寨旅游产业由肇兴旅游公司经营且长期处于不盈利状态，深究其原因发现存在着经营理念滞后、管理不规范、决策不科学等问题。同时，肇兴侗寨较大程度模仿西江千户苗寨民宿经营模式，民宿质量良莠不齐，这不仅没有解决当地村民的就业难题，还较难带动周边地区发展。对肇兴侗寨而言，阻碍其旅游产业发展的根本原因在于游客数量的增长不及民宿数量的增长，旅游产业发展未能吸引更多游客前来，未能充分带动当地村民就业的能力。如今的肇兴侗寨通过不断挖掘侗族文化的内涵底蕴，解决了游客只是短暂停留而不能长久驻足的问题。因此，对有价值的民族村寨开发要适度，越是封闭的村寨，其抵御旅游产业发展带来的负面影响的能力就越弱。[①]

二、"村寨镇化"条件获取

基于什么条件的民族村寨可以实现镇化功能？本书的民族村寨选取需要满足民族人口占比较高且规模较大，村寨建筑风貌保存较完好且具有较高文化价值，选取具有地理区位优势、历史文化优势、资源禀赋优势、产业发展优势、空间布局优势等要素，符合民族村寨选取的基本前提条件且具有一定历史、文化、经济、空间、景观、社会价值，具有民族性、地域性和整体传承性的发展价值。

截至2019年我国共公布了五批传统村落，数量累计达到6799个。其中，贵州省前四批数量累计达到545个，第五批为179个，共计724个，村寨数量位居全国第一。全国共公布少数民族特色村寨数量，累计达到1652个；其中贵州省占312个，位居全国第一。贵州民族共同体含量丰富，有54个民族群体，193个民族自治乡。贵州省大大小小的民族村寨聚落有3900多个，其中具有开发价

[①] 笔者调研所得。

值的民族村寨有545个，共涉及全州103个乡镇，但不是每一个民族村寨都具有镇化价值，都可以进行功能提升。

（一）民族村寨价值

民族村寨有发展的价值，因为它是乡村发展的重要动力，同时亦是传承、恢复与振兴优秀传统文化的重要载体。民族村寨为乡村振兴提供了一种特殊的现代化发展力量。费孝通认为"村寨是农民生活的基本功能单位"[①]，村寨功能乃是村寨发展的生命线。城镇化是现代化的象征，民族村寨通过镇化路径的发展经验不断更新村寨功能的实现方式，探索出适应现代社会发展的村寨新功能，巩固村寨的内生发展能力，使村寨免受凋敝、文化衰落的风险，这也是乡村振兴实践中需要解决的问题。以此可见，民族村寨与乡村振兴二者同生共存、互为关联。孙中山对价值的描述，"适用而值价，不能毁灭，价值有定，易分开且易识别"[②]。民族村寨是乡村振兴工力及物料易得之所，其价值可以唯彼所用、唯彼所需。民族村寨是乡村可资开发的富足之地，乡村振兴皆需要村寨禀赋资源供给以故乡村发展必臻鼎盛之用。以民族村寨价值奖进乡村其他价值，且村寨各价值俱能为乡村建设服务。民族村寨区位内资源丰富可为乡村所用，其多元文化价值更能助力乡村振兴建设。乡村振兴就是振兴乡村的不发达事业，转变传统生产生活方式，解决因劳动力大量外流带来的乡村衰落问题，根本的救治之策在于充分挖掘村寨的文化价值，积极引进并培养人才。

乡村振兴有助于推进民族村寨价值重塑，而价值重塑的本质基于价值增值。价值增值源于村寨镇化将村寨资源转化为资本的过程，是资本积累生产出剩余价值和剩余价值再生产的过程。民族村寨既可以成为乡村振兴的平台和载体，又可以承接城镇人口、功能、产业的外溢。民族村寨的资源禀赋是优秀传统文化最直观的展示，从单纯的资源形态到其价值的实现，表征了村寨资源从产生到转化以及增值的全过程，涵盖了乡村发展所需要的人、产业、文化、生态、生活、就业等多方面。乡村振兴主要以村寨资源的价值转换为手段，通过对村寨资源的市场化、资本化运作实现收益，从而支持乡村的全面建设与发展。而以乡村振兴为目的的经济效益的实现又强化了以村寨资源为基础的多种经营方式的动机和信心。乡村发展主要通过转变村寨价值辅以市场化的手段实现并形成以此为基础的市场经济体系，在市场竞争中提高村寨资源利用率并不断提升

---

① 孙九霞. 中国旅游发展笔谈——乡村旅游与乡村文化复兴[J]. 旅游学刊, 2019, 34(6): 1.

② 孙中山. 建国方略[M]. 北京：中华书局, 2011: 48.

村寨功能，有效的资源配置方式借助市场化力量在一定范围内保证村寨资源的配置效率，形成乡村市场自组织的市场化运作。

这里首先要明确，目前在城镇化与乡村振兴战略的关照下，对民族村寨的保护和利用的主要内容是什么？发展路径如何？民族村寨的价值意义在哪里？具体有哪些？以上是本书在开展理论研究前必须要搞清楚的问题。民族村寨是历史遗产、文化遗产、工艺遗产、乡愁记忆等优秀传统文化的综合表达，体现着民族地区劳动人民生产生活的轨迹样态，其具有的综合价值用经济活动度量可以启发其在新时代经济发展中多重价值的多样化诉求表达。对民族村寨的保护利用离不开对村寨价值的研判和分析。

一是历史价值。民族村寨是中华民族优秀传统文化的凝聚，是优秀传统文化在历史沉淀中外在形态的文化自明性象征，体现着民族共同体的历史记忆、生产生活形态和劳动人民的智慧，是乡村优秀传统文化最直观的表现形式。① 民族村寨的历史价值还体现在它的时代变迁、历史遗迹、乡愁记忆三方面的优秀传统文化价值内涵，是复刻有历史符号的时代发展产物，是经济发展的历时态见证者。历史价值的重要意义在于其特有的民族历史对民族村寨赋予深厚的历史文化内涵并为其带来所度量的经济价值。

时代变迁蕴藏在侗族千年的历史文化价值中，也充分体现了不同历史时期地扪村（见图3-4）的社会经济发展水平。村内居民多达1300户，也是"千三侗寨"名字的由来。地扪村有侗族风格的鼓楼2座、风雨桥5座、戏台3座、凉亭2座、传统民居571座、禾仓200余座，古老造纸作坊10个，其历史遗迹保存完好。地扪村历史遗存的不可再生性和稀缺性可以为旅游业等产业发展带来可观的经济价值。每年正月十一至十五举行的盛大的祭祖庆典，开展的拦路迎宾、合歌祭祖、踩堂唱歌、月堂坐夜等活动都是对侗族历史文化变迁的纪念。既是对农耕文明传承至今形成的侗族人民特有的优秀传统文化的呈现，也是侗族不同历史阶段发展的见证，还是侗族历史文脉的延续，具有可度量的经济价值。②

---

① 潘续丹．精准扶贫视野下传统村落开发的经济与文化价值融合研究[J]．农业经济，2019（10）：35-37．

② 笔者调研所得。

图 3-4　地扪村①

二是文化价值。李忠斌教授指出民族文化是形成与规范人的生产生活方式、思维方式、行为方式、价值观念的力量，而人的生产生活方式、思维方式、价值观念又决定了民族文化的生成、演进和创新。②我国民族村寨是丰富灿烂的物质文明和精神文明的载体，是民族历史变迁、劳动人民智慧、民族地域风情、文化艺术瑰宝的综合体，表现在区位特征、建筑格局、历史风貌和山水田园等空间形态与自然环境的整体性。民族村寨完整的价值，体现在具有较高的历史、文化、艺术、科学、经济、社会价值。民族村寨是少数民族的历史遗产、民族文化、技艺传承、民族记忆等文化内涵的综合表达，体现着民族劳动人民的生产生活的轨迹样态，具有深刻的历史价值、经济价值、空间价值、景观价值、社会价值，通过对这些价值进入民族村寨经济活动的度量构成新时代经济发展诉求和多种价值所表达的经济属性。村寨作为民族地区乡村发展的载体，本身也是最丰富的民族文化体，中华优秀传统文化价值最直观地展现在村寨发展的多种形态上，不论是有形的农业文化遗产还是无形的非物质文化遗产，均随着民族优秀传统文化的传承变化呈现不同的转换方式。村寨的文化价值起源于农耕文化，发展于乡土文化，传承于中华优秀传统文化。在民族经济活动中，对文化的产出价值进行计量，通过产出中的总效用和文化贡献率，可以度量民族优秀传统文化的经济价值。

增冲侗寨坐落在黔东南从江县往洞镇高山间的河谷坝子上，增冲侗语为"统变棉"，意味着增冲在九洞地区富甲一方，有"通扫地方的富足之地"之意，距今有600多年历史。增冲侗寨的文化选址以山水为依托，并按传统文化五行八卦的理论向四周布局，寨内水渠网络密布，充足的水源让增冲数百年未

---

① 笔者调研所得。
② 李忠斌. 民族文化经济价值度量及其实践意义[J]. 西南民族大学学报（人文社科版），2020, 41 (3): 28-37.

发生过火灾，还躲过了百年水患，可谓是侗族地区的一个奇迹。显性文化是它的有形农业文化遗产，主要代表有增冲鼓楼、清代花桥3座、古井2个、徽派马头墙窨子房4幢。墙内是干栏式木质吊脚楼，浓缩了九洞地区侗族优秀传统文化的精华。隐性文化指人的精神等非物质文化遗产，比如，侗族大歌、行歌坐月对歌、踩歌堂、侗戏、琵琶歌、侗族鼓楼习俗等侗族文化保留较为完整，一直在增冲侗寨传承和延续。增冲侗寨优秀传统文化融入其他资本要素如土地、生态、劳动力、技术等，可以在经济活动中实现资本要素应有的经济产出，来度量民族文化的经济价值。①

三是经济价值。经济学对经济价值的分析，其根本意义在于探索人类存在样式的更多可能性，就是对民族文化资本化的实践。② 在民族村寨经济发展场域受到"村寨"约束下的"最大化"。经济价值既有规范经济行为、经济方式的一种制约的力量，也具有自然性和社会性的双重属性，自然性和社会性构成经济价值实现过程的基础性要素。③ 经济价值实现过程是需要嵌合在资本中被赋予实在的或是意象的存在意义，丰富的民族资本要素使经济要素本身具有社会经济价值。社会经济价值常嵌合在优秀传统文化中表现出来，优秀传统文化加快了文化资源产业化、文化资本旅游化，多元的资本要素重构加快了民族村寨的经济结构优化。民族村寨的资本要素在村寨经济活动中实现其价值，且与村寨结构、文化模式相结合，在村寨经济活动结果中呈现。民族村寨的经济活动实现过程系统而复杂，包括物质、精神、制度三个层面的经济活动，是人与物的结合。

表3-1　2019年雷山县GDP构成④　　　　　　　　　　　　单位：万元

指标名称	2019年	同比增长（%）
地区生产总值	403717	10.3
农、林、牧、渔业	89052	5.6
工业	33503	9.4
建筑业	33392	2.6

---

① 笔者调研所得。
② 马翀炜，陈庆德. 民族文化资本化[M]. 北京：人民出版社，2004：135.
③ 马翀炜，陈庆德. 民族文化资本化[M]. 北京：人民出版社，2004：142.
④ 雷山县2019年国民经济和社会发展统计公报［EB/OL］. 雷山县人民政府网，2020-01-07.

续表

指标名称	2019年	同比增长（%）
批发和零售业	20327	5.7
交通运输、仓储和邮政业	10720	6.2
住宿和餐饮业	17402	8.8
金融业	17800	3.2
房地产业	13116	-4.7
营利性服务业	48731	13.9
非营利性服务业	119673	21.1
第一产业	85162	5.6
第二产业	66895	6.2
第三产业	251659	13.4

注：绝对值按现价，增长速度按可比价核算。

由雷山县2019年国民经济统计和社会发展统计公报获知（见表3-1），2019年雷山县经济总量快速增长。当地GDP为403717万元，较上一年度相比增长10.3%。第一产业国内生产总值为85162万元，较上一年同比增长5.6%；第二产业国内生产总值为66895万元，较上一年相比增长6.2%；第三产业国内生产总值为251659万元，较上一年度增长13.4%。三次产业结构比例为21.1∶16.6∶62.3，对经济增长的贡献率分别为12.1%、11.0%、76.9%。由雷山县全县GDP可知，第三产业增加值251659万元远远赶超第一、二产业增加值之和152057万元，占雷山县GDP总产值的一半以上。第三产业中食宿的综合营收为17402万元，营利性行业的营业收入为48731万元，非营利性营业收入为119673万元，说明雷山县经济收益以第三产业为主，第三产业收益主要来源于多个民族村寨的旅游产业发展。

根据雷山县西江千户苗寨村主任LS介绍，"西江千户苗寨由来如同其名字，不是由于宣传，而是合乎本意。2008年旅发大会的召开有了'天下西江'之名并蜚声中外。自旅发会以来，西江千户苗寨是所有苗寨里最成功、最红火的一个景区。荔波小七孔是用时间走过来的,西江千户苗寨是旅发大会成就的。西江千户苗寨没有规划好且规划不全面。2008年发展初期,雷山县的领导对西江旅游要求不高,每天限制500~1000位游客到西江千户苗寨旅游,当时西江只有10栋农家乐,其中7栋做宾馆,3栋做饮食,一天能带动500~1000个游客到这里来,景区就会有收入。但是没想到旅发会后每天的客流量达一万人,2017—2018年每天客流量35000~36000人(其中不包括有一些兄弟景区或者政府、单位来函组织的人,他们是免门票的;有些村民自发行为带入景区的游客没有统计进去),这只是西江千户苗寨景区门票系统的数据记录。如今,西江千户苗寨的经济价值已明显体现"[①]。

四是空间价值。空间价值要放在时间变化的场域里说明,需置于地理空间、美学空间、价值转换空间,用优秀传统文化价值来度量。

第一,地理空间作为优秀传统文化发展的重要区位空间,是民族村寨文化活动开展的重要场所。随着优秀传统文化活动的日新月异,地理空间内的村寨景观、人的思维观念都发生了不同程度的变化。表现在民族村寨原有地理空间意义的改变和优秀传统文化景观的变化;村寨人与自然的人地关系变化;村寨在城镇中的区位重要性变化,即在特定地理空间内村寨的空间价值。

黔东南地区民族村寨在产生、发展、演变过程中受自然、环境、人文等地理空间影响,形成了以喀斯特地貌为主的山地地形;复杂的地貌形态决定了民族村寨分布散,交通、信息闭塞,通达性较差的现状。

第二,美学空间是对现代消费需求的一种回应。经济学理论认为需求决定生产,社会消费端对美学需求的凸显改变了社会供给端对美学空间价值的创新与增值而产生的一种新型资本形态。[②] 民族村寨特有的民族特色和优秀传统文化从美学空间的角度充分展示了雅俗共赏的村寨文化价值,在美学空间中将文化价值变成"经济增量"。

比如,黔东南的侗族鼓楼立面重檐十几层、二十层不等,高度皆为奇数(见图3-5),鼓楼的顶为攒尖顶。在楼顶、楼角、瓴檐、横枋等每一考究处都雕刻有龙凤、麒麟、鸟兽花卉等图案,每一处都是侗族文化在美学空间的彰显,增值了民族村寨的空间价值及其经济价值。[③]

---

① 笔者调研所得。
② 邱晔.从资本到产业:美学经济价值链内涵结构与运行机制[J].学术探索,2020(11):92-101.
③ 笔者调研所得。

图 3-5　肇兴侗寨鼓楼①

第三，通过价值转换空间为生产力发展站台。价值转换空间把民族文化资本要素作为价值转换的核心，以人类一切行为的技术方式、社会方式和价值取向为基础，从行为转化为实践的过程。具体来说，民族村寨可以被看作是城镇化过去发展的缩影，或者乡村生活构建的憧憬。通过把民族村寨优秀传统文化资本要素蕴含的经济价值转换为文化产业的发展，把握乡村价值的变化规律及与城镇化进程的相互关系。② 对村寨民族文化资本的转化分别从物质文化、精神文化、制度文化三个层面出发。物质文化资本要素是价值转换空间的基础，通过把民族村寨存的物的层面的价值转换为文化产业化的经济发展要素；精神层面的民族文化资本的转化以人为核心，对物质文化资本要素的能动作用体现在人的创新思维对物质文化资本的引领和发展；制度层面是规范和把控物质文化资本与精神文化资本相互转换的科学范式。习近平总书记在安吉余村考察时提出"绿水青山就是金山银山"的两山理念，充分体现了生态文化资本与其经济价值的辩证关系，说明民族村寨的生态文化资本与经济发展不是非此即彼的"单选题"，而是一个硬币的正反面，是和谐共生共存的。通过两山的生态价值转换度量生态文化资本的价值，依据"两山理论"对"两山实践"的创新，通过价值转换空间实现生产力创新发展，对于村寨居民改变利用生态资源的方式大有裨益。

五是景观价值。景观价值体现在民族村寨是实存的、活态的，还体现在景观是人类劳动与智慧的产物，是民族优秀传统文化最直接的呈现。民族村寨的

---

①　笔者调研所得。
②　黄祖辉，马彦丽. 再论以城市化带动乡村振兴［J］. 农业经济问题，2020（9）：9-15.

保护利用一定伴随着"破坏性利用"和"利用性破坏"的反复循环过程，主要原因是建设者对保护利用的本末倒置，颠倒了"保护"与"利用"的优先级，唯回报和利润的觊觎；同时难以厘清景观风貌的生成时序和风貌自然演变内涵，在景观构建中难以把握景观建构特质。对民族村寨景观价值的分析有助于度量其优秀传统文化带来的经济价值，只有对景观价值直接受益者深入了解，才能真正评估景观的经济价值①，以利于对民族村寨规划中的成本—效益进行分析，降低保护性破坏的损失。对民族村寨景观价值构建、景观逻辑构建、景观风貌内涵的理解都应严格审视再进行利用，避免千篇一律的同质化式的景观审美疲劳。对景观价值的经济度量不仅是对多样化优秀传统文化缺失性的重拾和完整性的构建，而且把景观价值作为维系村寨民族特色，保护村寨景观不受破坏具有重要意义。

黔东南的堂安侗寨是中挪合作的唯一一座侗族生态博物馆，也是国际深厚友谊的象征。这里的鼓楼、花楼、花桥、戏台、石板小路等构成了原真性的民族生态文化景观。堂安侗寨为了发展旅游，大规模改造吊脚楼，违建砖三层木构穿斗式建筑的吊脚楼以建成多层砖混结构建筑的现象严重损坏了堂安侗寨古朴和谐的景观价值。堂安侗寨对民族村寨原生态进行的"开发性破坏"使我们更需深入思考如何能少改变村寨景观形态以适应不同时期的发展需求。从景观价值微观的角度探索民族村寨整体发展的转向，从客观的物质层面到技术层面的研究可以适当促进民族村寨景观的保护与更新，更多是对文化持有者就其优秀传统文化和精神意蕴的"文化自觉"意识的唤醒与强化。②

民族村寨的景观价值分为文化景观和精神意蕴景观。卡尔·索尔的文化景观概念认为"文化景观是由一个文化群体从自然景观中塑造出来的，文化是媒介，自然区域是媒介，文化景观是结果"③。卡尔·索尔对文化景观的生态分析和历史解释，强调了景观变化中的基本功能和民族特色，体现了景观价值的可见物质元素。这种可见的物质元素验证了后结构功能主义对于非均衡发展的解释，就是景观价值中的文化和精神内容都是植物、动物与人类之间互利共生的自然选择。村寨景观是自然空间与人文空间共同形成的人地关系等社会生活的景观价值特征，是文化持有者在社会生活中对优秀传统文化价值的直接展示。

---

① 段增辉，亢楠楠，王尔大.基于居民生活满意度的城市景观经济价值评价——以大连市为例[J].技术经济，2017，6（3）：114-121.
② 笔者调研所得。
③ SAUER C O. The Morphology of Landscape [M]. California：University of California Press, 1925：46.

村寨建筑就是村寨景观的直接呈现，比如说苗族木质吊脚楼、侗族鼓楼、花桥。①

六是社会价值。民族村寨的社会价值更多体现的是村寨的民族性。民族性强调了民族文化对于处在滞后发展状态的民族群体积极融入时代发展的重要性，是对民族精神的延续，在延续中通过改造自己生产生活方式的功能适应生存变化的群体。② 民族村寨依据改造自己生产生活方式的功能得到的现实经验和民族文明优势适应社会性存在和发展，对社会性存在和发展形成的多重关系中维系族群关系，规范成员的行为就是村寨社会价值的体现。社会性存在和发展的多重关系是在多民族文化碰撞和制度参与中展开的，隐含了民族发展的多样性特征。民族多元的优质文化资源，创造出新的文明形态，体现出它的社会价值。民族村寨的社会价值融入民族地区居民生产生活的日常，体现在民族优秀传统文化作为中介产生的文化资本带来的社会效益。村寨居民是民族文化的持有者，他们不自觉地对自己生产生活等功能的改造中获取的现实经验和对民族文化伴随社会发展的自觉适应转变为文化资本。地方政府依托文化资本带动第三产业发展，推动地方社会经济进步；企业将文化资本转化为产品经营，获取其最大价值。文化资本的经济价值让居民更好地适应社会生存，让众多参与主体在争夺社会生存空间的博弈中，加强了对文化资本的社会价值认同。社会价值是多重参与主体在文化资本的博弈中展开的，隐含了文化资本的归属问题。通过确立文化资本的所有者主体地位，实现文化自主发展的能力，才能更好地在文化自在传承中唤醒文化自觉，实现文化的自主地位。让优秀传统文化在理性选择中自主参与到民族地区居民的社会生活中，创造出新的文明形态，展现它的社会价值。

民族村寨体现了一个民族在社会发展中的完整缩影，是民族文化在历史发展中形成的民族特有的社会管理制度，苗族以"议榔"制度、侗族以"寨老"制度维系族群关系，规范成员行为，是民族社会管理制度的典型代表。苗族的"议榔"制度由榔头主持，榔头由苗族村寨内各寨（村）的寨老或者理老等推举产生，组织村寨内各村组组民商讨事情。议榔内容由会议设定，通过商议讨论在大会上通过并由榔头宣读生效。榔规对民族村寨具有极强的约束力，一经制定不得违背。"议榔"制度在管理苗族事物，规范苗族群众行为，维护民族团结方面体现出的制度约束力具有极强的社会价值。侗族"寨老"制度是为维持

---

① 笔者调研所得。
② 马翀炜，陈庆德. 民族文化资本化[M]. 北京：人民出版社，2004：138.

侗族传统村寨的民族秩序、解决村寨内群众的矛盾关系而建立的一种制度规范，具有民主、自治的特点，是社会发展的产物。议榔和寨老制度作为文化资本参与到产业新业态发展中，在为地方政府提升经济、为地方企业创造收益、为当地居民改变福利等方面呈现出优秀传统文化的社会价值。[①]

由此可见，民族村寨产物众多，为乡村提供应用资本若干。民族村寨价值甚富，人工亦廉，需发展产业产出产品，比如，可提供精神必需品和安适品，尤以民族生态产品颇具竞争力，无其他私人可与其竞争。民族村寨价值重在遗存完好，不宜兴建过剩，否则会降低其价值，这是生计学定律。乡村振兴重在对民族村寨原有价值的利用而不是开展大规模生产。民族村寨与乡村振兴二者互助而获利皆胜村寨新建而获利，二者相互为用的价值更为丰厚。

民族村寨是丰富灿烂的物质文明和精神文明的积累，是民族历史变迁、劳动人民智慧、民族地域风情、文化艺术瑰宝的综合体，表现在区位特征、建筑格局、历史风貌和山水田园等空间形态与自然环境的整体性。民族村寨完整的价值，体现在具有较高的历史、文化、艺术、科学、经济、社会价值。民族村寨是少数民族的历史遗产、民族文化、技艺传承、民族记忆的综合表达，体现着民族劳动人民的生产生活的轨迹样态，具有深刻的历史价值、文化价值、经济价值、空间价值、景观价值、社会价值，通过对这些价值进入民族村寨经济活动的度量构成新时代经济发展诉求和多种价值所表达的经济属性。

（二）"村寨镇化"需要满足的前提条件

不是所有的民族村寨都可以通过功能提升实现镇化功能，民族村寨镇化功能的实现应具备以下基本条件：地理区位优势、历史文化优势、资源禀赋优势、产业发展优势、空间布局优势等。满足以上条件的民族村寨才可能通过功能提升实现镇化功能。

1. 地理区位优势

一是选取地理位置明显，区位优势突出，交通布局完善和现状基础较好的民族村寨。地理区位优势兼具文化、物质、生态等多元文化，是对民族文化的多样性和包容性的集中呈现，有利于优秀传统文化多元化发展，便于文化资本在产业和空间上的规模扩张。[②] 具有交通便捷且通达性好的特点，其交通条件便于人力、财力、物力的聚集，且位置相对集中，较易在人地关联中强化区域辐

[①] 笔者调研所得。
[②] 张京祥，申明锐，赵晨. 乡村复兴：生产主义和后生产主义下的中国乡村转型[J]. 国际城市规划，2014，29（5）：1-7.

射带动粘连度提升村寨功能，实现村寨镇化活力。二是由多个自然村寨组成且具有适度规模。具有吸纳周边村寨转移人口的能力，有利于民族村寨实现规模化聚集效应并就近转化的区位辐射优势。三是选取的民族村寨地域特色鲜明。这是由民族村寨所在的区位环境呈现的多样性优秀传统文化决定的。通过充分挖掘特定区位的优秀传统文化，利用地缘优势和自然生态资源条件，将高效农林业、休闲旅游业等产业新业态结合，对文化进行创新性转化与表达，实现民族村寨特色化发展。四是选取位于国界跨国通道的边境口岸。它是国与国往来的门户交点，有利于形成民族村寨人流、物流的聚集区域，依据区位优势便于形成以经济功能为主的边贸型村寨，或者以国防功能为主的军事型村寨。

位于利川市西北部谋道镇药材村的苏马荡（见图3-6），作为一个土家文化村寨，地处鄂渝两省交界。苏马荡平均海拔1500米，盛夏月平均气温22度，得天独厚的气候资源、宜人的生态环境、便捷的交通条件等区位优势明显。由于区位优势，吸引和聚集了大量重庆、万州的游客来此游玩和定居；聚集大量外来资本投入此地的旅游地产开发，其中招商引资企业39家，建设楼盘项目66个；政府用于一切公共营造和公共之用的投入资金包括社会资金累计达30亿元。苏马荡由原来的一个100多人的村寨发展为20多万人的特色小镇，成为国家生态旅游示范区。"苏马荡模式"带动了农业、商业和相关服务业的发展，宾馆服务、物业管理、保安等行业为当地提供了大量就业岗位，带动周边3万多村民就地就业。2016年年底，镇内两家银行存款余额达到9.6亿元，人均存款达到1.4万元，苏马荡区域户均存款74.3万元。"苏马荡模式"是村寨实现镇化功能的成功典范，它是以气候条件为特征的休闲文化带动发展起来的，通过休闲文化功能带动"苏马荡模式"的发展，借助区位优势辐射带动周边村寨的人就地就业。苏马荡由原来100多人的村寨成为现在一个便捷、舒适、幸福的康养胜地，一个宜居、宜游、宜养的康养小镇，其发展已经完全达到一个城镇的规模，它的经济、政治、文化生态功能都发挥了作用，这就是典型的村寨镇化模式。①

---

① 资料来源：苏马荡生态旅游示范区建设情况介绍。

图 3-6　苏马荡①

如果地理区位处于劣势的民族村寨受区位条件限制为当地发展带来贫困性束缚②，那么只能以易地扶贫搬迁方式寻求发展出路。

比如，阿土列尔村，村寨坐落在悬崖峭壁之巅，全村有 117 户村民，共 688 人，村寨距今有 200 多年历史。村民出行有三条通道，都需要攀爬 800 米的悬崖才能出入，遇到下雪其中两条道路异常艰险，仅剩一条满是风化的碎石路可以通行。村民出行只能通过牵引捡漏的藤条、钢索上下悬崖村。当地村民登顶需用时 1 小时左右，外来游客则需 3 小时之久。悬崖村村民主要以玉米、土豆为生。悬崖村海拔较高，山上极度缺水，居住环境恶劣，直到 2016 年才通了网络。悬崖村目前建起了高约 1000 级的钢架搭的钢梯竣工，现阶段正在解决应急钢梯的安全问题。它的地理区位既限制了当地的发展，为当地村民带来多年生活的艰辛；同时它的溶洞、峡谷、温泉等天然生态资源为原本的余地黄土带来新的发展生机。2020 年 5 月，"悬崖村"村民通过易地扶贫搬迁全部搬进位于县城的集中安置点，成为易地扶贫搬迁的受益群体。只有解决好入村的道路问题，才能真正解决阿土列尔村这个彝族村寨的发展问题。③

黔东南苗族侗族自治州的城镇体系规划中，以州府凯里市为核心，县域中心城镇有 9 个，主要是各县的县城；小城镇有 39 个，主要为发展基础较好、优势条件明显的中心镇；一般镇 66 个。民族村寨的选取要相连这些中心镇或者一

---

① 笔者调研所得。
② 张丽君，董益铭，韩石．西部民族地区空间贫困陷阱分析[J]．民族研究，2015（1）：25-35，124.
③ 四川昭觉："悬崖村"全村 84 户建档立卡贫困户搬迁基本完成［EB/OL］．央视网，2020-05-15.

般镇,实现镇化功能对接。

黔东南黄岗侗寨（见图3-7）交通区位条件较差,只能自行驱车前往,从黔东南州府凯里出发到达目的地需3小时车程。区位条件较差、对外交通不便是限制黄岗侗寨发展的主要原因。自驾车沿途必经双江乡政府才能进入黄岗侗寨,这段路是蜿蜒崎岖的泥土路,遇到极端天气塌方事故频发,较易发生危险。这种区位条件不利于黄岗侗寨社会经济的发展,应先完善主要道路沿线交通。黄岗侗寨除了交通条件不便利,它的自然生态、优秀传统文化等侗族资源保存完好,具有非常高的开发价值。根据黄岗侗寨区位特征,开通公路铁路沿线等交通枢纽,突出地理区位优势,才容易形成人流、物流、信息流的聚集。①

图3-7　黄岗侗寨全貌、路况现状②

2. 历史文化优势

一是选取历史久远、拥有丰富传统文化遗存的民族村寨。它具有空间规划优势,凭借悠久的历史文化有利于推动和服务村寨镇化功能的提升。二是村寨拥有民族地区的优势特色资源,以其丰富的资源存量为依托,具备较难复制的优秀传统文化优势,可以较大程度凸显民族村寨价值,有利于村寨资本优化配置,实现文化资本运作,促进村寨经济发展。③三是民族村寨要以优秀传统文化为主体,兼具经济、社会、生态等多元价值。④基于优秀传统文化多元化特征,能较好避免村寨同质化发展,通过文化功能提升优化民族村寨空间布局,培育村寨空间资本化规模,不仅有助于增强当地优秀传统文化吸引力,而且增强了

---

① 笔者调研所得。
② 笔者调研所得。
③ 彭积春.民族文化资本化推动下少数民族村寨经济发展的路径研究[J].贵州民族研究,2018,39（7）：149-152.
④ 李忠斌,陈小俊.特色村寨文化产业业态创新与乡村振兴：价值、机制与路径[J].南宁师范大学学报（哲学社会科学版）,2020,41（2）：46-53.

文化所有者对自身文化的认同，在文化自觉中树立文化自信有利于优秀传统文化的代际传承。

3. 资源禀赋优势

一是选取自然、生态资源丰富，禀赋优质的民族村寨。这样的优势有利于民族村寨形成山水观光、民宿体验、休闲度假等多业态产业。二是选择产业优势明显的民族村寨。民族风格独具特色且具百年传统工艺传承的民族村寨具备发展特色文化产业的优势。民族村寨优势特色资源在产业化发展中聚集和重组，有助于塑造"非农化"的镇化路径。三是选取年代久远的老字号品牌民族村寨。通过品牌效应打造多元的优秀传统文化产品和服务扩大村寨知名度，带动民族村寨快速崛起并形成规模和优势拓展村寨空间，投入较少的资金提供较多的就业机会，加速人口集聚与产业结构协调发展，唤醒镇化活力，实现居民就地就业。

我国民族地区村寨的存续发展依靠发掘自身的资源禀赋，突出优秀传统文化特色实现文化产业化发展，在传统农业基础上转型升级。有的民族村寨优秀农业文化内涵深厚，适合将农村资源和生态优势结合发展高附加值特色种植业。有的民族村寨具有丰富的优秀传统文化，其人文景观、自然风光、文物古迹等优势资源对于开发旅游主导型的文化产业优势明显，比如，白族新华村、西江千户苗寨。有的民族村寨具有丰富的农业文化遗产和非物质文化遗产，通过发展与之配套的文化产业实现资源优势向经济优势的转变，借此呈现优秀传统文化充沛的当代价值并实现其经济价值。

4. 空间布局优势

一是选取交通通达性好的民族村寨。位于交通要道，陆路、水路的节点区域，有较好的交通设施基础，随着铁路、公路的延伸较易改变原有人口分布和聚居格局，便于形成人、财、物交汇的集贸型村寨。[①] 二是选取地缘条件优的民族村寨。与其他自然村寨、城镇化空间布局合理，有利于提高城镇化对民族村寨、民族村寨对自然村寨的聚集和辐射能力[②]，便于民族村寨规模扩展与空间拓展，通过镇化功能构建三者不同功能的协同发展。三是选取市场基础好的民族村寨。选取乡村优势特色资源在空间均衡布局且资源富含量较高的村寨，利用原有资源和外来资本进行资本再生产的过程。而此过程在某种程度受人口、产

[①] 罗淳，潘启云. 论边疆民族地区小城镇建设的特点、模式与路径[J]. 中央民族大学学报（哲学社会科学版），2011，38（3）：18-23.

[②] 王生荣，李巍，王录仓. 人地关系视角下的少数民族生态脆弱区城镇化问题研究——以甘南藏族自治州为例[J]. 农业现代化研究，2013，34（3）：333-337.

业、资源要素在村寨空间聚集产生的经济活动影响，聚集程度越高越有利于聚集经济的形成①，防止镇化后无助经济发展的问题产生。四是选取基础设施建设和公共服务设施建设较完备的民族村寨。完善的基础设施有利于民族村寨发挥聚集效应，吸引周边地区人口向此聚集并能提供较好的宜居条件，继而强化"人的城镇化"的实现，比如，学校、集镇等。

滇西南地区的民族村寨受历代交通因素影响，一直是西南地区重要的交通枢纽和对外交通出口。② 比如，曲靖宣威市可渡村是历史上重要的交通枢纽，"可渡关驿道"是云南迄今最完整的古驿道，曾是宣威的经济、文化中心。再如，处于农副产品集散市场的核心位置，具有承载较大人流、物流能力的商贸服务型民族村寨，比如，铜仁市梵净山区域内的民族村寨曾为军屯之地，后来发展为重要的商贸集散区域。③

由此可见，不是所有的民族村寨都可以镇化，每个村寨都镇化是没有意义的。每个民族村寨都镇化既是对大量人力、物力、财力投入的浪费，也是不现实的。因此要严格把控村寨镇化的选取条件，围绕前提条件选择适合镇化的民族村寨。那么，可能在尚存的众多民族村寨里面，符合镇化条件的村寨也只占极小部分。

（三）"村寨镇化"怎么实现

镇化是城镇的基本发展功能，城镇化依托镇化功能而实现。镇化就是实现人、财、物的聚集和流通。镇化本质是功能提升，由于镇化优势功能不同会形成经济、政治、文化等不同功能的镇化类型。现有的民族村寨不具备现代化发展功能，但是我们要通过"化"的过程实现它的非农化、现代化的镇化功能。

首先，村寨镇化的实现需要依靠产业发展贯穿镇化各功能。一方面，村寨镇化就是镇化功能的实现。在镇化过程中实现"产""寨"融合是构建村寨镇化的主要方式。镇化功能实现是"产""寨"相互作用的过程。"寨"通过产业功能发展吸引高质量劳动力聚集，"产"通过劳动力聚集实现"寨"的发展功能，最终实现"产寨融合"发展。通过生产要素聚集、分工、协作创新产业发展业态，通过"产业+文化""产业+生态""产业+旅游"等"产业+"等多业态组合，探索凸显优秀传统文化特色的村寨镇化"产寨融合"道路。在"产寨

---

① 魏后凯．对产业集群与竞争力关系的考察[J]．经济管理，2003（6）：4-11．
② 陈蕊，刘扬．历代交通因素对滇西南传统村落形成与发展的影响研究[J]．西南林业大学学报（社会科学），2020，4（5）：103-110．
③ 张忠训，杨庆媛，王立，等．少数民族地区传统村落交通可达性分析——以贵州省铜仁市为例[J]．资源科学，2018，40（11）：2296-2306．

融合"中实现人、财、物的聚集和流通，充分利用资金、信息、技术等资源要素，让资源要素围绕人的发展诉求配套村寨不同功能发展，让村寨实现经济、文化、生态等多重现代化城镇功能。另一方面，村寨镇化就是镇化功能的提升。村寨镇化需要通过产业功能提升实现镇化发展。在产业功能提升中吸纳和聚集周边劳动力到村寨就业，吸引外面的人参与村寨镇化的产业发展，充分激发镇化活力，这样的活态发展过程才能让民族村寨实现现代化转型发展，体现了活力、辐射、带动的镇化发展过程。

产业发展对村寨镇化的辐射带动效应从"温州模式"的成功中可以略见一二。"温州模式"多种所有制经济得益于产业的发展，在产业发展中实现人、财、物的聚集。"温州模式"以商业为主的产业发展是通过多种商业种类的聚集、各种经商人才的聚集实现的。这个过程将商业资本转化为产业资本，其中商业资本积累过程也是各类生产要素的聚集过程，同时融入了技术要素的支撑，在由市场代替政府、企业代替市场的自下而上改革发展中，必须依托城镇化推动[1]，是镇化功能最成功的范式。"温州模式"的成功在于通过城镇对乡村要素市场的培育，实现城乡资本要素的对接与整合，重构城乡基层治理体系的改革探索。[2]

其次，城镇里面的人实际上有就业、有产业、有生活、有文化，城镇是政治、经济、文化、商贸、物流、信息流的综合集散中心[3]，表明镇化的经济、政治、文化等功能是发生了作用的。同样，民族村寨通过"镇化"过程实现资源要素双向聚集和内外流通，形成多种能流、物流并实现村寨功能提升，村寨在功能提升中形成融文化、资本、产业、交通、物流、商贸、居住、消费、就业等各种信息流为一体的综合集散中心，实现镇化功能。民族村寨在"化"的过程中通过功能提升实现村寨的非农化过程，同时与城镇的现代发展功能对接，在此过程中获得部分城镇功能实现村寨功能提升，形成村寨的现代城镇功能。

最后，村寨镇化是村寨与周边地区的共生发展，彼此相资为用，互助以成。如果在实际发展中只考虑镇化村寨发展而忽略周边地区发展，只考虑镇化村寨的经济收益忽视周边地区的经济收益，其结果只会让镇化后的村寨孤立自大，

---

[1] 金祥荣.多种制度变迁方式并存和渐进转换的改革道路——"温州模式"及浙江改革经验[J].浙江大学学报（人文社会科学版），2000（4）：138.

[2] 吴理财，杨桓.城镇化时代城乡基层治理体系重建——温州模式及其意义[J].华中师范大学学报（人文社会科学版），2012，51（6）：10-16.

[3] 曹昌智，姜学东，吴春，等.黔东南州传统村落保护发展战略规划研究[M].北京：中国建筑工业出版社，2017：32.

不能取它之长、补己之短，缺乏外部力量的支撑，缺乏对镇化功能的支撑。为此，要同步推进镇化村寨与周边地区的协同发展，吸引周边地区大量资本要素向镇化村寨聚集，同时辐射带动周边地区发展；周边地区形成的回波效应，再将能量回馈给镇化村寨，统筹推动乡村协同发展。这个过程也是镇化功能提升和扩展的过程，可以看作是镇化村寨与周边地区合乎彼此需要的相互协作，形成以村寨镇化为中心的功能圈。

三、"村寨镇化"实践作为

（一）产业兴村的实践效果

西江千户苗寨自2008年开始发展旅游，旅游综合收入涵盖了西江千户苗寨所有的投入、产出开支，是西江千户苗寨的全部经济收入。因此，将旅游综合收入计入当地GDP是合理的。2008年旅发会之后西江千户苗寨开始探索如何围绕村民的切身利益共享西江千户苗寨旅游产业发展带来的经济成果。历时三年之久在全村征求意见、研究讨论，直到2011年借助旅游产业的创收通道景区门票收益开展计划式分配体制，抽取门票收益的18%作为西江千户苗寨旅游产业发展的村民共享收益，以民族文化保护费的名义均等发放给村民。所以，2008—2010年无门票收益统计，而西江千户苗寨将景区门票收益全部用于西江千户苗寨发展，且可以作为西江千户苗寨旅游产业净收入，纳入旅游产业发展指标。

1. 数据选取与数据处理

（1）指标选取

本书把西江千户苗寨作为研究样本，通过分析整理2008年至2019年西江千户苗寨的国民经济和社会发展统计公报等相关数据，选取相应的指标。旅游产业作为该地区的支柱产业，因此，选取西江千户苗寨生产总值作为经济发展的重要指标，用GDP表示；选取西江千户苗寨门票收入作为旅游产业发展指标，用Y表示。

（2）数据处理

考虑在统计年鉴中选取的历年乡村生产总值收入以及名义GDP数据会受到价格的影响，因此，本书通过以下方法剔除了价格变动对该类数据的影响，从而得到旅游业和经济发展的真实水平。具体而言，本书采用了西江千户苗寨2011至2019年的消费价格指数CPI得到实际的乡村生产总收入。此外，本书还利用西江千户苗寨2011至2019年的GDP缩减指数GDPI计算得出了实际的地区生产总值。在计算过程中，本书以2011年为基准，随后将历年生产总值、名义GDP、CPI，以及GDPI代入下列公式：实际GDP=名义GDP/GDPI，实际Y=名义Y/CPI。由于数据中可能存在异方差，本书依据陈学红[①]（2020）的研究对实际GDP和实际乡村生产总值的数据做对数处理，处理后的实际GDP用LnGDP表示，而处理后的实际乡村旅游收入用LnY表示。DLnGDP、DLnY表示一阶差分，D2LnGDP、D2LnY表示二阶差分。

2. 实证分析过程

（1）平稳性检验

本书的实证分析过程均使用Eviews7.2计量软件进行分析。首先，在进行协整检验前，本书先对对数处理后的实际GDP和实际乡村旅游收入，即lnGDP和lnY进行ADF检验，结果如表3-2所示：

表3-2 单位根检验结果

变量	检验类型（CTL）	ADF检验	1%临界值	5%临界值	10%临界值	P值
LnY	(c, t, 1)	-2.726011	-4.582648	-3.320969	-2.801384	0.1107
lnGDP	(c, t, 0)	-3.491918	-4.582648	-3.320969	-2.801384	0.0400
DlnY	(c, 0, 2)	0.340506	-5.119808	-3.519595	-2.898418	0.9549
DlnGDP	(c, 0, 0)	-1.801130	-4.803492	-3.403313	-2.841819	0.3511
DDlnY	(c, 1, 1)	-3.261901	-5.604618	-3.694851	-2.982813	0.0755
DDlnGDP	(c, 1, 1)	-3.949831	-5.119808	-3.519595	-2.898418	0.0317

（2）协整检验

在上述平稳性检验中，LnT和LnGDP均为1阶单整序列。因此，用EG两步法进行检验。首先，建立西江千户苗寨旅游收入和西江千户苗寨生产总值的回归方程，其中将DDLnGDP作为回归方程的因变量，DDLnT为回归方程的自变量。其次，本书依据以往文献[②]，采用最小二乘法，对回归方程中的残差项进行单位

[①] 陈学红.肃南县乡村旅游业发展与经济增长关系实证研究[J].农村经济与科技，2020，31（10）：71-72.

[②] 王琴梅，方妮.乡村生态旅游促进新型城镇化的实证分析——以西安市长安区为例[J].旅游学刊，2017，32（1）：77-88.

根检验。

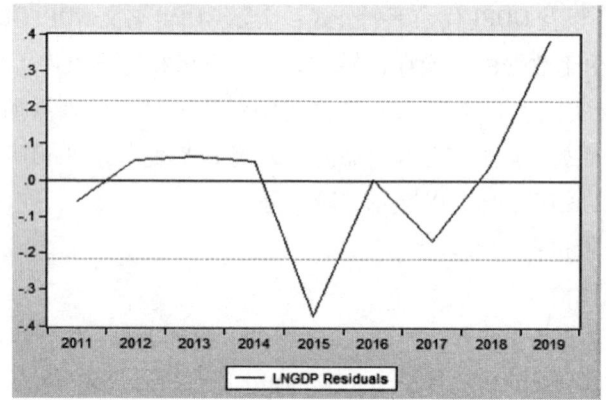

图 3-8 LnGDP 单位根检验

通过分析得到以下协整回归方程：
LNGDP = 1.51187485376 * LNY + 3.29210361382 + et

由上述回归方程可以看出，随着 LnY 每增长 1%，LnGDP 增长 1.51%，其中 LnY 代表西江千户苗寨旅游产业收入，LnGDP 代表西江千户苗寨生产总值。该结果表明，西江千户苗寨旅游业的发展能极大地推动当地经济的发展。本书进一步对残差进行 ADF 检验，结果表明，在 5% 的显著水平下，在 DDLnT 和 DDLnGDP 之间存在长期的协整关系。

（3）Granger 因果检验

表 3-3 格兰杰因果检验

Null Hypothesis	Obs	F-Stastic	prob
LNY does not Granger Cause LNGDP	7	1.19307	0.04560
LNGDP does not Granger Cause LNY	7	1.37924	0.04203

为了探究所选择变量 LnGDP 和 LnY 之间的因果关系，本书采用 Granger 因果检验对这两个变量进行因果检验。从 Granger 因果检验的结果可以得出 LnGDP 为 LnY 的格兰杰原因，即西江千户苗寨旅游业的发展能进一步推进国民经济的增长。此外，LnY 为 LnGDP 的格兰杰原因，即国民经济的增长能推进当地旅游业的发展。换句话而言，两者互为格兰杰原因，即二者相互促进。

(4) 结论

基于西江千户苗寨 2011 年至 2019 年的乡村旅游产业和国民经济统计数据，本书探讨了西江千户苗寨旅游产业和国民经济发展之间的关系。通过对数据进行处理，采用平稳性检验、协整检验以及 Granger 因果检验等实证研究方法，本书可以得出以下三点结论。

第一，从回归方程结果可知，西江千户苗寨的生产总值会随着当地旅游收入的增加而增长。具体而言，当西江千户苗寨旅游收入每增长 1% 时，当地的生产总值会增长 1.51%。

第二，通过对残差进行协整检验，本研究发现在 5% 的显著水平下，实际 GDP 的对数即 LnGDP 和实际乡村旅游总收入的对数即 LnY，两者之间存在着长期的协整关系。

第三，通过 Granger 因果检验，本研究发现，西江千户苗寨旅游产业是经济发展的格兰杰原因，即随着西江千户苗寨旅游产业的发展，当地的经济也会得到发展。同时，经济发展是西江千户苗寨旅游产业的格兰杰原因，即西江千户苗寨经济的发展能够促进当地旅游产业的发展。换句话说，两者互为格兰杰原因，互相促进。

(二) 民族村寨功能发展现状

民族村寨功能提升是现代化发展较直接之途径。因此，我们要站在中华民族伟大复兴的高度重视民族村寨功能提升的重要性，深入分析民族村寨功能的发展态势，和目前在城镇化与乡村振兴战略的关照下，对民族村寨保护和利用的主要内容。只有研究清楚上述问题，才能了解民族村寨功能提升的"实践作为"路径如何构建。

西江千户苗寨距今 1790 多年历史，其历史悠久，内涵深厚。苗寨一年四季节日众多。十三年一次的苗族"鼓藏节"是苗族人民怀念先人艰辛创业的古老节日，活动内容多且仪式复杂，是苗族最隆重的节日；"吃新节"在撒谷种至插秧 50 天后第一个"卯"日举行，寓意丰收在望；金秋时节谷物收割完毕，开始一年一度的"苗年节"，"小年""大年""尾巴年"是苗年节的主要内容，从农历十月上旬延续至十一月上旬。苗族节日构成苗寨历史文化的多样性和独特性，反映苗寨从农耕文明伊始对农耕文化的传承和乡村社会文明的延续。在资源禀赋上，丰富的苗族优势特色资源让它拥有非遗之冠、银饰之都、木质吊脚楼之最、生态福地等多样态民族资源。在空间布局上，西江千户苗寨地处雷山县西江镇，接壤七个镇，相邻 15 个村。其中，乌高、控拜、麻料等"银匠村"是苗寨银饰的主要来源，有利于产业聚集功能的实现。①

一是政治功能。民族村寨功能提升以村寨现实发展条件为基础，在村寨产业现状、生态文化、空间布局、政策投入、地方治理基础上，初见政治功能成效。民族地区的村规民约由族群共同制定，相当于法律契约，具有较强的约束力，只要纳入村规民约条例，不同年龄的族人都要自觉遵守，是民族村寨政治功能的部分彰显。

西江千户苗寨园区（西江镇）综合执法局副局长 LAR 说："2008 年之前苗寨没有开发，2009 年苗寨搞过一次规划，这次规划是设计院做的。规划只是明确了标准，确定了选址和建筑用途，超出了这个规划的建设活动是不被允许的。后面对 2009 年规划修改过一次，也没有说修改到哪一步，改到哪种程度。规划对苗寨景区什么时候作为建设期，什么时候作为旅游接待期不进行建设活动都有明确规定。比如，5—10 月是苗寨景区旺季，不能开展大批量的建设工作；11 月至次年 4 月是苗寨淡季，可以施工建设。因为资金、人力、物力有限，西江千户苗寨所有的地方不可能同步开发。"②

西江千户苗寨因为 2008 年旅发会政策红利带来的发展机遇有了现在的发展规模。政府于 2009 年开始对西江千户苗寨进行总体规划，其间调整过一次规划内容。但西江千户苗寨相关管理部门不太清楚规划的具体内容及调整后的方案，也不明确苗寨未开发的地方是否被纳入规划。西江千户苗寨的某些政治功能未得到充分发挥，主体参与者的参与度不够高，村民作为参与主体没有充分参与到苗寨的建设发展中。据了解，乡村振兴阶段西江千户苗寨如何规划、如何发展的问题要等新上任的西江镇领导的批示。政府的规划及政策引导等功能可以在短期内有效推动西江千户苗寨物质空间结构的显著改变。③

二是社会功能。20 世纪 80 年代西江千户苗寨村民生活很艰苦，农业生产是当地村民主要谋生方式，当时旅游产业还没有发展起来。

从西江千户苗寨村民小 S 处了解到，"80 年代，西江千户苗寨的村民还

---

① 笔者调研所得。
② 笔者调研所得。
③ 王红扬. 村庄环境整治的意义与建构中国特色新型人居环境系统的江苏实践[J]. 江苏建设，2012（3）：38-56.

在点煤油灯，没有硬化的山间土路，仅有一条通往县城的沙石路，几部大巴车往返于苗寨到雷山县城与凯里之间；简陋的吊脚楼、木条搭建的茅厕、垃圾随处可见；间接性停水，经常性停电，最长时候有20天左右没电。这是苗寨旅游产业开发以前的真实写照"①。

第三届旅发会之前，西江千户苗寨的旅游产业发展简单概括为2002年至2005年每年举办苗年系列活动，2013年西江景区荣升为4A级景区。在第三届旅发会后，为大力改善西江和雷山县的基础设施建设，西江千户苗寨在2008年获得国家第一批2.7亿元的资金投入②，分别对西江千户苗寨产业路灯光、排污、绿化、停车场等进行了改造，西江千户苗寨基础设施建设和公共服务水平明显提高。近几年苗寨的投资情况：2016年3382.23万元，2017年7888.14万元，2018年9099.66万元，2019年856万元。③ 此后，诸多专家学者、志愿者等开始关注和重视西江千户苗寨的发展；大量从事旅游产业经营的企业家、商人进入西江千户苗寨投资，并成为重要的外部经营群体。经过十年旅游产业大发展，苗寨已成功从原来封闭的民族村寨变身为民族村寨里的明珠，其品牌价值保守估计在400亿元以上。④ 2019年，西江千户苗寨旅游综合收益突破74.5亿元，是2008年的73倍，从（图3-9）中可以看出"西江千户苗寨"以村寨命名的品牌极具地方品牌价值。

西江千户苗寨的持续发展能力来自旅游产业带动下村寨资源要素从聚集到重组的过程。随着旅游产业的开发，当地村民大规模的社会接触与交往实现了苗寨的社会功能。苗寨的文化变迁引起人口结构和产业结构变化，重置了苗寨的社会功能。苗寨从以传统农业为主的单一生产型空间，逐渐转变为集民族空间、景观空间、聚落空间、文化空间、传统工艺空间等多功能于一身的消费型社会空间。

---

① 笔者调研所得。
② 罗永常. 合理增权、有效参与与利益协调——基于多理论场域的民族村寨旅游发展再思考[J]. 贵州民族研究，2020，41（8）：87-92.
③ 数据来自西江镇文旅局。
④ 李天翼. 西江模式：西江千户苗寨景区十年发展报告（2008—2018）[M]. 北京：社会科学文献出版社，2018：31.

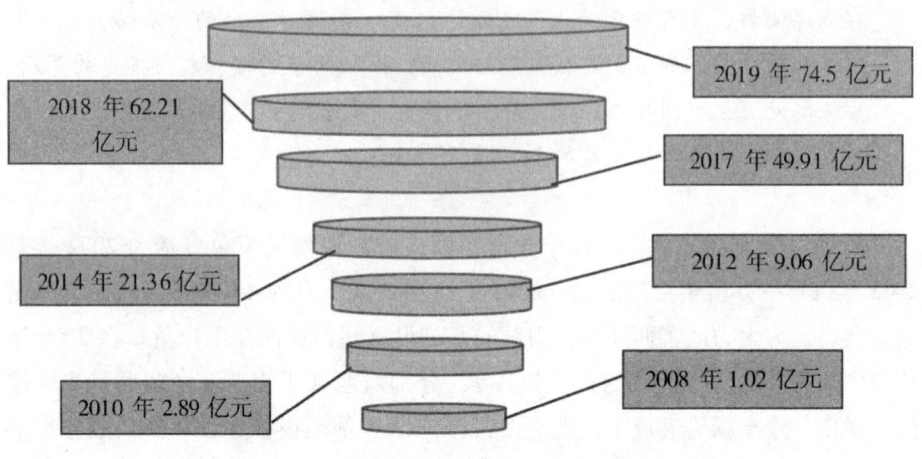

图 3-9　2008—2019 年西江千户苗寨品牌旅游综合收入

LS 主任介绍:"西江千户苗寨在旅游产业开发初期未提前规划好交通基础设施主干道,给村民和游客带来了诸多不便。由于停车场离苗寨较远,且在规定时段内苗寨内部道路禁止除观光车以外的车辆通行,村民日常出行变得不便利。自驾游的游客进寨停车不方便,从停车场进入苗寨寨门需要走一大段路再换乘苗寨的观光车才能到达,这无疑降低了游客的旅游体验。"①

西江千户苗寨东引村书记 SJF 说:"西江千户苗寨的交通设施较不完善,连接梯田和东引、羊排村的环城路未修建,使得梯田这一独特的旅游资源难以得到充分开发。环城公路的修建涉及拆村民的老房子,村民对老房子有着深厚的感情和归属感,在拆迁过程中,村民可能会对补偿标准、安置方式提出较高要求,这可能会导致矛盾的产生。"②

交通不便利及其引发的一系列问题对居民生活产生了诸多影响,严重制约了西江千户苗寨的发展。由于交通不便,货物运输难度加大,可能会造成流通成本较高;基础设施不完善,难以满足城镇商品的供应需求,同时乡村的特色产品也不能及时供应到城镇市场;供需关系失衡还将导致商品价格波动较大,影响市场的稳定发展。民族村寨流通功能不通畅,物流基础设施匮乏,产生了

---

① 笔者调研所得。
② 笔者调研所得。

物流功能发展滞后和物流效率低下的问题，比如，流通成本过高使得商品价格上涨，影响了商品的销售和流通，使农产品难以打开销路。①民族村寨物流功能提升不仅可以促进乡村经济结构升级，还可以改变资本要素的单向流通方式，实现城乡要素双向流通，全面促进乡村消费升级。

三是经济功能。经济发展主要依靠产业带动。经济功能的实现需要民族村寨完成从脱嵌到再嵌的转变，而这一转变需要依靠产业发展来推动。只有产业振兴才能带动经济发展。产业是活性的，能够高效地整合和聚集村寨的生产要素，生产要素的高效聚集能为经济功能的实现提供强大的势能。现实中，以旅游产业实现多业态叠加发展的确是一种有效的方式，可以为民族村寨的生产空间和生活空间聚集资源，进而通过产业驱动带动经济发展。

西江旅游发展公司对靠近商业街的自然寨率先开发，与西江景区管理局一起征收村民土地，将村民所有房屋以入股形式参与到政府相关项目中，村民可获得奖励性收益。奖励性收益是西江千户苗寨政府按每年游客收益的18%分红给西江千户苗寨1478户村民。除了奖励性收益，就业性收益和经营性收益也对村民产生了重要影响。就业性收益是旅游产业发展所需就业岗位全部招用西江千户苗寨或是周边村寨村民，西江千户苗寨村民也逐渐参与到苗寨旅游活动中，如歌舞演艺、餐饮住宿、管理服务等。经营性收益是开办苗味餐饮、民宿、苗族服饰出租照相、出售苗族银饰等旅游工艺品和经营公益性摊位等。2019年统计的公益性摊位344家，其中小吃街110家，大北门30家，世博林106家，工艺品48家，观景台50家。截至2019年景区内参与旅游经营的业主有1077户，部分介入旅游产业较早的村民依靠贷款或是储蓄资金经营"苗家民宿"，全寨宾馆、酒店、农家乐从2014年的246家发展至2019年的650家。就业岗位从2014年的1500个增长到2019年的3678个，单2019年西江景区为当地村民提供就业岗位800多个，其中40%的就业岗位辐射到苗寨周边村寨，甚至扩展到周边县市，吸纳周边村寨就业人数达5000余人。西江千户苗寨逐渐从以"农业生产"为主的第一产业向以"休闲农业"为主的第三产业转变，旅游产业成为西江千户苗寨的主导产业。②西江千户苗寨客流量在2008年旅发会之前增长速度较缓，2000年仅有0.76万人在西江千户苗寨参观游览，较上一年度增长5个百分点；实现收益0.0017亿元，较上一年度盈利增长率提升了15%。从2001年到2007

---

① 侯冠平.我国城乡经济不平衡发展问题探析——兼论物流业与三大产业的不平衡发展关系[M].北京：经济管理出版社，2018：56-98.

② 数据来自西江镇政府工作报告。

年，七年时间客流量增长到11.5万人，较上一年度增长6个百分点；实现收益总额0.0576亿元，较上一年盈利增长率提升了5.9%。2008年旅发会召开以后，西江千户苗寨客流游览量猛增到77.73万人次。到2019年游客的景区容量累计达827.93万人次，较上一年增长的幅度为1.68%；基本旅游收入和非基本旅游收入从2008年的1.02亿元的总收益猛增到2019年的74.5亿元。2008年成为旅游产业发展分水岭，和2007年同期相比，旅游业总的营业额增长了191个百分点。2008年，西江千户苗寨村民每户平均可支配收入有6000元，到2019年可支配收入达到21000元。村民的人均营业收入增加额在旅游产业发展中占比八成以上（见表3-4）。① 从代际减贫成效看，旅游发展提升了西江千户苗寨的经济发展水平，推动经济结构和村民收入方式多元化，西江千户苗寨村民也逐渐从被动参与旅游开发转变为主动成为旅游经营的主体。

表3-4　2000年至2019年西江客流量、旅游创收统计表②

年度	游客数量（万人次）	同比增长（%）	旅游综合收入（亿元）	同比增长（%）
2000	0.76	5	0.0017	15
2001	0.8	6.98	0.002	17.6
2002	0.86	0	0.002	0
2003	0.92	20.96	0.0023	15
2004	1.164	13.91	0.003	30.4
2005	1.352	80.12	0.0033	10
2006	6.8	40.87	0.0544	15.48
2007	11.5	5.9	0.0576	5.9
2008	77.73	190.8	1.02	191.43
2009	78.35	0.8	1.79	75.49
2010	90.72	13.64	2.89	61.45
2011	115.94	27.8	4.97	7.97
2012	156.22	25.8	9.06	45.14

① 数据来自雷山县旅游年鉴、雷山县文旅局。
② 数据来自西江镇文旅局。

续表

年度	游客数量（万人次）	同比增长（%）	旅游综合收入（亿元）	同比增长（%）
2013	218.4	39.8	16.35	80.46
2014	272.56	24.8	21.36	30.64
2015	345.64	26.81	26.62	24.63
2016	484.73	40.24	41.99	57.7
2017	606.5	25.12	49.91	18.86
2018	814.26	34.25	69.21	38.66
2019	827.93	1.68	74.5	2.7

西江千户苗寨文化旅游公司总经理SW说："20世纪80年代西江千户苗寨有1200多户村民，2017年增加到1432户，2020年有1478户。在2008年还未开发旅游产业之前，主要依靠农业为生，所有的劳动力都外出打工，2008年以后其中95%的年轻劳动力相继回到西江千户苗寨创业，5%的在外务工人员已经有了自己的产业。"①

西江千户苗寨村委会妇联主任GCJ说："西江千户苗寨作为4A级景点，景区门票120元/人，门票收入的18%作为文物保护费分红给1478户村民。西江千户苗寨所有房屋入股政府，政府按每年游客收益的规定比例分红给所有村民，且每家每户都享有分红的权利。"②

西江千户苗寨羊排村书记JSJ说："2008年旅发会之后经济开始发展，西江千户苗寨村民年龄在60岁以下的人多半都在西江千户苗寨创业：有一些租农家乐，有一些租门面做生意，有一些自己做摊位。一个摊位做得好的一年收益20万~30万元，做得不好年收入也有10万元左右。现在的西江千户苗寨已成为雷山县及黔东南地区重要的经济中心之一，周边村寨的人都来西江千户苗寨打工。西江千户苗寨成为周边地区经济发展的核心动力，同时正在带动周边地区的经济发展。"③

---

① 笔者调研所得。
② 笔者调研所得。
③ 笔者调研所得。

在调研中了解到，在产业功能带动下，西江千户苗寨的经济功能不断提升。出去打工的人相继回到西江千户苗寨，从打工时每月4000~5000元的收入发展到如今家家户户都有四五十万的存款，体现了西江千户苗寨村民自力更生的内生发展能力。西江千户苗寨村民的文化保护经费是门票收益的18%：2011年西江千户苗寨文化遗产保护利用管理资金收益为503.69万元，2012年增长到706.89万元，2013年大幅增长到1246.39万元，2014年为1523.45万元，2015年为2325.73万元，2016年为2448.62万元，2017年为3061.73万元，2018年为3210.11万元，2019年为2620.33万元。① 西江千户苗寨收益相对较少的东引村和羊排村在2019年也陆续脱贫。截至2019年，西江千户苗寨295户贫困户全部脱贫。2018—2019年西江千户苗寨以通过开发新村为东引村解决了全部住房问题，下一步东引村的发展问题成为乡村振兴阶段的重点内容。

产业功能密切关联着经济功能，民族村寨有优势资源却缺少对特色的培育；旅游产业同质化发展趋势明显，缺少对业态创新的扶植。单纯依靠"民族性"这三个字不能充分激发村寨内生力的发展。

  村委会JSJ书记说："2008—2014年农家乐发展到246家，2014—2019年酒店宾馆农家乐共有1108家。这些数据是村委根据村里办营业执照的数据统计的，没有注册的酒店没有算进去，实际上不仅仅有这么多家，甚至比统计的数据还多些。2014年农家乐可以提供的就业岗位大约有1500个。到2019年累计提供就业岗位达到3678个，这些就业岗位主要来自西江千户苗寨的农家乐和旅游公司。其中，40%左右的就业岗位辐射到周边村寨，甚至辐射到周边县市，解决了周边地区大部分就业问题。在这40%的就业中妇女占了八成，是因为西江千户苗寨旅游主要以服务行业为主，餐饮住宿招待、整理民宿、洗碗洗菜等服务都适合女性做；年轻人占了两成，大部分是年龄30岁以下的年轻人，大多是刚毕业不久的本科生、大专生、中专生，主要在酒店宾馆做厨师。"②

西江千户苗寨通过旅游产业的"溢出效应"，辐射带动周边二十多个民族村寨的种、养殖业，银饰加工业等产业发展。2019年脱贫攻坚全面决胜时期，西江千户苗寨旅游产业为当地村民提供就业岗位800多个，吸纳周边村寨贫困人

---

① 数据来自西江镇文旅局。
② 笔者调研所得。

口到西江千户苗寨就业人数达5000余人，其中建档立卡贫困人口1028人，每人每月收入2000元至4000元不等，解决了周边村寨部分村民的就业问题。①

四是文化功能。2008年以前西江千户苗寨在文化投入、人才培养等方面的重视度严重不足，导致文化变迁及文化再生产过程缓慢。2013年雷山县政府从宏观政策层面出台一系列措施对全县民族村寨进行全面规划整治，包括加大文化保护投入力度、改善基础设施建设、提高公共服务等，这些举措促进了民族村寨文化功能的逐步恢复，居民的生活条件和生存环境得到了相应提升。

西江千户苗寨的文化拥有者是西江千户苗寨的百姓，他们作为文化的持有者，当之无愧地成为文化功能发挥作用的主体。在西江千户苗寨，文化功能全方位地渗透于村民生活的每一个角落。

无论是传统的民俗活动、独特的建筑风格，还是精湛的手工艺传承，都与居民的日常生活紧密相连。因此，在推动西江千户苗寨文化发展与保护的过程中，我们需要充分倾听西江千户苗寨人民的心声，尊重他们的意愿和选择，让他们积极参与到文化建设中来，共同守护和传承这片土地上珍贵的文化遗产。

> 西江千户苗寨东引村书记SJF说："1985—1986年这一阶段，国外的文化学者开始关注西江千户苗寨，并来此开展调研。在他们的努力下芦笙等优秀传统文化得以挖掘，芦笙舞逐渐恢复活力。"②
>
> 西江千户苗寨博物馆馆长YSX说："旅游产业发展促使苗族文化保护受到重视，让西江千户苗寨村民意识到自身文化的厚重。2008年以后加大对西江千户苗寨优秀传统文化保护力度，通过在小学开设芦笙、刺绣等非物质文化遗产课程教学，培养苗寨子女苗族文化中的传统技艺，让他们意识到优秀传统文化的经济价值。文化既可以抽象化也可以具象化，比如，吊脚楼就是苗族文化的具象化，把具有浓郁民族特色的木质结构吊脚楼保护好，就是对民族文化具象化呈现的帮助。"③
>
> 西江千户苗寨村委会书记JSJ说："西江千户苗寨的能人、技人有很多，比如，很多工匠师傅承袭了传统木工技艺，也有合格证书。如刺绣技艺传承者李文芳、邰春花等，银饰技艺传承者李光雄等。"④

---

① 数据来自西江镇文旅局。
② 笔者调研所得。
③ 笔者调研所得。
④ 笔者调研所得。

由此可见，文化功能在文化变迁中逐步恢复与提升，同时也隐含着一系列不容小觑的矛盾与问题。现有的文化功能转化成部分经济效益，但是经济功能离不开文化功能的支撑，文化功能是经济功能的重要吸引要素。

五是生态功能（见图3-10）。西江千户苗寨旅游产业发展之前，劳动力全部外出谋活路，造成农田荒废，尤其是具有生态资源优势的大片梯田长期处于荒废状态。当前，如何科学合理开发梯田，平衡保护与发展的关系，实现生态资源的经济价值，成为村寨规划的关键难题。一方面，如何科学、理性地在梯田开发中处理好保护与发展的关系，充分发挥梯田的生态功能；另一方面，如何将现有的梯田生态资源优势转化为经济优势，实现其经济价值，从实践上探索"两山理论"的实践路径，充分发挥生态功能的经济价值。

图3-10　西江千户苗寨雨后梯田①

六是人的发展功能。在西江千户苗寨的发展过程中，人的发展功能具有重要意义。文化功能的提升是实现人的发展功能的基础，人的发展功能又是实现"村寨镇化"的核心要素。然而，当前旅游产业的发展却给这一过程带来了一些挑战。旅游产业的发展加速了苗语的"去地方化"现象，由于在发展过程中对人的文化功能重视不足，进而导致人的发展功能提升速度缓慢。

西江千户苗寨妇联主任GCJ介绍，"西江千户苗寨最缺苗语专业老师、刺绣工艺老师，西江千户苗寨村委会安排有这方面技能的工作人员抽空去兼职义务教学"②。

西江千户苗寨鼓藏头TSC说："西江小学有民族文化课堂，仅是作为第二课堂开展。其课程体系中缺乏苗语课程。这在一定程度上限制了学生对

---

① 笔者调研所得。
② 笔者调研所得。

苗族语言文化的全面学习和传承。在家庭中说苗语的孩子能够轻松学会苗语，而家庭中不说苗语的孩子则失去了这一重要的语言学习途径。民族文化课程有教苗歌、苗绣等技艺。学校老师承担着多门学科的教学工作，既要教语文、数学等主干学科，又要兼顾音乐、苗族文化等民族文化课程，教学任务繁重导致教师精力极为有限。"①

综上可知，西江千户苗寨的发展是其多重功能的提升过程。村寨镇化的目的是让西江千户苗寨具备现代城镇的基本功能，将其从民族村寨转变为一个聚居点。

第四节 "村寨镇化"实践模式

在城镇化发展进程中，学术界对镇化模式进行了诸多有益探索。首先，从城镇化保护理论视角，李忠斌提出在顺应客观事物发展规律前提下，构想出小镇吸附、就近转化、一户两居、城乡互动、城乡一体、资源共享、城城过度、自为一体等几类城镇化模式设想②，为村寨镇化模式探索开启了重要思路指引。其次，从乡村复兴理论视角，张京祥等从乡村经济、空间、文化三个层面探索乡村复兴机理，总结了村庄品牌型、多元产业型、后集体主义经济型、空间重塑型四类发展模式。③ 村寨镇化模式探索不能盲目效仿，要综合考虑村寨镇化演变趋势、资源聚集成因和功能发展现状，充分利用民族村寨优势特色资源合理构建村寨镇化功能的有效实现形式。依托优势特色资源立足现有基础，根据乡村休闲观光等产业分散布局的实际需要，探索灵活多样的村寨镇化模式，避免千村一面的发展模式。本书立足民族村寨的条件获取特征，做出如下村寨镇化模式构想。

一、资本聚合模式

村寨镇化功能的实现离不开大量资金、技术、人才等资本要素的投入，与

---

① 笔者调研所得。
② 李忠斌，郑甘甜. 民族地区新型城镇化发展的现实困境与模式选择[J]. 民族研究，2017（5）：27-41，124.
③ 张京祥，申明锐，赵晨. 超越线性转型的乡村复兴——基于南京市高淳区两个典型村庄的比较[J]. 经济地理，2015，35（3）：1-8.

村寨自有资本实现聚集和流通的过程。资本聚合模式就是通过内外部资本双向聚集和流通，彼此优化配置与城镇功能有效对接促发村寨镇化的实现过程。换言之，民族村寨优势特色资源作为资本聚合模式实现的前提基础，在镇化过程中对资本进行加工、酿造、发酵实现村寨功能提升来表达不同资本类型的利益诉求。

根据案例选择的典型性原则，丹寨万达小镇（见图3-11）位于丹寨县，通过投入大量资金、人、技术、生态等生产资本要素，与黔东南苗族侗族文化相结合打造的丹寨万达小镇是资本聚合模式的典型代表。丹寨万达小镇不是民族村寨发展起来的，而是按照一个民族地区村寨来打造的。丹寨万达小镇选址在丹寨县二十余个民族族群汇集的民族地区，在充分尊重当地优秀传统文化的基础上，村寨的整体景观建筑风格以苗族吊脚楼为主，融入苗族典型建筑雕饰等元素作为苗族文化符号营造出浓郁的苗族文化氛围。丹寨万达小镇将苗族特色的非遗手工技艺传承、民族美食、苗族歌舞等资本要素聚集在一起，以苗族村寨的模样呈现出来，这里可以把它近似理解为是一个民族村寨。①

图3-11 丹寨万达小镇②

村寨镇化是资本要素再生产过程，吸引并运用村寨外部资本作为镇化动力，盘活村寨内部资本，因资本类型的不同实现资本不同功能的经济价值。资本聚合模式是村寨外部资本和内部资本共同起作用的结果，内部资本是外部资本可资利用的因素，决定了内部资本的多样性生产过程。比如，村寨资本聚合程度

---

① 笔者调研所得。
② 笔者调研所得。

影响村寨镇化的渐进过程和速度；资本要素聚合、流通程度决定资本聚合能力的强度和力度。

丹寨万达小镇通过外部资金注入，对盘活村寨存量资源转化为可利用的经济资源，又和旅游产业相结合，构成新的资本形态，高速转化着丹寨万达小镇资本化进程。民族资本成为获取经济效益的有效手段[①]，丹寨万达小镇的核心诉求是利益，把与利益更为广泛的优秀传统文化和民族情感联系起来，使丹寨万达小镇个性化崛起。外部资本愿意进入也是看中丹寨万达小镇内部优秀传统文化资本的价值，可以被外部资本利用，实现资本聚合。丹寨万达小镇自2014年投产13亿元，到2017年开始回笼资金实现产值收益24.3亿元，接待游客550万人，提供了1870多个就业岗位，直接带动丹寨县内16802位贫困户脱贫，间接带动周边民族村寨的4729位贫困人口脱贫，并在2019年实现全面脱贫。[②]

资本聚合模式的优势在于理性的外部资本赋予民族村寨丰富的现代化发展要素，外部资本要素与村寨内部资源聚集并转化为新的资本，在镇化过程中对村寨资本实现非农化的转化，使镇化功能提升中实现村寨镇化现代城镇发展功能。对民族村寨空间规划、布局发展、产品创新、品牌宣传等方面具有一定的优势，由于外部资本与内部资本处于不平等地位，要实现资本均衡配置的有效手段就要处理好外部资本的趋利性与村寨资本的稀缺性之间的关系，寻求趋利避害的发展方式，在保护与发展、传统与现代的协同发展中实现资本聚合的价值。

丹寨万达小镇通过外部资金、技术、人才等资本的投入让其兼具旅游、商贸、居住、研学、康养等功能的城镇消费需求，将农业文化遗产、自然生态景观、苗族民俗风情与现代旅游相结合，打造绿色生态食品供给基地、产业转移承接基地、原生态文化旅游目的地和避暑休闲后花园等资本聚合的有效实现形式。以民族村寨为载体将区位资源转化为民族优势资本，秉持"创造共享价值理念"实现丹寨万达小镇的可持续发展。[③]

二、文化旅游模式

旅游是文化的载体，文化旅游是村寨镇化的一种发展模式，是民族村寨有

---

① 陈庆德，潘春梅，郑宇. 经济人类学[M]. 北京，人民出版社：2012：368.
② 童泽林，冯竞丹，彭泗清. 用企业家精神扶贫的全要素模式：模式创新及管理启示[J]. 广东财经大学学报，2020，35（1）：57-66.
③ 王雪冬，匡海波，董大海. 企业社会责任嵌入商业模式创新机理研究[J]. 科研管理，2019，40（5）：47-56.

别于其他村寨实现民族特色发展的重要手段。文化旅游对民族村寨及乡村建设的带动效应日渐显现。① 文化旅游模式凸显了优秀传统文化的多元化和特色化，在文化功能提升中实现文化产业不断增值的过程。文化旅游模式促进村寨镇化的发展需要满足以下几方面。

一是文化旅游发展需要对民族村寨空间进行拓展和优化，当文化旅游成为构建旅游吸引力的重要资本，民族村寨通过游客进入的反向投射，意识到村寨自身空间发展的局限性，并对村寨空间布局采取修复、拓展、优化、再现等策略，构建出满足游客需求的空间布局。

据曾担任黔东南州民族管理研究所所长 LCF 介绍，"郎德上寨（见图 3-12）是黔东南对外开放最早的一个村寨，是旅游开发最早的苗族传统村寨，是人文自然颇具民族特色的'文物村'。郎德上寨全寨共有 128 户人家，共计 500 多人，郎德上寨体量较小，文化旅游产业开发受到空间限制。郎德上寨一直坚守着本民族的东西，服饰、语言、拦门酒、仪式等关于黔东南节日文化研究的诸多内容，在这里都可以一一看到。郎德上寨不可复制，源于村民对优秀传统文化的坚守。自 1985 年到 2010 年发展文旅产业以来，主要以上寨村委和村民自治为主，2010 年以后上寨文旅产业由盛转衰，政府开始介入，以'公司制+工分制'的文化旅游运营模式盘活上寨，通过拓展上寨空间布局，将郎德下寨作为旅游服务区，优化拓展郎德上寨有限的发展空间，对上寨文旅产业的盘活和二次发展源于政府政治功能的充分发挥"②。

二是文化旅游发展随着客流量递增要不断跟进游客出行需求、基础设施和公共服务需求，必须对民族村寨空间布局再次拓展和优化。原有的民族村寨空间对游客需求的局限性无法满足消费升级的需要，需要拓展和延伸村寨空间规模并合理布局，从体量上满足游客出行的基本诉求。在满足游客消费需求的同时也提升了民族村寨居民的日常生活需求，并通过文化旅游促进当地经济发展。

发展初期的郎德上寨由于村寨体量较小、基础设施较落后、村民集体意识淡薄、公共服务较弱等原因，游客文化旅游体验感不足。伴随中外游客客流量

---

① 孙九霞．中国旅游发展笔谈——乡村旅游与乡村文化复兴[J]．旅游学刊，2019，34(6)：1．

② 笔者调研所得。

增多，为了全面促进游客消费需求不断配套完善上寨饭店民宿、翻修道路、停车场、厕所等基础设施，建设了非遗展示一条街等公共必需品，在满足游客下乡消费的同时提升了上寨居民日常生活水平。①

三是文化旅游消费需求的升级需要更多的旅游从业人员，不仅安置了当地居民就业，也提升了当地就业服务功能。通过文化旅游加大对民族村寨产业和就业扶持力度，让村寨居民既能在家安居也能实现就业，让村寨成为居民生活就业一体化的平台，创造更多就业和创业机会，让村民既有生活又有收益。

郎德上寨自主探索自下而上的村民主导发展模式。据 LCF 馆长介绍，郎德上寨地处偏远民族地区，为什么依旧保留完好？村民们有一个制度叫工分制，为什么能在这里感受到浓浓的文化，是有这个制度在约束的。今天有游客来，整个村寨的老百姓必须穿民族服装到村口去迎接，比如，老人参与有一个票，穿民族服装有 10 分，穿便装有 5 分，然后参与游客中的表演节目另加工分，到月底或者年底凭票到生产队领钱。② 以前的工分制制度一直沿用。通过村民人人参与的"工分制"制度来享受文旅产业带来的红利。以工分合计换取收益，通过"工分制"制度在文旅产业发展中实现经济发展。一旦游客进入上寨，村民不论年龄、性别，从着装、服饰、表演、接待等只要参与文旅产业相关活动就能获得工分，实现了上寨村民全民参与旅游实现就业，并确保了利益分配的相对公平性。③

图 3-12　郎德苗寨④

---

① 笔者调研所得。
② 笔者调研所得。
③ 笔者调研所得。
④ 笔者调研所得。

四是吸引资本的进入。文化旅游模式使民族村寨以多种资本形态参与到村寨经济发展，村寨作为生产者和供给者，通过文化旅游发挥资本的经济功能。城市尤其是发达城市大部分景区是免门票的，景区的免费制度作为公共福利为城市纳税者免费享有。对民族村寨而言，景区门票是支撑民族村寨甚至民族地区经济运行的主要途径，是政府税收的主要来源。文化旅游既是吸引投资的主要途径，也在城乡互哺关系中辐射带动乡村经济，不仅丰富了民族村寨的产品供给，也在城乡互补中实现了生产与消费的有效对接。

门票收益和游客消费是郎德上寨的主要经济来源，带动了郎德上寨的经济发展。郎德包寨和郎德岩寨开发民宿承载郎德上寨的游客，又将上寨相邻的巴拉河和望丰河打造为休闲田园观光带，同时郎德上寨将文化旅游辐射扩大到郎德镇周边村寨和凯里市附近村寨，并与木鼓之乡的乌流苗寨和芦笙之乡的南猛苗寨联合形成"大郎德"全域旅游发展。郎德上寨成为黔东南州巴拉河流域旅游的核心苗寨，以郎德苗寨（图3-12 郎德苗寨）为核心的区域旅游聚集带，区域间产业协同且互补，提升了区域发展竞争力和综合实力。①

五是传统生产生活方式的变革。文化旅游弱化了城乡二元结构的主客体地位，使城乡居民从生产生活和意识观念上互为主客。乡村是为农服务，城市是寄托乡愁。文化旅游将城乡关系变成了城市是客源地，为乡村提供源源不断的游客；乡村是目的地，村民被赋予了主人翁身份，在消费需求衔接中形成了主客体关系。由于主客交融引起大规模的社会接触与交往，客源地的异文化进入目的地，通过异文化交流碰撞引起优秀传统文化变迁。

郎德上寨自1985年开发旅游，苗族文化中的敲铜鼓和吹芦笙作为苗族传统风俗只有民族节庆才可以演奏，寓意农耕兴旺和农业丰收。文化旅游带来新的城乡关系，打破了郎德上寨的民俗禁忌和传统思想的约束，演变为苗族文化的日常表演，将苗族人的思想从传统文化束缚中解放出来，融入现代社会的发展。如今，一天五六场的演奏表演，每场五六百元的演出费成为郎德上寨村民就业收益主要来源之一。②

三、传统工艺模式

传统工艺模式通过对传统工艺类型具象化、资本化等多种形态变化，实现

---

① 吴如蒋.挖掘村寨特色文化，探索旅游发展新模式——以郎德苗寨为例[J].公关世界，2017（21）：121-123.

② 笔者调研所得。

现代社会居民消费升级需要，是实现民族地区乡村传统工艺振兴的重要途径，也是实现村寨镇化的重要方式。对传统工艺产品从选料生产、技术加工、产品成形、生产经营等完成的产业链发展实现产业功能提升，实现民族村寨的镇化功能。

第一，传统工艺生产、销售过程不仅要满足民族地区居民的生活需要，还需要满足全国各地甚至海外居民的消费需求。随着传统工艺产业化和市场化的形成，需要拓展运输、物流、仓储、通信等基础设施和配套服务体系，通过传统工艺模式不仅沟通了乡村与城镇，同时全面提升了民族村寨传统工艺传承等文化功能。

三都县三洞乡板告村的"水族马尾绣"民族传统工艺蜚声海内外，并逐渐走向品牌化经营的道路。在马尾绣工艺带动下提升了马尾绣产业发展功能，不断为板告村配套了餐饮、物流、运输等相关服务功能，增强板告村文化、旅游、商贸产业的深度融合，促进了村寨镇化的实现。①

第二，民族传统工艺总是与某个特定的民族村寨密切关联，与优秀传统文化及民族地方品牌并驾齐驱，也说明传统工艺在民族村寨呈现规模化聚集的特点。传统工艺模式发展需要形成工艺聚集地，需要满足民族村寨是传统工艺原料产地，有传统工艺带头人，有"在地同业"规模以实现村寨镇化产业功能和就业功能提升。

板告村的民族刺绣工艺传承用马尾做原材料，在国家级非遗传承人宋水仙的带领下，40多年来守护马尾绣传承技艺的初心，在原有传统工艺基础上推陈出新，成为马尾绣现代化领路人。宋水仙带动水族农村妇女发展指尖经济，通过开办工厂带动几百人就业，传承发展水族马尾绣技艺的同时为水族妇女增加了收入，让板告村乃至三都县妇女依托指尖经济脱贫致富。以板告村为核心，建立适合水族乡村特点的人才培养机制，带动同族、同村、同乡的马尾绣从业者不断加入马尾绣的工艺传承，并向三都县周边区域延伸和辐射，实现马尾绣工艺的"在地同业"，带动了周边地区村民就业。②

第三，民族传统工艺产品更多满足国内外游客对文化的猎奇心理，传统工艺通过文化旅游等方式与市场形成频繁互动。为了迎合市场需求对传统工艺所蕴含的优秀传统文化进行甄别和筛选，让传统工艺在市场与时俱进的变化中进行改良与再创造，才能传播得更广泛。

---

① 笔者调研所得。
② 笔者调研所得。

第四，传统工艺形成"在地同业"规模，不仅能留住民族村寨居民，还有可能吸引本村寨在外的人才回流，在不断实现人才聚集的同时重塑村寨对优秀传统文化价值的充分尊重和认可。村民在对本族文化的自觉守护中，不断增强对优秀传统文化的自觉适应和文化自信心。

马尾绣工艺的传承离不开板告村这个空间载体，水族妇女通过参与马尾绣传统工艺改变了传统的水族妇女生计方式，由依附于丈夫且没有独立的经济来源的传统小农生产方式，逐渐成为家庭收入的主体且收入远远高于丈夫，提升了家庭生活水平。马尾绣传统工艺为板告村带来了就业机会，带动了村民致富。随着生产规模扩大，板告村无法拉动更大的市场需求，就需要不断拓展周边地区形成产业市场，不断聚集周边人才从而带动更多村民参与就业，为三都水族自治县实现"人的城镇化"发展提供可能。①

四、生态农业模式

生态农业模式具有较高的自然生态景观和美学价值，这样的景观模式融合了农业资源与生态优势来规划研究。② 农业与生态资源要素是民族村寨实现乡村宜居生活的重要人文生态要素，是生态功能提升的不竭动力。在村寨镇化进程中，不仅要尊重生态之持续、民族之进化、景观之完好，更要重新审视生态农业资源不可持续的稀缺性及其文化价值，将资源要素转换成资本要素，打造生态与农业互促共融的生态农业模式。

龙脊梯田（见图3-13）主要以梯田景观和瑶族、壮族民族风情的生态、农业为吸引物。③ 龙脊梯田是当地少数民族在生存中创造的，龙脊梯田在生态农业实践中，将生态农业转化为生态资本，通过资金、技术、人才等外部资本的介入提升了龙脊梯田的文化功能，金融资本的介入修葺了龙脊梯田的生态环境，提升了它的生态功能，使生态农业更加原真和完整。实现乡村振兴战略的总目标就是实现"农业高质高效、乡村宜居宜业、农民富裕富足"，生态农业模式是实现这一总目标的现代化同步方式。④

---

① 笔者调研所得。
② 何田，贾朝红. 乡村振兴视阈下广西乡村景观规划研究——以广西龙胜各族自治县龙脊镇平安村为例[J]. 广西社会科学，2018（7）：65-68.
③ 孙九霞，吴丽蓉. 龙脊梯田社区旅游发展中的利益关系研究[J]. 旅游论坛，2013，6(6)：28-34，44.
④ 笔者调研所得。

图 3-13 龙脊梯田①

第一，生态农业模式首先要考虑农民的生存问题和生态环境对农民生存的承载能力。生态农业模式就是在生态农业等资源要素双向聚集和流通中实现产业化发展，要素聚集实现种养殖业能流、物流高效循环，在生态农产品精深加工的对外发展需求中，不断加强生态功能并辐射带动周边同类产业发展形成产业市场。另外，生态农业模式要保护利用好当地生态环境，在原真性生态农业景观基础上加上符号性文化，形成"生态农业+"等多业态内容的旅游经济。将"农业高质高效"作为生态农业模式发展的首要目标，建设特色农产品优势区、现代农业产业区等促进乡村产业深度融合的生态农业系统，提升村寨镇化功能。

龙脊梯田的梯度开发依赖于以山地为主的地形地貌特征，以梯田农业为主的生计方式，它的生态农业景观也是当地村民赖以生存的村寨环境，有极强的农业生产能力。现在梯田呈五个花瓣式形态和八角形形态，错落有致的梯田引入引水灌溉系统形成"跌水灌溉瀑布"。龙脊镇1983年开发旅游；1987年接待境外游客0.03万人；到1992年以后每年接待游客2000~4000人；随着交通功能的提升，游客量从1999年的14099人迅猛增长到2018年的145035万人，实现收益10491.25万元，极大地促进了龙脊镇的经济发展。② 依托生态农业发展，龙脊镇的普惠政策惠及6个行政村和周边各村寨，帮助其修建了交通主干道连接梯田，在质量兴农的同时带动了各民族村寨的发展。③

第二，生态农业模式要着眼空间规划布局，要以绿色发展为基调，追求生态农业景观与周边环境和谐共生，保护当地生物多样性、生态原真性、景观完整性的共生模式，切实达到"乡村宜居宜业"的目标。

---

① 笔者调研所得。
② 孙九霞，吴丽蓉．龙脊梯田社区旅游发展中的利益关系研究[J]．旅游论坛，2013，6(6)：28-34，44.
③ 笔者调研所得。

龙脊山体由山顶的森林、山腰的居民和山腰以下的梯田构成，水通过山顶森林涵养顺势供给居民享用，居民再将水排放灌溉梯田。以保护梯田景观为主与挖掘景观发展价值相结合，龙脊梯田整体道路设置围绕"梯田"铺设，形成"梯田—村寨—村民"相交汇的村寨空间布局，成功举办开耕节、梳秧节、红瑶晒衣节等民俗节庆活动，提升了村寨的文化功能，实现"生态农业+"等多业态的休闲农业创新发展。全镇通村路全部硬化，同时升级了景区公路和循环公路建设，完善基础设施建设，从整体上提升了村寨的社会功能。①

第三，生态农业模式将生态资源与农业资源相结合并转化为资本的过程，也是生态功能提升的过程。如果用颜色来形容乡村，青色、绿色、蓝色最贴切不过，青山、绿水、蓝天是乡村最典型的生态特征。"青山绿水蓝天"是村寨镇化发展的优势资源，统筹山水林田湖草等资源要素聚集为可利用的生态资本，将生态资本的可持续利用作为生态农业的主要发展方式，通过生态资本产业化方式实现资本价值转化取得经济收益，获得更多乡村发展的话语权和就业机会。农民在生产生活方式绿色转型中践行"两山理念"，通过参与生态农业模式获得更多就业机会和创业渠道。

龙脊镇在以生态农业生产为主的生产生活的演变过程中，不断提升产业功能，衍生出素有"龙脊四宝"之称的农产品。龙脊镇将生态农业进一步发展为休闲生态农业产业，将生态农业优势转化为生态经济优势，提供更多更好的绿色生态产品和服务。龙脊的生态旅游产业、生态文化保护，包括人的发展状态的改变全面提升了龙脊生态功能。通过发展生态农业模式，龙脊镇吸纳周边民族地区村寨剩余劳动力参与发展建设，让更多农民分享产业增值收益，带动周边乡镇经济发展。②

五、老字号品牌模式

鲍德里亚认为，符号消费是社会经济发展的产物，是人们对物质生活与精神生活双重需求下所产生的一种消费形式。③ 物质产品的符号代表不同层次的意向即个性、身份和地位④，消费能够通过物质产品符号价值提升产品价值，扩大物质产品的知名度，产品由于其符号价值差异性决定了物质产品供给主体的发

---

① 笔者调研所得。
② 笔者调研所得。
③ 鲍德里亚.消费社会：第3版[M].刘成富，全志钢，译.南京：南京大学出版社，2008：8；14-19.
④ 孔明安，陆杰荣.鲍德里亚与消费社会[M].沈阳：辽宁大学出版社，2008：204.

展命运。村寨镇化的本质是通过资本要素推动产业发展，通过创造多元的物质产品和服务带动民族村寨经济、文化、社会、生态等功能的全面发展。多元产品与服务用符号价值充分表达就需要依托老字号品牌效应。在我国民族地区，老字号品牌不仅包括具有鲜明民族特色的手工、技能、艺术、食品、民族服饰、民族建筑等，还彰显了优秀传统文化的多元价值。因为老字号品牌具有一般品牌没有的品牌价值和品牌竞争力，将品牌效应转化为经济优势，实现人的聚集和物流的发展，在资本聚集中满足消费者的现代符号消费需求，通过老字号品牌模式提升村寨的经济功能、文化功能，又能在优秀传统文化的传承保护中实现文化资本的转化，实现"品牌即效益，效益即品牌"的老字号发展模式，满足农民就业需求。

有千年历史的"绥阳保林张氏贡面"是"贵州老字号"品牌。绥阳空心面产于贵州省遵义市绥阳县保林村，相传绥阳空心面始创于唐朝末年，宋朝入市，清朝入贡。传承人张发喜通过选料、加工72道制作工序才能成品，坚守着匠心的张发喜开创了"张氏贡面"的老字号品牌。"张氏贡面"是优秀传统文化的抽象表达，是民族产品内涵的凝聚，用贡面诠释老字号品牌历史文化的演变过程。"张氏贡面"以商品的身份参与市场竞争，将品牌价值融入精湛的产品中，靠优质的产品来反哺品牌，形成完整的品牌传承及产品体系。现在"张氏贡面"属于绥阳特产，在保林村从作坊式加工转型为企业化经营，注册成立13家空心面企业，带动保林村及周边村寨100多家农户，500余人就业，每户每月收入在12000元左右。[①]"张氏贡面"不仅带动了保林村的发展，还带动了保林村周边村寨的发展。绥阳县雅泉村几乎家家户户都在传承绥阳空心面，据村民张勇飞介绍，"外出打工不及做空心面收入高，月收入过万元，又可以在家照顾老人孩子"[②]。雅泉村越来越多的年轻人不愿外出打工，相继回乡就业，跟着老一辈人坚守这份传承。"张氏贡面"出口泰国、新加坡等国，年产量400吨左右，产值800万元左右，产量规模逐年提高，带动了当地运输、包装、物流等配套产业发展。"张氏贡面"老字号品牌带动了绥阳县发展。[③]

本章小结：新时代下具有中国特色的城镇化发展背景赋予"村寨镇化"深刻的理论内涵，本章立足于乡村振兴的现实语境，对"村寨镇化"提出了新的原则且更高的要求和目标。通过"村寨镇化"理论构建诉求回应乡村振兴发展

---

① 姚浩，陈攀庚，李珊珊. 绥阳空心面："非遗"技艺变身"致富法宝"[EB/OL]. 天眼新闻网，2020-09-20.
② 李珊珊. 绥阳空心面：传承的致富法宝[EB/OL]. 多彩贵州网，2018-03-02.
③ 王小婷. 一碗面带来的好日子[J]. 当代贵州，2019（2）：36-37.

的实际需求和探索村寨镇化有效模式的逻辑可能。其理论构建需要满足三方面诉求：首先，民族村寨为什么要进行功能提升实现镇化功能；其次，基于什么条件的民族村寨通过功能提升可以实现镇化功能；最后，民族村寨功能提升实现镇化功能的目的。实现资源要素的双向聚集和流动，并畅通其循环渠道的同时，结合西江千户苗寨、南花苗寨、肇兴侗寨、堂安侗寨、黄岗侗寨、增冲侗寨、郎德上寨、丹寨万达小镇、龙脊梯田、苏马荡、地扪村、保林村、板告村、阿土列尔村等多案例分析村寨镇化模式多样而具体的实现方式。

第四章

"村寨镇化"与乡村振兴关系及价值分析

党的二十大是在迈上全面建设社会主义现代化国家新征程,向第二个百年奋斗目标进军的关键时刻召开的重要大会。"三农"问题是全党工作重中之重,要举全党全社会之力全面推进乡村振兴持续、快速、高效发展,实现农业高质高效、乡村宜居宜业、农民富裕富足的农业农村现代化发展。城镇化、逆城镇化是转变社会主要矛盾的重要趋势,二者致力解决城乡不充分不平衡的社会经济高质量发展任务。城乡高质量发展的内在动力是顺应逆城镇化的客观趋势。[①]充分发挥城镇化深入发展的辐射作用,充分利用社会主要矛盾变化对城乡关系重新审视和调试。[②]实现城乡经济社会允分协调的高质量发展就是实现乡村多元价值和多种功能的发展,使城乡关系相得益彰、相辅相成。城乡间资源要素流动频繁,产业间融合渗透不断增强,资源、要素、产权之间的交叉重组关系日益显著,需要对村寨镇化、乡村振兴二者逻辑关系重新审视和调适,并分析二者逻辑关系及价值。

第一节 "村寨镇化"与乡村振兴关系分析

通过村寨镇化为乡村振兴寻找可能的实现渠道,分析其对乡村振兴的正向功能逻辑,通过多案例解读村寨镇化功能提升对乡村的多维影响,分析民族村寨如何通过功能提升支撑乡村的多元发展来服务乡村振兴。

一、"村寨镇化"是构成乡村振兴的发展脉络

(一)村寨镇化是实现乡村振兴的重要内容

民族村寨的形成并非偶然,是民族共同体在长期生产实践和生活关系中共

[①] 张强,霍露萍,祝炜.城乡融合发展、逆城镇化趋势与乡村功能演变——来自大城市郊区城乡关系变化的观察[J].经济纵横,2020(9):63-69.

[②] 叶兴庆,程郁,赵俊超,等."十四五"时期的乡村振兴:趋势判断、总体思路与保障机制[J].农村经济,2020(9):1-9.

同作用形成的乡村基本单元。[1] 所以民族村寨形成特征很重要，民族共同体就是以民族村寨为单元形成民族地区传统的居住方式，而乡村是由村寨组成，没有村寨就没有乡村，更没有乡村的发展。在民族共同的生产实践和生活方式中，民族共同体形成了共同的生存智慧、文化信仰、风俗习惯、价值规范等具有民族特色的聚集载体，是以民族村寨为载体的聚集。民族群体为什么要聚集在一起形成村寨包含很多原因。首先，是民族共同体的民族认同感和归属感带来的群居性使然。早期民族地区村寨是由若干个统一的民族共同体居住生活的地理单元，这些民族共同体多起源于一个宗族或者一个家族宗亲根脉的发展，因为个体的弱小，鲜少以单家独户的方式独立存在，聚集的力量是他们躲避灾难的唯一生存方式，家族或是宗族逐步由分散走向统一，最后形成民族共同体。随着交通方式的变迁，民族村寨聚居方式由紧凑形态分布转向分散形态分布，但是聚居方式的遗风仍在保留，不少民族村寨布局由沿河分布转向沿路分布，有利于出行和沿路经济利益获取。[2] 其次，生产生活资料的匮乏使村寨先民需要充分利用自然资源，选择以群居的方式解决生存衣食之虞，共享公共资源的便利和生产生活成本的可延续发展；同时崇尚民族信仰的宗族将传承民族文化作为维系民族共同体凝聚力的精神桥梁，宗族也是传承民族文化的重要载体，衍生了地缘相近、血缘相亲的生存空间，并通过居民聚居、村寨聚集的方式呈现。可以说，村寨镇化形成的真正意义在于实现了人的聚集，人的聚集产生的聚集效应有利于充分发挥村寨公共资源效应，这是民族村寨本身的价值，是乡村发展的前提。

村寨镇化是民族村寨镇化功能的实现方式，具有政治、经济、文化、社会、生态等城镇功能的现代化发展方式。村寨镇化通过培育村寨增长极为乡村建设服务，使乡村具有丰富的产业业态结构并实现其多重价值和功能。村寨镇化通过资本聚集形成聚集效应实现资本的产业化发展，产业规模化经营形成市场。市场聚集效应是市场经济体制发挥的主要功能，市场经济体制将各种资本要素聚集并进行优化配置，极大地满足了城乡消费需求。市场聚集效应吸引更多资金、技术、人才等资本要素，带动了产业功能提升，产业发展吸引了劳动力、厂商和企业的聚集，加速了产品生产、流通的过程，形成市场经济。资本积累

---

[1] 倪梦. 少数民族文化传承场域的消解与建构——基于民族学校教育的思考[J]. 湖北民族学院学报（哲学社会科学版），2013，31（3）：47-50.
[2] 赵晖等. 说清小城镇：全国121个小城镇详细调查[M]. 北京：中国建筑工业出版社，2017：120-126.

带来的聚集效应伴随市场规模不断扩大和市场边界不断延伸，同时促进基础设施和公共服务的配套功能提升，带来了人口的聚集，人口引起的文化交流交往交融促进了人的发展功能提升。人的发展功能释放的能量积累到一定程度不断提高乡村社会文明程度，促进村寨文化功能提升。人的发展功能带动了产业功能发展，进一步促进了村寨规模扩张，对周边村寨产生了巨大的辐射带动效应，反过来吸引了更多资本要素向镇化村寨聚集，带动了周边村寨功能提升并提供了大量就业岗位。产业功能提升促进乡村农业产业化功能不断提高，内部资本不断积累和人的功能不断提升，同时，村寨功能与城镇功能对接使村寨获得部分镇化功能，实现了村寨的镇化功能并辐射带动周边村寨发展。村寨镇化通过现代化生产和技术逐步将外部发展资本投放于乡村农业的现代化转型。

村寨镇化既有城镇化的特征，又有乡村的特征。村寨镇化建立在民族村寨本身固有的特征上，村寨镇化有就业、有产业、有生活、有文化，为什么不通过村寨镇化所具有的这些价值发挥它的作用促进乡村振兴发展？村寨镇化以民族村寨为根基，通过镇化功能的实现促进乡村的振兴发展。村寨镇化在村寨功能提升中对乡村各类要素资源的盘活，是对乡村多元价值的实现。村寨镇化的真正意义在于实现了人的聚集，人的聚集产生的聚集效应有利于充分发挥乡村的公共资源效应，这是村寨镇化本身的价值，可以构成乡村发展的重要内容。村寨镇化连接城镇、服务乡村，它是城镇化模式在乡村的高端形态，它与乡村振兴的关系密切，在时间、空间上相互重叠，通过村寨功能提升让乡村向城镇化自然渐变过渡没有明显的边界感。可见，村寨镇化与乡村振兴密切关联，它与乡村振兴在时空上重叠。

一是村寨镇化产业功能提升为乡村就业服务，就业的最终目的是实现人的发展，围绕"以人为核心"的产业功能提升实现乡村振兴。人是构成村寨镇化的主体，人的发展功能运转着乡村的一切活动。人的发展功能就是"以人为核心"的人的权利与义务的均衡发展，通过生产、生活方式的转变提升人的发展功能。村寨镇化将传统农业经济向现代产业经济生产方式的转变，实现了以农业为主导的第一产业发展转向以工业、服务业等非农业为主导的一二三产业融合发展。通过提升人的发展功能向现代化方式转变。依托村寨镇化优势特色资源打造农业全产业链，将大量以农为生的闲置劳动力转移到非农就业岗位。通过创新产业发展方式转变原有的生产方式，实现传统生产力的解放。通过村寨镇化产业功能提升就业功能，充分发挥人的内生发展能力，提升人的就业能力，吸纳更多低收入人口就地就业。

二是村寨镇化是集生存、休闲、交往、居住等多重功能于一身的地域综合体。村寨镇化聚集了各种资本要素，既承担了物资集散功能，满足居民生产生活所需资源的聚集；又承担了居民谋生、交往、休闲、文化等经济、文化、社会功能，可以长期维持乡村内需型经济发展态势。通过村寨镇化多重功能提升扩大乡村内需，畅通城乡经济循环。乡村经济相对平稳的实现方式，呈现出相对封闭、稳定且受外部市场宏观经济影响波动较小的景象，是最能聚集人气和经济活力的发展模式。通过人的功能提升折射出村寨镇化的功能与作用，让乡村振兴发展可以在人的活动中找到印证。

三是村寨镇化就业功能提升可以充分激发乡村发展活力，实现乡村内需型经济发展，提供内需型、低门槛的就业岗位，实现居民就地就业，这意味着农民不用背井离乡就能在乡村就业择业，满足生存需求，实现家庭团圆。

四是村寨镇化人的发展功能提升显示了居民生活水平的富裕富足，真实反映了乡村社会经济发展水平；同时提升了居民的生活满意度和幸福感，综合反映出村寨镇化的经济、文化、社会、生态等功能良性互动的镇化发展格局。人的生活状态判别乡村发展的程度是最具说服力的切入点，人的生活需求的满足是对人的发展功能提升最生动的补充。

五是村寨镇化经济功能的提升是城镇发展要素在乡村的聚集、流通和运用。村寨镇化的经济功能蕴含了城镇经济功能的实现方式在乡村经济发展中的运用，经济功能的实现是村寨镇化的生命力所在，在村寨镇化经济功能实现过程中，积累村寨各类资源，借由市场机制转变为经济资本，最终实现村寨经济发展。

六是就业、产业、生活、文化是把村寨镇化作为乡村空间载体，空间是村寨镇化全部活动的综合写照，有什么样的人和与人相关的活动就会塑造出什么样的镇化空间，通过文化功能展示镇化空间的现实印象和民族特色，揭示村寨镇化的历史由来、形成变迁、运行发展等乡村的社会经济特征，蕴含着村寨镇化可以成为乡村振兴的重要着力点。

（二）村寨镇化是实现乡村振兴的重要方式

村寨镇化使乡村实现传统与现代的融合，通过镇化功能提升构建乡村现代化发展格局。一方面，村寨镇化是人的城镇化的实现，让乡村的农民通过非农业方式真正享受市民待遇，通过大力发展小城镇，实现农业转移人口就地市民化，极大缓解了城镇压力，实现城乡的协同发展。另一方面，村寨镇化使乡村产业实现传统与现代的融合，通过镇化功能提升实现农业农村现代化发展。

乡村实现振兴标志着新型城镇化战略全面完成。新型城镇化的重要任务是实现城乡优势互补，其内涵之一是根据乡村的民族优势、地域特色通过镇化方式实现宜镇则镇的乡村发展。根据民族地区乡村的地域特色、民族特色、乡土特色通过镇化方式实现乡村的非农业转变。从美国、欧盟的城镇化演变中可以看出（图4-1），美国的大城镇与中小城镇呈金字塔分布，大城镇数量极少，其次是中等城镇数量相对较多，最后是小城镇整体数量最多。这种金字塔式的分布有利于实现资源的合理配置，从而实现可持续发展。因此要利用好民族村寨的现有存量，实现村寨镇化扩充城镇化的存量。在我国的城镇化发展中（图4-2），既有大城镇，通过大城镇带动实现村寨镇化生成中等城镇，通过村寨镇化带动民族村寨的发展，以此实现我国金字塔式的城镇化发展。通过村寨镇化实现民族村寨的现代城镇功能，通过带动村寨镇化发展以此实现乡村的现代化发展。

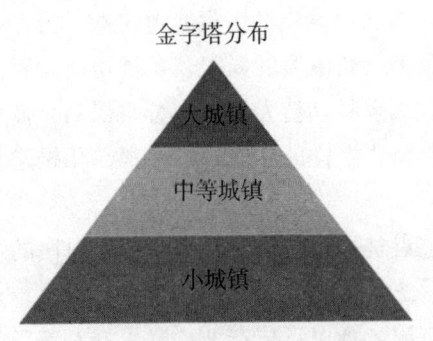
图4-1　美国城镇化分布情况

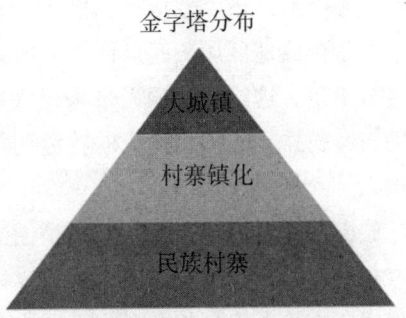
图4-2　中国城镇化分布情况

当然，城镇化发展不是凭空构造的，"镇化"路径是自下而上"生成"的。同理，村寨镇化的实现路径是在"化"的过程中实现的村寨功能提升的过程。村寨镇化模式是在"化"的过程中"生成"的，而不是"构成"的。民族村寨存量较大，它有根基、有基础、有条件，发展乡村就是需要通过这种有价值的村寨载体实现，而不是重建新农村，进行乡村建设的同时也是民族村寨价值实现的过程。村寨镇化需要通过民族村寨自下而上的镇化发展过程实现，它着力强调通过"镇化"功能实现乡村发展，它需要通过民族村寨多重功能实现从发展到提升，在功能提升中实现乡村从农业到非农的功能转变。村寨镇化包含了我国新型城镇化的重要特征，也是"镇化"方式的重要借鉴。村寨镇化既要靠城镇拉动，又是对城镇发展的合理限制，同时更加注重鼓励通过发展村寨镇化实现小村寨的发展，既符合中国国情，又彰显民族精神。因此，实现乡村发展是村寨镇化的重要任务，是衡量民族地区村寨镇化顺利实施的重要标志，就是村寨镇化能够带动乡村发展，将乡村盘活来储存农业剩余劳动力并实现就地就业的能力，并顺利实现人口市民化的标准。村寨镇化不仅要靠城镇功能辐射带动,同时要辐射带动周边民族村寨的发展。因此,实现乡村振兴是村寨镇化的重要任务,是复兴民族地区重要探索方式之一。

第一,村寨镇化为什么是实现乡村振兴的必然方式

民族地区致贫原因复杂,带来乡村长期经济发展滞后,主要表现为乡村的内生动力发展不足,体现在发展的推动能力和拉动能力较弱。① 一方面,村寨镇化实现了城乡资本要素双向聚集和流通。城乡发展不平衡使乡村资本要素的流动和能量转换单方面流向城镇。这很大程度影响了乡村社会生产力发展水平,反映在物质生产力发展水平较低,难以形成产业、资本、人等高密度聚集,溢出效应有限。② 由于乡村中心村寨数量少、规模小、就业岗位不足导致发展活力低迷,不能形成极点效应,以极点带动周边联动发展的内生能力欠缺。另一方面,由于民族地区历史起点低、发展欠账多、经济发展局限、乡村功能发育先天优势不足,这给乡村振兴带来极大挑战。乡村功能发展不充分且滞后,需要借助与乡村振兴战略相适应的特色明显、模式多样的中间桥梁村寨镇化推进乡村振兴。

旅游产业发展前,黔东南州是国家重点贫困地区,西江千户苗寨村民的生计方式主要以稻作式农耕生产为主,以手工业为辅,长期缺乏技术、资金、人等现代资本的支持,非农产业发展十分有限,难以形成产业、资本、人等高密度聚集。州府凯里市作为黔东南州最大的增长极,其辐射能力向四周逐渐衰减,黔东南民族村寨均处于低水平均衡发展阶段,城乡关联效率较低。因此,西江千户苗寨受城镇辐射能力较弱。相反,在《西江模式发展报告》中已表明,西江千户苗寨已初步形成"景区带村带县"的发展格局。③ 西江千户苗寨旅游基本收入和旅游非基本收入的综合收益从2008年的1.02亿元扩大到2019年的74.5亿元(见图4-3),极大地带动了西江镇、雷山县甚至是凯里市经济的增长。

---

① 李忠斌,郑甘甜.民族地区新型城镇化发展的现实困境与模式选择[J].民族研究,2017(5):27-41,124.
② 郑长德.中国少数民族地区工业化的演进与结构变迁研究[J].民族学刊,2012,3(4):1-8,91.
③ 李天翼.西江模式:西江千户苗寨景区十年发展报告(2008—2018)[M].北京:社会科学文献出版社,2018:25.

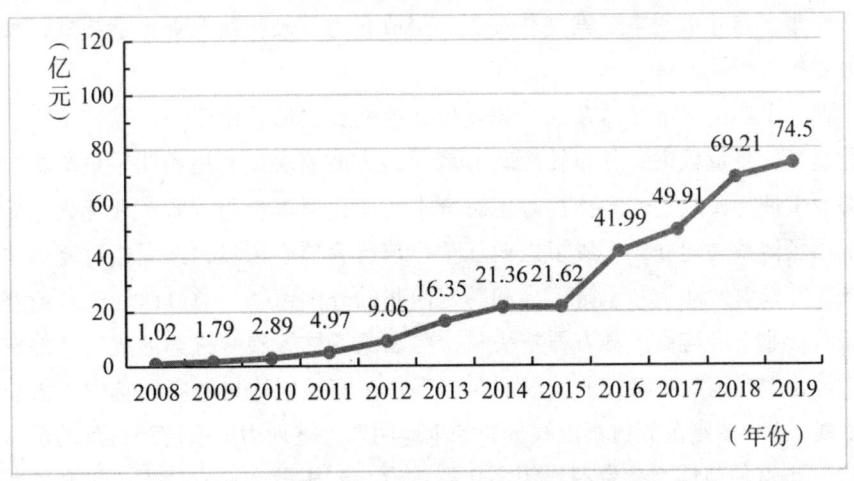

图 4-3　2008—2019 年西江千户苗寨旅游综合收益①

村寨镇化是一种多功能的互动过程，为乡村发展经济，加速经济增长，解决城乡二元结构中的政治、经济、社会的差距，借此保护利用民族村寨，并推进自身地位、价值的相互作用过程。村寨镇化的目的是实现乡村振兴，为乡村振兴服务，促进乡村自身的发展。乡村自身发展就是实现乡村内生发展能力，内生发展中起决定作用的内因如下。一是乡村功能。乡村历史发展中经济、社会、文化等主要功能发展滞后或缓慢，乡村发展需要的大量资金、人才、技术等资本要素难以在乡村功能作用下实现资本的经济价值。二是乡村的资本要素。资本难以形成聚集，导致乡村人、财、物等资本要素积累不足，缺乏资本规模化聚集的能力，仅仅依靠外部资本要素注入不足以从根本上培养乡村的内生发展能力。三是乡村产业发展。乡村以农业为主导的传统产业发展方式已然在现代化产业发展中难以发挥其经济价值，资本要素难以形成规模造成乡村产业发展不完全，无法解决村民就业问题，带来乡村发展活力不足甚至衰退。这就意味着我们需要打破传统的乡村发展思路，借助村寨镇化这个中间载体作为乡村发展的新突破点。村寨是乡村的特殊形态，作为乡村资本要素聚集的空间载体，充分发挥村寨镇化这一基本空间载体的功能，通过村寨镇化功能、资本、产业等核心要素表达乡村自身利益发展诉求，通过核心要素各自作用方式及相互作用方式激活乡村内部因素，实现乡村内生动力与外部资源要素相结合，打破传统发展模式，实现乡村全面振兴。村寨镇化功能提升必然使乡村优势特色资源

---

①　数据来源西江镇文旅局。

有效聚集,与外部资本要素优化配置、聚成合力打破传统产业发展模式,实现农业农村现代化发展。

西江千户苗寨市场体系的变化发生在旅发会之后,由于西江千户苗寨自然文化遗产信息量较大,分布较广。2008年地方政府决定利用西江千户苗寨自然生态原生性与民族文化多样性等生态资本与文化资本参与旅游产业建设。旅游产业市场体系的建立,形成了以西江千户苗寨为核心市场,以周边村寨为中间市场,并辐射西江镇乃至雷山县和黔东南州的外围市场。通过西江千户苗寨内生旅游产业发展与雷山县方祥格头村、西江龙塘村等旅游村寨形成内外部资本要素优化配置构成旅游产业发展。西江千户苗寨及周边村寨主要集中在雷公山麓沿线,330多座苗族村寨沿线分布如璀璨明珠。被列为国家传统村落的苗寨有58个,丰富的苗族文化资源作为文化资本参与到旅游产业发展中,提升了西江千户苗寨产业发展功能,西江千户苗寨旅游产业发展为西江千户苗寨带来财政建设投入等资金的聚集,并不断满足西江千户苗寨村民的生产、生活物资需求等物的聚集。国内外游客聚集等人流吸引了村民返乡就业,外商入驻苗寨经营等人的聚集促发西江千户苗寨"人的城镇化""空间的城镇化"的实现,打破了西江千户苗寨以农业为主的传统生产方式,实现了人财物等镇化功能。在旅游产业发展中通过资本聚集及其产业化发展实现了其经济价值。如表4-1所示,雷山县旅游产业发展吸引客流量由2010年的173万人猛增到2019年的1321.95万人,2019年相比2018年同期增长2.27%,旅游综合收入和旅游非综合收入的总收益由2010年的6.48亿元大幅增长到2019年的118.97亿元,2019年与上一年同期相比增长了11.31%。2018年和2019年都是过千万的客流量、过百万的产值,迎来西江千户苗寨旅游产业发展高峰。其中,2018年游客入园量1291.35万人,2019年增加到1321.95万人,2019年与上年同期增长10个百分点。①

表4-1 2010—2019年雷山县旅游入境人数和旅游创收情况统计表②

单位:万人.亿元

年份	入境总人数	收入
2010	173	6.48
2011	252	15.55

---

① 笔者调研所得。
② 资料来源于雷山县统计年鉴。

续表

年份	入境总人数	收入
2012	342.2	21.49
2013	377.6	29.18
2014	478.5	37.63
2015	548.5	45.16
2016	691.47	54.88
2017	965.31	77.37
2018	1291.35	106.88
2019	1321.95	118.97

第二，村寨镇化必然运用何种方式实现乡村振兴

资本是人类社会发展到一定阶段的产物，是占统治地位的生产关系。[1] 首先，村寨镇化的生产生活关系反映了乡村的经济关系。乡村一直延续着民族村寨自然经济时代的经济关系，其生产关系是乡村自然经济时代的经济关系决定的，体现在村寨众多利益主体与资本的相互作用。村寨镇化资本呈现的生产关系涉及众多主体和主体利益，在乡村生活的众多主体将资本渗透到村寨镇化的生产、分配、流通、消费等资本生产活动中，众多利益主体在村寨镇化过程中对资本的适应性是衡量乡村发展质量的重要方面。其次，资本的实现是一种积累的过程，是实现人、财、物的积累过程。当"积累起来的、过去的、对象化的劳动支配直接的、活的劳动，积累起来的劳动才变成资本"[2]。可见，资本积累在人的生产活动中发生，需要与主体发生作用。最后，产业兴旺是乡村振兴的基本要求，产业实现的前提是资本不断地自我建构与扩张的过程。[3] "资本不是一种个人力量，而是一种社会力量"[4]，因而资本的社会性质决定了资本成为支配一切的经济权力[5]，说明资本的经济属性是实现乡村振兴的重要方式。

---

[1] 王晓丹．资本作用的历史性意蕴与当代启示[J]．理论导刊，2020（7）：81-86．
[2] 马克思，恩格斯．马克思恩格斯选集：第1卷[M]．北京：人民出版社，2012：342．
[3] 王晓丹．资本作用的历史性意蕴与当代启示[J]．理论导刊，2020（7）：81-86．
[4] 马克思，恩格斯．马克思恩格斯选集：第1卷[M]．北京：人民出版社，2012：415．
[5] 马克思，恩格斯．马克思恩格斯选集：第1卷[M]．北京：人民出版社，2012：707．

旅游引导下的西江千户苗寨苗银专业市场迅速发展，形成了跨村域银器市场体系。这一过程中，旅游产业发展带动至关重要，它为苗银初期发展提供了客源和市场，构建了新的资本要素参与旅游产业发展，挖掘了资本新的经济价值参与镇化功能的提升。由于市场对苗银的需求，西江千户苗寨周边的麻料村、控拜村、乌高村的苗银市场体系在西江千户苗寨旅游产业兴起之后发展起来。苗银资本的经济价值和社会需求决定了苗银成为支配银饰村经济发展的核心资本要素。①

　　但是村寨镇化作用在不同乡村资本上的功能侧重点不同，村寨镇化对民族村寨资本利用的特定方式类型，比如，资本聚合、文化旅游、生态农业、传统工艺、老字号品牌等，带来了村寨镇化类型上的共性与差异。村寨镇化的共性是指人与自然、文化与自然的和谐共生，个性是指经济、政治、文化、社会、生态不同功能发挥的主要价值。贵州黔东南西江千户苗寨、广西龙脊镇龙脊梯田、云南鹤庆白族新华村、贵州黔南三都县马尾绣、贵州绥阳保林张氏贡面等不同资本类型带来了村寨镇化模式的共同点与差异性，共同点都是民族共同体与自然生态文化的和谐共生发展，都是通过各种经济行为渗透着民族文化的特点，只是在经济、政治、文化、社会、生态等不同乡村功能上的侧重点不同；西江千户苗寨的经济功能、龙脊梯田的生态功能等不同功能发挥了主要价值。

　　资本与产业的融合发展②，是村寨镇化功能提升的逻辑实现过程。资本为村寨镇化带来资金、技术、知识等生产要素的支撑，同时与政治、文化、生态功能高度契合③，这是村寨镇化功能提升的特点。通过资本要素市场化配置，以"产业+"形式衍生叠加出市场化新业态，包括"产业+旅游""产业+文化"等多种业态创新④，不仅解决了当地劳动力就业问题，还吸引外面的人来此从事旅游或者产品的生产交换。有了人口的聚集和流动，就会带来产业规模的扩大，吸引更多外来的人、物资、加工技术、设备等朝镇化村寨聚集，形成村寨增长极，带来聚集效应和扩散效应，再通过镇化辐射功能带动周边村寨发展。

　　西江千户苗寨需要通过旅游产业实现村寨镇化功能，不论是结合西江千户

---

① 笔者调研所得。
② 辛瑞，辛毅，郭静，等. 我国土地信托流转模式及绩效研究——兼析金融资本与农业产业融合发展关系[J]. 价格理论与实践，2019（12）：83-87.
③ 葛宣冲. 内生与外入："美丽资本"与"资本下乡"的共建[J]. 经济问题，2020（8）：114-121.
④ 陈剑，李忠斌，罗永常. 特色村寨民族文化产业业态创新与高质量发展[J]. 广西民族研究，2020（4）：167-172.

苗寨文化资本还是生态资本等多种复合形式都需要通过产业发展实现资本的经济价值。吸纳西江千户苗寨吊脚楼民宿或是农家乐的外地经营者入驻，吸引银饰村等苗族银饰资本等周边西江千户苗寨完成生产交换过程，苗族刺绣、侗族蜡染工艺等各种资本要素向西江千户苗寨聚集形成增长极，辐射带动了郎德上寨、雷公山、小丹江苗寨、大塘镇等周边地区发展。①

但是村寨镇化在不同功能提升的侧重点不同，由于民族村寨主体需求丰富且多元，包括经济利益和文化需要。② 村寨镇化对民族资本利用的模式多样，比如，镇化五大模式的实践探索其功能提升各有侧重。西江千户苗寨的经济功能、龙脊梯田的生态功能等不同功能提升为村寨镇化在时空上呈现出多元价值和充分弹性。一方面，村寨镇化就是实现乡村功能更加多元与开放，而开放式乡村基本特征是形成经济、政治、文化、社会、生态等不同功能提升，不同功能提升聚集了更丰富的空间要素，村寨镇化集资本、产业、文化、交通、物流、商贸、居住、消费、就业等不同功能型生产要素，通过获得部分镇化功能成为乡村的综合集散中心，吸引周边地区和乡村人口向上流动，给村寨镇化的在地发展注入新的动能。通过村寨镇化与周边城镇、村寨功能对接，使乡村在村寨镇化功能提升中获得可持续发展的内生能力。另一方面，乡村通过村寨镇化与城镇化发生密切的横向和纵向关联，这些关联不仅是物质与意识的关联，还有城乡功能的关联。在市场经济条件下，仔细分析各种关联功能都是通过人的活动展开，与人关联的资本、产业、就业形成了人与资本聚集和流动的状态。其中，信息、技术、文化等资本要素关联着人的活动，关联的过程也是资本要素聚集和流通的过程；信息、技术、文化等聚集和流通功能顺畅，说明了人的聚集和流通功能的实现，人、财、物的聚集和流动使村寨镇化成为资本要素集散中心，通过极化效应带动乡村振兴。

西江千户苗寨的产业市场借助旅游发展契机形成后，突破了城镇与乡村功能流动的等级体制，由此改变了乡村在传统二元结构分工中的地位。长期以来乡村资本要素的流动和能量转换单方面流向城镇，表现为乡村对城镇原始资本积累的支撑。但村寨镇化功能的实现使西江千户苗寨已经不是简单的原始资本输出单位，更是聚集了民族资本、产业、文化、交通、物流、商贸、居住、消费、就业等不同功能的综合集散中心，实现了人、财、物的聚集和流通，成为

---

① 笔者调研所得。
② 陈运辉. 西部大开发的主体性及民族性：利益关系与社会稳定[J]. 民族研究, 2000 (3)：30-39, 108.

独立的生产单位。西江千户苗寨在向西江镇、雷山县、凯里市实现了多元功能对接的同时，也从外部市场获得了大量资本流入，继而又为西江千户苗寨的镇化功能提供了更大的提升空间。西江千户苗寨村寨镇化后，已经不只是乡村的基本构成单元，雷山县大部分城镇化功能的实现都与西江千户苗寨密切关联。西江千户苗寨逐渐成为增长极，周边村寨成为西江千户苗寨发展的支撑力量，是西江千户苗寨村寨镇化功能实现的外部资本市场。①

第三，村寨镇化在乡村振兴中怎么表现出来

长期以来，民族地区乡村发展多属于被动式引导发展，以政策引导与资本介入为主，原有的民族村寨资源缺乏、资本分散，无法实现资本的合理有效配置，吸引资本要素和产业聚集能力弱。要实现资本、功能、产业三者由无序到协同最终共生发展的过程，就要充分发挥村寨镇化功能。村寨镇化需要资本支撑，通过资本供给实现产业培育与壮大，实现乡村生产生活的绿色转型发展。因此，村寨镇化发展过程不能脱离人，如果人不能发挥主体作用，资本发展就会受到局限，逐步脱离了人、产业、就业的村寨镇化就会使乡村失去可持续发展能力。资本存量不足无法实现持续性资本积累且不能高效利用是乡村发展滞后的主要原因。通过资金、技术、人才等内部资本聚集与外部资本形成合力，充分运用物质资本、历史文化资本、人文景观资本等丰富的资本类型，让人、资本、产业相互作用，提升人的功能、文化功能、交通便利功能，实现政治、经济、文化、社会、生态等镇化功能。

村寨镇化是乡村振兴的重要实现路径之一。让村寨镇化实现人、财、物包括文化、信息、交易等集散中心的功能，通过资本要素聚集为产业发展拓展空间和市场，提供现代化生产要素与服务，满足产业现代化发展需求。随着资本持续聚集，产业原有规模不能满足现有需求，需要不断拓展边界、延伸服务，在产业发展的基础上吸纳周边地区的人到村寨来就业。要充分发挥村寨镇化作用，通过功能提升和产业带动把乡村和民族村寨有机串联起来，通过镇化多种功能提升资本对产业的开发与构建。通过产业发展提升就业功能，通过产业对劳动力的吸纳能力，实现从单一产业向多元产业的转型，充分发挥资本的经济价值，形成资本经济的产业化发展。在乡村振兴中将村寨镇化作为一个支点，村寨镇化有活力、有带动，通过镇化功能实现乡村经济增长极，让乡村既可以成为农民安居的地方，也可以成为农民获利的地方。通过村寨镇化功能提升引发乡村市场体系建构乃至乡村社会结构的重构，以村寨镇化为中心带动周边村

---

① 笔者调研所得。

寨、辐射乡村的市场体系，不断缩小城乡政治、经济、社会发展的差距，培育乡村可持续发展的内生动力。

西江千户苗寨村寨镇化基于旅游产业以及产业化市场的发展，自发形成新的农业产业体系。因资源有别而有别于其他农业产业体系。一是旅游产业在西江千户苗寨村寨镇化构建过程中发挥了关键作用。旅游产业扩大了产业品牌知名度和市场空间，同时，旅游产业发展带来大量游客，也为西江千户苗寨产业发展提供在地客源等资本支撑，拓展了产业市场。西江千户苗寨旅游产业的客流量从2008年的77.73万人，大幅增长到2019年的827.93万人，涨幅10倍之多（见图4-4）。二是旅游产业具备良好的产业关联性，能带动多元资本与产业协同发展，也是西江千户苗寨村寨镇化能够在短时间内发展起来的重要原因。三是西江千户苗寨村寨镇化是与传统的农业产业体系并行发展的，村寨镇化作为一种生产性的镇化经济活动，直接与乡村资本发生关联，在一定程度上影响了传统的农业产业体系和产业结构。西江千户苗寨村寨镇化可以提供大量就业岗位，在发展旅游产业的基础上吸纳周边村寨的人到西江千户苗寨就业，激活了原有的农业产业市场。而且，西江千户苗寨在村寨镇化引导下的农业产业市场体系发展，体现了"城镇中心化—乡村边缘化"的翻转格局，实现了乡村"空心化"的反向运动①，推进了内生化的乡村振兴发展。

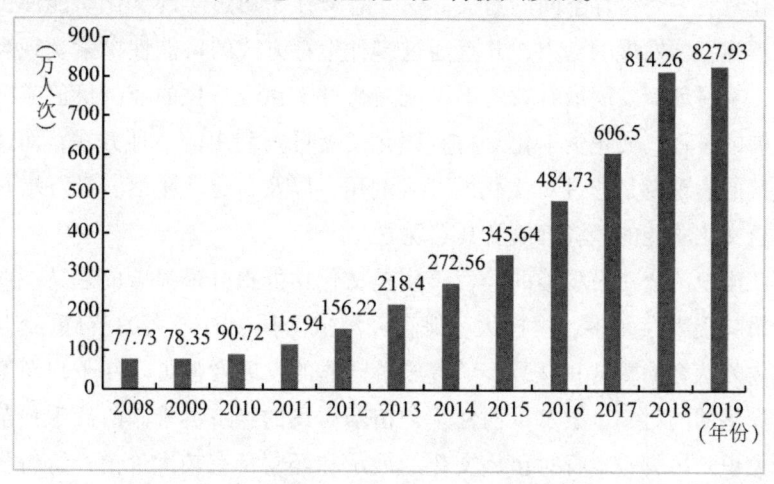

图4-4　2008—2019年西江千户苗寨游客数量统计②

---

① 孙九霞，李怡飞．民族村落旅游专业市场体系的结构与特征：以白族新华村为例[J]．广西民族大学学报（哲学社会科学版），2018，40（3）：57-63.
② 数据来源西江镇文旅局。

（三）村寨镇化是创新乡村振兴的有效手段

村寨镇化就是通过创新发展模式将一个民族村寨变成一个"镇"，让村寨实现一个城镇的功能。通过镇化功能的辐射、带动作用推动乡村经济发展，整个的这种活态发展过程，是村寨镇化创新乡村发展的有效手段。村寨镇化是民族地区的空间聚集载体，凝聚了具有民族特色的民族文化要素，充分发挥民族文化这一基础空间载体功能。民族文化汇聚了历史、经济、生态、社会等资本要素，民族文化功能提升是创新乡村发展的有效手段。村寨镇化创新的有效手段主要依托民族村寨的根，这个根就是民族文化。民族文化是村寨镇化本身固有的特征，村寨镇化既承载着民族文化又承载着乡土文化，民族文化的创新发展是实现乡村振兴发展的有效手段。如何通过文化资本要素提升文化功能，使文化功能提升在乡村振兴中发挥更大的作用？就是通过文化资本化的经济价值实现乡村经济发展，同时提升了民族共同体对民族文化认同和民族文化自信。

一是村寨镇化对乡村振兴所起的作用都不可避免地关联到民族文化功能及其价值实现。[1] 只有结合民族文化因素才能解释乡村在特定阶段的经济状况及历史成因，只有结合这些民族文化因素才能找到民族经济在乡村发展的契机。[2] 文化功能所起的作用就是让民族文化主动参与到乡村发展的资源博弈当中，使得民族文化具有争夺生存空间的意义。这一意义在于通过实现文化功能使民族共同体获得生存与发展的动力，并且通过多种生存方式的可能性探索实现乡村振兴发展。乡村创新发展最有效的手段就是通过文化资本化的经济价值实现乡村经济发展的过程。文化资本化是村寨镇化发展可资利用的一种方式，而这种方式最直接的表现就是通过对文化的开发利用，以及对经济生活、经济增长的影响，解析文化功能的经济价值及其实现方式。

西江千户苗寨对吊脚楼的经营善用是文化功能提升最显著的表达。西江千户苗寨吊脚楼因存量多、规模大、保存完整成为国内外最大的苗族吊脚楼群，深受国内外游客的赞赏和喜爱，随着旅游产业的发展增强了西江千户苗寨居民民族自豪感的同时，也激发了西江千户苗寨居民的经济诉求。西江千户苗寨居民逐渐意识到吊脚楼本身对苗族文化的展示和经营具有较大价值，纷纷积极参与到乡村旅游发展中。西江千户苗寨吊脚楼的经营类型主要有两种，一种是苗家乐经营，一种是吊脚楼经营。吊脚楼经营主要是将苗族文化通过吊脚楼及建

---

[1] 李忠斌. 论民族文化之经济价值及其实现方式[J]. 民族研究，2018（2）：24-39，123-124.

[2] 李忠斌. 民族经济学[M]. 北京：当代中国出版社，2011：221.

筑内饰进行"演绎"和展示，进而吸引游客观光或入住，因而西江千户苗寨吊脚楼经营者不会对建筑外形进行改造，他们需要吊脚楼古朴的苗族气息，以便让游客充分沉浸在苗族文化中，忘情地体验苗族的民俗风情和优秀传统文化。吊脚楼农家乐的经营不同于民宿，光顾农家乐的游客可以身临其境体验苗族饮食文化、苗族生活氛围和风情。吊脚楼农家乐经营者纷纷将招牌做得具有自家特色，屋内挂满了尽显主人家苗族文化的照片，用苗族文化引起游客对异文化的向往。①

二是村寨镇化文化产业勃兴是文化功能提升的重要方式。文化功能的实现通过民族文化资本的文化价值转换为经济价值，有助于实现村寨镇化文化功能对产业经济效益的带动，推动乡村经济发展。费孝通指出，"就一个民族发展来讲，必须善于利用民族本身及文化上的优势，利用一切可以利用的外在条件发展其经济"②。文化功能提升可以从文化经济价值转化的效果中度量，在文化资本化发展中依托一定的文化资本积累或有一定的产业基础，在公共服务和基础设施不断改善的条件下，通过创新文化资本等多种要素自由组合实现文化产业化创新发展，提升产业功能，增强乡村发展竞争力。

西江千户苗寨经营者在旅游产业发展中深刻认识到吊脚楼经营的潜力来源于中华民族优秀传统文化，来源于人与自然和谐相处的生态文化，因而在投资建设以吊脚楼为依托的旅游产业时，最大限度地保持原有建筑风格并不断开发创新民族元素，他们认识到在文化资本开发利用中对吊脚楼等苗族文化资本原样的坚守是他们参与经营的唯一资源，因为他们的经营依托吊脚楼本身的文化与历史资本积累，改造成本较低，产业开发过程较简单。③

三是创新是村寨镇化文化功能提升的有效手段，也是促使乡村经济发展的有效手段。村寨镇化的文化功能将丰富的民族文化资本通过市场化手段转化为经济资本，并将民族文化资本嵌于镇化的发展结构之中，通过村寨镇化的文化功能提升形成与乡村发展高度互动与融合的经济行为。文化功能提升的特性是通过民族文化资本化实现民族文化自身产业化发展，或与不同载体结合实现产业化发展的内在属性，即村寨镇化通过文化功能提升产生的极点效应带动人、资金、技术等资本要素向镇化村寨聚集，实现资本要素积累，并在此过程中获得部分城镇功能，实现吸纳乡村就业的能力。

---

① 笔者调研所得。
② 费孝通.边区民族社会经济发展思考[J].北京大学学报（哲学社会科学版），1993（1）：12-20，129.
③ 笔者调研所得。

西江千户苗寨成为4A级旅游景区后，吊脚楼作为核心文化资本成为旅游吸引物，这是吊脚楼文化功能的明显转变。通过文化资本化与市场需求的合理对接，在旅游产业发展中逐年实现收益递增，并且为当地村民提供了就业岗位，吸纳了乡村就业能力，实现文化资本化经济价值最大化而不是过度化，推动乡村经济的有效发展。①

四是村寨镇化文化功能提升是一个持续的过程，通过文化资本化参与获得直接经济利益，文化资本化参与程度能够决定村寨镇化文化功能的提升程度。文化资本化过程不仅出现在村寨镇化的场域空间，同样也存在于乡村的公共空间。可以说乡村一切的经济活动都体现出文化资本化的特点，文化资本化需要在人的交往中实现。② 文化功能提升要依靠民族共同体的努力，民族共同体新的生产生活方式的构建要如何与乡村振兴对接？从现实意义来讲就是通过文化资本化参与村寨镇化的发展，生产生活理念的转变过程就是文化功能提升的过程，构建民族共同体新的生产生活方式是实现乡村振兴的重要内容。文化功能提升表现为民族文化资本化持续促进民族共同体生产生活水平的提高，实现了民族文化对其经济价值的度量，为村寨镇化参与乡村经济活动提供新的可能。村寨镇化文化功能提升反映了一定生产力水平和制度条件下文化商品的市场化程度③，同时可以满足乡村居民消费升级需要。从现实意义来讲就是通过文化资本化参与乡村生产生活的现代化发展过程，实现文化功能与文化消费主体在文化权力结构上的对应关系，而这种关系反映在城乡生产与消费的有效衔接。因此，全面促进乡村消费的过程就是文化功能提升的过程。

西江千户苗寨吊脚楼的资本化进程持续促进寨子居民生活水平的提升，吊脚楼的资本化过程首先发生在村民生活的村寨自有空间内，旅游产业发展推动了以吊脚楼为主要标志的文化要素资本化的进程，为村寨镇化参与乡村经济提供新的可能。而参与经济交易的权利是经济增长的强大动力④，参与旅游产业为西江千户苗寨村民带来的收益为其他拥有吊脚楼资本的村民加入吊脚楼资本化的行列起到积极的带动作用。而吊脚楼的资本化过程不仅仅实现了村寨镇化文化功能提升，同时满足了乡村公共空间的消费升级需要。吊脚楼在旅游产业发

---

① 笔者调研所得。
② 马翀炜. 民族文化资本化论纲[J]. 云南大学学报（社会科学版），2004（1）：30-37，93-95.
③ 胡惠林. 论文化产业结构的战略性调整与制度创新[J]. 思想战线，2003（4）：51-54.
④ 阿玛蒂亚·森. 以自由看待发展[M]. 任赜，于真，译. 北京：中国人民大学出版社，2002：162.

展背景下以资本化方式重新出现,并且同时承担服务村民和纳入雷山县全县国民经济和社会发展规划体系中,当村民生活的村寨空间与旅游产业作用下产生乡村认同空间相互重叠时,村寨文化资本化更注重与乡村形成地域性文化认同,我们可以理解为是苗族地方认同感的崛起,也可以理解为是旅游产业塑造的强烈的苗族文化资本使游客、村民、地方政府和经营者等利益主体产生共鸣,而吊脚楼可以作为文化功能提升后的地标性表征推动城乡生产与消费有效衔接。[1]

(四) 村寨镇化有利于满足多层次消费需求

正如费孝通先生所说:"要乡土在自立更新的原则中重建起来,重要的是增加农民收入,改善农民生活,一切新事业必须是要经济上算得过来的,是消费性的。"[2] "消费的逻辑"成立的前提是"资本逻辑的运作起源于生产",这表明消费活动是社会关系存在的前提。[3] 生产方式与消费方式是社会发展的重要关系之一,人的生存发展就会产生消费活动,有消费活动就会有对应的消费需求,生产方式决定消费方式,消费方式又会反作用于生产方式,影响生产方式的具体形成,即消费产品的产生。[4] 村寨镇化的发展离不开消费产品和消费者,能否扩大消费群体与半径,是村寨镇化能否持续发展的关键。消费产品不能不受文化观念支配,文化观念支配和制约消费产品产生的过程。村寨镇化顺应不断升级的消费需求,利用民族文化特色化开发出异质性的民族文化产品和服务,为吸引城镇和乡村居民、满足城乡居民寻求独特的消费需求起到拉动需求的作用。主动性的村寨镇化将供给侧改革发展方式由"自上而下"的被动引导转变为"自下而上"的主动探索,消费产品日渐成为备受游客青睐的旅游产业发展中不可或缺的体验活动。早期学者认为文化商品化的经济利润最大化的经济行为会逐步瓦解民族文化并引发文化传承危机。[5] 凯恩斯的有效需求理论与摩尔理论结合在一起,让我们充分意识到文化才是解决经济如何满足人类有效需求的最佳途径,揭示了文化与经济增长的关系。[6] 而村寨镇化如何利用好乡村文化资本这一要素以满足人类需求的各类产品和服务,逐渐缩减城乡发展差距,促进高质

---

[1] 笔者调研所得。
[2] 费孝通. 乡土重建[M]. 北京:群言出版社,1999:438-439。
[3] 费瑟斯通. 消费文化与后现代主义[M]. 刘精明,译. 南京:译林出版社,2000:23.
[4] 孙熊燕. 日本文化的多视角研究[M]. 北京:中国水利水电出版社,2018:161.
[5] LI Y. Ethnic Tourism and Cultural Representation [J]. Annals of Tourism Research, 2011, 38 (2):561-585.
[6] 周正兵. 凯恩斯文化经济学思想述评[J]. 江汉大学学报(社会科学版),2018,35 (4):65-74,128.

量的城乡供需动态平衡①，民族文化的资本化运作是推动民族经济发展的重要力量②，让民族文化资本不同程度地参与到乡村经济社会发展中，通过民族文化的资本化运作不断激发乡村的内生发展动力，不断增强居民对民族文化的价值认同，让居民从文化内生力中不断汲取文化自信的力量，让乡村经济社会获得持续发展的功能。

第一，用文化经济价值提供服务型产品

服务型产品是民族文化在特定的民族地区环境中与环境相融合并打上民族地域性烙印的特色文化。民族文化既有文化属性，也有经济属性，共同构成民族共同体的全景式发展模式。③ 城镇化进程带来乡村的"消费"需求，寻找"乡愁"的主观意愿日趋凸显。④ 服务型产品依托民族文化资本满足城镇化居民对寻找"乡愁"的异文化消费需求，农家乐、共享乡居、休闲养老、特色商品会展等服务型产品都是有形的物质载体，通过村寨镇化的功能提升进入城镇化居民视野，使民族文化资本以商品化的方式获得新生，成为满足多层次消费需求表征民族文化认同的物质载体。村寨镇化将民族文化与农业文化相融合实现生态功能、文化功能的提升。服务型产品是根据生态农业文化衍生出来的文化产品，从四季村寨景观、活动、业态、文化产品四方面进行民族文化产业延伸，其用途发生较大改变，具有了服务消费者的功能。比如，根据小满、芒种、惊蛰、清明四季农作，将农作物播种、萌芽、生长、收获，再到餐桌上的体验过程带入农家乐、共享乡居、休闲养老等服务型产品中，构建集文化、产业、观光、度假于一身的功能性消费空间。

三穗颇洞农业体验园区位于贵州三穗县坡东村，它的生态农业体验园是国家3A级旅游景区，建成了生态农庄、生态度假屋、滨河休闲水上设施、农业体验馆等旅游配套设施，热带植物馆、蔬菜大棚、精品水果（葡萄、蓝莓、草莓）、现代科技栽培农作物展示厅等特色商品会展，形成了融农业体验、农业休闲、田园度假、乡居避暑、自然康养、特色产品会展为一体的乡村旅游景区，满足消费者对商品化认知差异与异文化的民族认同，满足城镇不同层次消费需

---

① 李旭章. 正确理解和全面把握全面深化改革的重大意义[J]. 人民论坛，2020（31）：28-31.
② 吕俊彪. 民族文化资本化的困境与出路[J]. 广西社会主义学院学报，2008（2）：57-60.
③ 李忠斌. 民族文化经济价值度量及其实践意义[J]. 西南民族大学学报（人文社科版），2020，41（3）：28-37.
④ 周思悦，申明锐，罗震东. 路径依赖与多重锁定下的乡村建设解析[J]. 经济地理，2019，39（6）：183-190.

求，实现城镇化对乡村的消费拉动。城镇消费需求的变化是村寨镇化功能提升的方向，对城镇居民消费需求的满足可以为乡村吸引更多消费者，消费者的消费欲望和购买能力在乡村进一步提升，村寨镇化的消费空间随之发生变化，一些传统的消费空间被恢复，一些跟不上需求变化的消费空间被淘汰，紧跟现代需求的消费空间被再构建。创新城乡共享、农业休闲、自然康养、特色会展等方式将村寨镇化纳入现代化发展道路，以实现乡村经济收益和优秀传统文化经济价值的共赢，实现服务型产品的内在诉求和文化认同。①

第二，从文化认同角度提供生产型产品

非物质文化遗产有传承性保护、生产性保护、封闭性保护三种方式，其中生产型产品是一种对文化遗产产生经济效益的积极的保护。② 文化遗产的生产性保护是指通过生产、流通、消费等方式将文化资源转化为生产力和产品产生经济效益，实现文化保护与经济社会协调发展。③ 生产型产品是通过对民族文化生产、流通、消费等方式在市场经济背景下寻求民族文化保护与社会发展的一种方式，其实质是实现文化资本和经济资本的相互转化，这种资本的转化源于多层次的消费需求。④ 村寨镇化秉持传统的生产方式实现功能提升，用有形的物质载体——生产型产品把民族身份符号化，以文化工艺品、旅游商品的新功能进入消费者视野，为他们提供富有民族特色的生产型产品满足消费者多层次需求。城镇居民消费需求多样化在村寨镇化功能提升中，带来乡村消费空间与农民经济活动空间的扩大，乡村消费空间城镇化转向加速，促进了城镇消费者向乡村加快转移。

丹寨石桥古法造纸延续古法生产，石桥白纸润墨性优良，主要生产白皮纸和彩色皮纸，其千余年造纸技艺不仅成为民族文化工艺生产型产品，而且形成丹寨石桥古法造纸旅游商品生产贸易，使石桥白纸以商品化的方式获得重生。村寨镇化旅游产业功能提升为石桥白纸提供了文化资本商品化过程的机会，消费者对异文化体验的需求让石桥村村民逐渐意识到优秀传统文化的独特魅力和经济价值，通过对石桥造纸文化的守护与传承，文化资本的价值实现满足现代化发展的利益诉求。村寨镇化为石桥白纸提供了发展空间和机遇，同时加速了

---

① 笔者调研所得。
② 李军.非物质文化遗产的生产性保护与衍生产品开发——基于传承与传播的探讨[J].四川戏剧，2019（11）：93-96.
③ 安葵.传统戏剧的生产性保护[N].中国文化报，2009-11-27.
④ 孙九霞，吴美玲.商品化视角下族群内部主体的文化认同研究——以云南丽江纳西族东巴纸为例[J].中南民族大学学报（人文社会科学版），2017，37（3）：67-73.

民族文化资本的转化，资本化的运作方式重塑了石桥白纸的民族文化价值和内涵。①

第三，用技艺传承提供功能型产品

功能型产品是指产品形态所表达的功能含义，产品表达功能是认识产品功能具有的原始性与继承性。② 用"民族特色"文化通过技艺传承呈现文化产品功能，不仅要满足消费者美观创新的消费需求③，还要注重产品功能承载的文化资本所表达的经济价值。村寨镇化深化了对消费需求的感知和理解，进而影响文化资本的功能提升，体现了文化资本的"复杂性"，而这种"复杂性"赋予了乡村发展研究的新内涵。

如新华白族旅游村。在旅游产业带动下，新华村的银器市场完成了原始资本积累，并带动周边村寨村民加入银器市场体系，主要通过传习所的方式，在新华村当学徒学习，技艺学成后自己开店。随着知名度的提升并打开市场销路，全国各地的银器商、学徒和游客来此慕名学习，成为银器制作人才培训基地。新华村的银器市场突破了城乡商品流通的二元结构，满足了乡村向城镇提供大量功能性产品的消费需求，也从城镇获得了大量收益，进而不断提升镇化功能。新华村市场体系的划分根据技艺传承在市场中的位置划分，以家庭式小作坊联结批发商的总部聚落式结构，在消费需求驱动下，根据市场品类畅销度对银器制作进行艺术创作，不断提升功能型产品的经济价值。白族村银器商品化也潜移默化地强化了市场对白族文化的认同，逐渐演变并内化为市场共享的传习技能，通过村寨镇化功能提升引发新华村村民对城镇化消费需求的强烈关注，而被重新塑造的白族银器产品更多地成为新华白族文化资本化的物质载体，赋予了乡村经济发展的内生能力。④

第四，从文化真实性角度提供公益性产品

公益性产品展示了一个民族的文化底蕴和文化积累，构成现代文明不可或缺的文化因素。⑤ 自然的观念深深植根于文化中，有很多自然空间可以被看作是

---

① 笔者调研所得。
② 许东旭，俞伟民，虞世鸣. 基于产品语义学的灯具设计研究[J]. 包装工程，2010，31(12)：49-52.
③ 边坤，余志鹏. 老包头地域文化元素挖掘与互动产品设计[J]. 包装工程，2019，40(6)：32-36.
④ 笔者调研所得。
⑤ 闫平. 文化产品和服务的公共性与公益性文化事业建设[J]. 山东社会科学，2008(12)：84-87.

人类文明实践变化的结果。① 公益性产品有很多自然空间，展示了自然的意识形态特征。公益性产品在村寨镇化中是如何通过民族文化资源本身的资本特性体现其文化价值。公益性产品通过对村寨镇化文化功能的提升，不断满足城镇居民对乡村文化的探寻，实现文化资本在现代发展诉求中被人们能动认知的理性选择，对文化选择自觉与自为的实现是其经济价值和教育价值的显现，提升镇化经济功能的同时实现了文化资本的生成、演进与创新，通过文化资本化的经济价值度量乡村文化及其实践意义。②

生态博物馆是一种新的民族文化遗产保护方式，是民族文化意识与自然生态意识的觉醒，是在对自然、社会、文化的保护利用中构建的人与自然关系。③ 在贵州、广西、云南的民族地区建立了一批民族生态博物馆用以保护民族传统文化。④ 具有"公益性产品"属性的梭嘎生态博物馆的营造是梭嘎苗族村民生产生活得以保障的基础，其提供的公共利益服务很大程度上体现在对消费者"异文化"需求的满足。村寨镇化提供公益性产品的目标是通过对生态博物馆空间资本价值最大化的转化，实现民族生态文化功能的公益性产出。通过镇化功能提升使梭嘎寨村民立足当前，其苗族文化传承向消费者充分展示了中华民族优秀传统文化和"以人为核心"的共同富裕总目标，是对苗族群众生活品质提升的生动呈现。梭嘎生态博物馆是"人与自然"的绿色发展方式和生活方式在民族发展中的生动践行，为乡村实现现代化经济发展并同步城镇化发展提供了一个切入点和突破口。⑤

二、乡村振兴是探索"村寨镇化"的战略语境

（一）乡村振兴为村寨镇化提供内涵和愿景

对乡村振兴内涵与愿景的准确把握，关系村寨镇化实施的功效。乡村振兴的内涵与愿景来自全体人民对生活需求的满足，在推进人民共同富裕的目标中

---

① BROOKS S. Images of 'Wild Africa': Nature Tourism and the (re) Creation of Hluhluwe Game Reserve, 1930—1945 [J]. Journal of Historical Geography, 2005.
② 李忠斌. 民族文化经济价值度量及其实践意义[J]. 西南民族大学学报（人文社科版），2020, 41 (3): 28-37.
③ 苏东海. 关于生态博物馆的思考[J]. 中国博物馆，1995 (2): 2-4.
④ 孙九霞，马涛. 巴卡小寨民族生态博物馆的命运解读：社区参与的视角[J]. 原生态民族文化学刊，2010, 2 (1): 90-95.
⑤ 笔者调研所得。

取得更为明显的实质性进展。① 乡村振兴将乡村发展立足点重新回归乡村本身，但是对乡村振兴之发展路径选择极其有限。村寨镇化是探索乡村发展的特殊空间形态，正是在乡村振兴的内涵和愿景下应运而生的一种创新模式。乡村振兴的发展逻辑是将乡村要素与现代发展要素结合，实现乡村多元功能的现代化转型发展，尤其是乡村自主发展的功能，这与村寨镇化的总体要求不谋而合。

乡村振兴的愿景是可以看得到的，也是我们现在所需要的。乡村振兴就是要做好"全面"的大文章，重点在"全面"，难点也在"全面"。民族全面复兴，乡村全面振兴。乡村振兴将城乡联系和相互依存关系纳入其内涵分析，需要对人口、生产、商品、资本和信息这五种类型的城乡要素流动进行研究②，通过现代化的生产力量打破乡村发展中资源要素单向流动的壁垒。乡村振兴为村寨镇化模式探索带来了创新发展思路，为有规模、有文化、有历史的民族村寨实现可持续发展提供了机遇。

（二）乡村振兴是实现村寨镇化的固本之策

乡村振兴是村寨镇化实现的根本，乡村是农民的根，乡土文化是乡村的魂，村寨镇化不能丢掉乡村、偏离乡村。农为邦本，本固邦宁。全面建设社会主义现代化国家，最艰巨最繁重的任务在乡村，最广泛最深厚的基础在乡村，最大的潜力和后劲也在乡村。乡村振兴的固本之策只有一个核心，即以乡村为本的"城镇化"策略③，就是实现以工促农、以城带乡，建立工农互促、城乡互补的新型关系，在新型城镇化发展中重塑乡村竞争新优势。村寨镇化旨在以乡村为本，对乡村的"特殊形态"村寨镇化实现"城镇化"功能，并通过"城镇化"功能辐射带动周边村寨，发展村寨镇化的增长极或增长中心的方法不失为一种乡村"城镇化"策略。

乡村振兴的固本之策就是以乡村发展为本源，重点在"全面"，难点也在"全面"，就是要做好乡村全面振兴的大文章，就是解决乡村发展不平衡不充分的主要发展矛盾。由于历史发展中内因与外因等因素的影响，造成乡村历史起点低、底子薄、发展状态缓慢、贫困问题复杂、经济长期滞后，体现在乡村政

---

① 万海远. 实现全体人民共同富裕的现代化[J]. 中国党政干部论坛，2020（12）：36-40.

② MIKE D. A regional network strategy for reciprocal rural-urban linkages: An Agenda for Policy Research with reference to Indonesia[J]. Third World Planning Review, 1998, 20 (1): 1-33.

③ JOHN F, The Strategy of Deliberate Urbanization [J]. Journal of the American Institute of Planners, 1968, 34 (6), 364-373.

治、经济、文化、社会、生态功能缺失，影响人的全面发展和乡村全面进步。乡村振兴需要城镇支撑，村寨镇化本身就是城镇化的一部分，是实现城镇化的路径之一。村寨镇化作为乡村振兴的有机组成部分，其核心就是实现政治、经济、文化、社会、生态等功能的提升。乡村的功能建设可以迅速在乡村的"城镇化"形态——村寨镇化中得以实现。

乡村振兴以文化发展为本源，固本之策的核心是把民族文化资本作为特殊的经济资源，实现乡村多种功能的配置手段。① 乡村文化本身是多元的，形成不同的文化类型，通过文化涵化能力在乡村多种功能中发挥不同作用。② 村寨镇化作为乡村振兴的重要动能，同时亦是传承、恢复与振兴民族文化的有效途径。作为一种特殊的现代化力量，村寨镇化就是要解决民族文化衰落、乡村传统消散等问题。中国仍然有四亿多农民生活在乡村，并且多在中西部的民族地区，固好乡村之本就是保障好四亿农民的立命安身之所。村寨镇化依然是乡村振兴与民族文化复兴的一把钥匙，不仅要固好乡村之本，避免传统"现代性"的理论束缚③，还要在乡村经济增长与发展的内生变量中，认同民族文化的经济价值，通过民族文化资本化中文化符号的功能转换④，理解民族文化功能与乡村其他功能之间的关系，通过文化功能的经济价值度量村寨镇化功能提升的效果，由此让人们看到民族文化资本在乡村固本发展中所起的作用。

（三）乡村振兴是村寨镇化发展方向性意涵

在新发展阶段，遵循新发展理念，构建新发展格局是乡村振兴的方向性意涵。

首先，新发展阶段就是在乡村建设中全面实现社会主义现代化，就是实现农业农村农民的现代化。新发展阶段要回答乡村振兴在哪里，朝哪里奋斗的问题。⑤ 乡村"城镇化"作为乡村发展中心⑥，约翰逊的这一主张被重新解释为乡村振兴中村寨镇化将扮演一系列乡村发展角色，因此回答了村寨镇化旨在提升

---

① 李忠斌，李军，文晓国.固本扩边：少数民族特色村寨建设的理论探讨[J].民族研究，2016（1）：27-37，124.
② 贺雪峰.中国区域差异中的文化核心区与边缘区[J].陕西师范大学学报（哲学社会科学版），2020，49（6）：23-29.
③ 麻国庆.乡村建设，实非建设乡村[J].旅游学刊，2019，34（6）：10-11.
④ 马翀炜，陈庆德.民族文化资本化[M].北京：人民出版社，2004：64.
⑤ 杨伟民.深刻理解新阶段、新理念、新格局 精准把握"十四五"规划建议的逻辑主线[J].秘书工作，2020（12）：9-12.
⑥ JOHNSON E A J. The Organization of Space in Developing Countries [M]. Cambridge, MA: Harvard University Press, 1970: Vol. 18. No. 1 (Mar, 1973), pp. 118-119.

乡村发展能力，朝乡村"城镇化"奋斗的问题。

其次，新发展理念是乡村振兴要全面贯彻创新、协调、绿色、开放、共享的发展理念，是对乡村发展的积淀、补益和促进，是实现人类生存的一种高质量经济方式。新发展理念就是在经济持续高质量发展过程中，人的价值观和态度随着经济社会发展发生重大变革，并在发展过程中采取了有利于变革和创新的经济政策、社会政策和政治行动。① 创新带来变革，要充分认识到乡村具有发展潜力、动力和主体性，村寨镇化就是顺应乡村发展规律，通过人的主体性和能动性跟随乡村不断"流动的文化"② 提升乡村功能，最大限度地参与乡村发展过程。

最后，新发展格局构建需要以国内大循环主体为前提，推进城乡双向开放是畅通国内大循环的一个主攻方向，其本质是重塑城乡经济发展新格局。经济活动本质是基于价值增值、信息、资金、技术等在不同主体之间循环往复的流动过程。③ 村寨镇化正是基于价值增值，充分利用资金、资本、技术等发展要素在城乡的流动获得部分城镇功能实现乡村提升的过程。新发展格局不仅是让乡村重新回归乡村④，还能与城镇化区域优势互补，村寨镇化就是着力推进城乡融合和区域协调发展，在城乡平等互补的前提下，推动乡村社会经济实现质的有效提升和量的合理增长。

三、"村寨镇化"与乡村振兴协同的双向关联

滕尼斯用二分法概念概括出人类群体生活的两种类型：共同体和社会。共同体的其中一种类型建立在理性的联合体中，就是村庄与城市。⑤ 可以把村寨镇化看作是一种理性的联合体，是兼具乡村形态与城镇功能共同体的构建，是对城镇化与乡村二者主体的认同与兼容。乡村振兴需要村寨镇化，村寨镇化离不

---

① JOHN F. The Strategy of Deliberate Urbanization [J]. Journal of the American Institute of Planners, 1968, 34 (6): 364-373.
② 徐新建，孙九霞，李菲. 民俗·遗产·旅游：乡村振兴的实践与思考[J]. 西北民族研究，2020 (2): 35-52.
③ 詹成付. 读懂新发展格局——学习党的十九届五中全会《建议》的体会[J]. 中国民政，2020 (21): 30-37.
④ 王超超，李孝坤，李赛男，等. 基于乡村旅游视角的乡村复兴探析——以重庆市万州区凤凰村乡村公园建设为例[J]. 重庆师范大学学报（自然科学版），2016, 33 (6): 162-168.
⑤ 滕尼斯. 共同体与社会——纯粹社会学的基本概念[M]. 林荣远，译. 北京：商务印书馆，1999.

开乡村振兴，乡村振兴需要村寨镇化的支撑，乡村振兴与村寨镇化是一枚硬币的正反面，二者不是彼竭我盈的关系，而是在实现对方价值的前提下促进自我价值的实现，村寨镇化是与乡村振兴结合的城镇化，是实现乡村振兴创新模式探索的重要手段，是实现乡村1+1>2的聚力效应，也就是尊重对方价值的前提下实现自身价值，通过对方实现自身的价值增值。村寨镇化与乡村振兴在协调互促的基础上实现"1+1=11"的乘数效应，将村寨镇化作为本金投入，通过乡村振兴战略实现二者的价值。村寨镇化与乡村振兴之间呈现出一种关联性建构，乡村振兴构建村寨镇化，村寨镇化逐渐成为乡村振兴的部分和环节；村寨镇化又承载着乡村振兴，村寨镇化越来越成为乡村"城镇化"的乡村体系。村寨镇化作为乡村振兴的部分、环节、载体，二者的关联建构在乡村创新发展中是对城镇化功能的重新探索，是突破地域限制的与时俱进过程。与时俱进就需要辩证地看待村寨镇化的发展，乡村随着时代的变化日新月异，村寨镇化就是跟随时代发展中创新乡村发展的产物，是对乡村振兴地位和价值的正确理解。

（一）村寨镇化与乡村振兴同步推进

村寨镇化与乡村振兴二者并行不悖，同步协同推进，体现在二者之间相互影响和相互促进的发展趋势。一是村寨镇化通过功能提升使人的城镇化、空间城镇化的实现成为可能，打破原有的地域局限，获得部分城镇功能，实现了向城镇的开放，提升了政治、经济、文化、社会、生态多种镇化功能。乡村振兴突破了单一的农业生产功能，是融生活与生产、社会与文化、历史与政治多元功能要素为一体的人类文明体。[①] 二是村寨镇化的根本路径是就地就近城镇化，是吸纳农村剩余劳动力等农业转移人口，实现农业转移人口就地市民化。[②] 而乡村振兴的目的是改变长期以来乡村从属于城镇的社会结构，实现乡村与城镇同等重要的地位，让农民享有"市民化"权益。三是乡村振兴的关键是产业振兴，产业振兴的侧重是产业多样化发展[③]，大量出现的民族文化资本化就是产业业态的创新发展。村寨镇化通过产业功能提升，挖掘蕴藏在镇化功能中的资本要素新的生产潜能，通过民族文化资本化中的文化符号功能转换理解产业可持续发

[①] 张孝德，丁立江.面向新时代乡村振兴战略的六个新思维[J].行政管理改革，2018（7）：40-45.

[②] 马义华，曾洪萍.推进乡村振兴的科学内涵和战略重点[J].农村经济，2018（6）：11-16.

[③] 周立.乡村振兴战略与中国的百年乡村振兴实践[J].人民论坛·学术前沿，2018（3）：6-13.

展的价值。① 四是村寨镇化有文化、有特色、有活力，在传承和创新中可以形成一批具有不同资本优势的村寨镇化模式。乡村振兴就是实现民族地区的全面发展，是集中在政治、经济、文化、社会、生态等方面的可持续发展。由此可见，二者同步发展的最终目标都是为了实现乡村的可持续发展，回应人民群众的主体诉求和期盼；与此同时，在如何落实全体人民共同富裕取得更为明显的实质性进展方面，村寨镇化解决了乡村剩余劳动力的就业问题，这一点与乡村振兴的落脚点不谋而合。

（二）村寨镇化与乡村振兴互利共赢

乡村振兴不是消灭、遗弃民族村寨，而是依托村寨镇化发展。村寨镇化离不开乡村，乡村振兴需要村寨镇化支撑。村寨镇化既有城镇化特征又有乡村特征，是乡村"城镇化"的具体形态。我国社会的主要矛盾是不平衡不充分的发展矛盾，最大的不平衡是城乡发展不平衡，最大的不充分是农村发展不充分，最大的不同步是农业与现代化发展不同步。② 乡村振兴战略的提出就是为了针对性地解决发展的不平衡、不充分、不同步问题。城市的发展离不开城镇，乡村的发展离不开城镇，城镇成了城市与乡村衔接的纽带。所以不仅需要让城市具有城镇的功能，还要让乡村具有城镇的功能，村寨镇化就是让乡村具有与城镇同样的功能，通过乡村功能提升实现城乡互补发展。村寨镇化有助于破解乡村发展中的几大矛盾问题。一是乡村发展不平衡问题。我国乡村发展不平衡主要体现在城乡间发展差距的客观存在与逐步扩大。村寨镇化是人的城镇化、空间城镇化的实现，是政治、经济、文化、社会、生态功能向乡村聚集，使人口、资金、技术向乡村转移带来极化效应，实现乡村功能结构和空间结构的优化，实现逆城镇化发展，破解乡村的不平衡弱势地位。村寨镇化打通城乡要素平等交换、双向流通的制度性通道，是生产要素与消费要素的同时存在。村寨镇化让乡村成为生产与供给的空间，城镇消费需求使乡村传统的生产生活方式成为重要的生产与供给要素，实现了乡村资源要素的逆城镇化流动，串联起城乡功能的互动发展，通过村寨镇化功能提升实现城乡互补发展。二是乡村发展不充分问题。区域发展的不充分其根源主要在产业发展不充分，及由此带来的产业收益欠佳和居民收入差距的扩大。在推进村寨镇化过程中要紧扣产业优势明显且充分的关键举措，在产业功能提升中通过吸纳乡村剩余劳动力，妥善安置低

---

① 马翀炜，陈庆德. 民族文化资本化［M］. 北京：人民出版社，2004：64.
② 周立. 乡村振兴战略与中国的百年乡村振兴实践［J］. 人民论坛·学术前沿，2018（3）：6-13.

收入人口,让他们实现可持续收入,解决农民就业问题给农民带来收入,以此提升乡村人口收入水平,不断缩小区域间收入差距。三是乡村发展不同步问题。乡村最大的不同步是农业与现代化发展水平不同步,主要表现在农业农村现代化发展滞后。民族发展本质上是民族生存和演进的质和量的提高,实现其政治、经济、文化、社会、生态的全面发展。①村寨镇化主要针对民族地区的发展,以城镇化发展方式为切入点,引导民族地区实现物质文明、精神文明、政治文明的现代化。②村寨镇化是社会生产力发展到一定阶段的创新发展模式,是实现民族地区发展的量的积累和质的转变的重要战略选择,通过村寨镇化构建新的生产关系,提升农业产业化和市场化的现代发展水平,与乡村现代化建设协同推进、互利共赢。

表4-2 雷山县2014—2019年城乡人口年均收入③

乡村			城镇		
年份	人均纯收入(元)	增长率%	年份	人均纯收入(元)	增长率%
2014	6064	14.4	2014	20383	10.9
2015	6810	12.3	2015	22564	10.8
2016	7559	11.0	2016	24662	9.3
2017	8406	11.2	2017	27128	10.0
2018	9297	10.6	2018	29705	9.5
2019	10310	10.9	2019	32319	8.8

由表4-2可知,城镇居民人均可支配收入在2014年为20383元,到2019年增长到32319元,从数字上看是乡村人均收入的三倍之多。但是城镇物价、房价等消费均高于乡村,仅从收入差距对比不能充分体现城乡发展不平衡不充分的根本原因,但是从民族村寨功能提升视角缩小城乡发展差距是一条可行的探索路径。

---

① 金炳镐.民族理论通论[M].北京:中央民族大学出版社,2007:147.
② 金炳镐.民族理论通论[M].北京:中央民族大学出版社,2007:150.
③ 资料来源:《雷山县统计年鉴(2014—2019)》。

第二节 "村寨镇化"对乡村振兴价值分析

长期以来,乡村振兴战略是继新农村建设、城乡统筹等战略之后又一大针对农业农村现代化发展的国家战略。从"新农村建设"到"乡村振兴",从"农村"到"乡村"的转变,意味着乡村功能的转变。传统农村生活以农业为主导,依靠传统的农业生产方式耕作生活,并不完全具备生产、生活、服务、贸易等功能,也没有完善的娱乐、教育等基础设施;在乡村的现代化进程中,产业结构发生巨大调整,由单一的农业产业链转变为产业形态更加多元、空间资本更加丰富的非农社区。① 村寨镇化的过程就是乡村城镇化的过程。城镇化是一个社会变迁的过程,是以内因变化为前提主导变迁发展。② 村寨镇化过程以乡村为前提,是兼容"农业"与"非农业"多种产业并存并相互转化的过程,在产业发展中促进乡村变迁的过程,是推动乡村城镇化的过程。村寨镇化为乡村找到其作为聚落形态区别于城镇化发展的独特身份及其本身价值,强调乡村互补于城镇化的经济产业功能及其乡村功能的特殊价值,有别于以往的乡村发展模式,实现城乡间"和而不同"的均衡充分发展。

乡村振兴战略提出的"产业兴旺、生态宜居、乡风文明、治理有效、生活富裕"的总要求成为乡村振兴的核心内涵③,内容涵盖了产业振兴、人才振兴、文化振兴、生态振兴和组织振兴,成为实现乡村振兴的具体抓手和路径。"五大振兴"诠释了乡村振兴战略需要全面统筹实施,同时体现了乡村政治、经济、文化、社会和生态功能建设,二者是相辅相成、相互促进的整体协同发展关系。乡村振兴战略的"五大振兴"内容可以解析为"一个重心、一个核心、三大关键"。④ 结合村寨镇化多重功能分别对应乡村"五大振兴"内容:一个重心是以"产业振兴"为目标,强调产业功能促进乡村经济全面发展;一个核心是以"文化振兴"为内核,强调文化功能是乡村发展的灵魂,贯穿于五大振兴发展;三

---

① 王洁钢. 农村、乡村概念比较的社会学意义[J]. 学术论坛,2001 (2):126-129.
② 王洁钢. 农村、乡村概念比较的社会学意义[J]. 学术论坛,2001 (2):126-129.
③ 梅立润. 乡村振兴研究如何深化——基于十九大以来的文献观察[J]. 内蒙古社会科学(汉文版),2018,39 (4):178-188.
④ 范颖,周波,唐柳. 基于文化空间生产的民族地区乡村文化振兴路径[J]. 规划师,2019,35 (13):62-69.

大关键是以生态振兴、人才振兴、组织振兴稳固乡村"四梁八柱"①。因此,村寨镇化就"五大振兴"内容从理论和实践维度展开分析,分解为政治、经济、文化、社会、生态五个功能层面对应乡村"五大振兴"发展;发挥"知识库"之间的协同作用②,将文化、产业、资本等核心要素贯穿于乡村五大振兴发展中。随着乡村空间从生产向消费的转变③,乡村开始强调多功能转型发展。④ 村寨镇化是乡村空间资本要素聚集发展的载体,资本要素的经济价值实现是资本作为经济生产要素的价值转化,是乡村多维功能发展的价值实现方式,通过村寨功能提升实现乡村"新内生力量发展"。

一、提升经济生产要素在地重聚实现产业振兴

产业衰落是乡村走向衰落的必然因素。在城镇化进程下,乡村劳动力、资本、技术等产业生产要素大量外流导致乡村产业发展乏力,加剧了乡村衰落。⑤因此,乡村振兴需要改变生产要素由乡村向城镇单向流动造成的产业经济动能不足⑥,为产业经济注入发展新活力。村寨镇化本身具有活力,经济资本、文化资本、人力资本等资本要素伴随镇化功能提升以及劳动力的回流,生产要素的在地重聚形成资本聚集,实现了聚集功能和扩散功能,镇化活力带来生产要素流动的频繁性,乡村生产要素的流动性被激活,改变了乡村经济结构⑦,镇化活力带来资本要素流动的频繁性,调整和优化了产业结构,提升了乡村在地生产能力,创造了大量就业岗位,吸纳当地及周边剩余劳动力实现就业,创造了多元化在地就业机会,为农民实现在地收益和抵抗农业衰落、乡村经济衰退提供了根本保障,实现了乡村经济的在地振兴。

一方面,乡村振兴的核心就是产业兴旺,只有实现产业振兴才能实现乡

---

① 马新萍. 让良好生态成为乡村振兴的支撑点 [N]. 中国环境报, 2019-09-03 (2).
② MARSDEN T. Rural Futures: the Consumption of the Countryside and Its Regulation [J]. Sociologia Ruralis, 1999 (39): 501-520.
③ SMITH D P, PHILLIPS D A. Socio-Cultural Representations of Greentrified Pennine Rurality-Science Direct [J]. Journal of Rural Studies, 2001, 17 (4): 457-469.
④ 房艳刚, 刘继生. 基于多功能理论的中国乡村发展多元化探讨——超越"现代化"发展范式[J]. 地理学报, 2015, 70 (2): 257-270.
⑤ 陈奕山. 新中国成立以来乡村生产要素的整合和流动:演变过程及其启示[J]. 马克思主义与现实, 2020 (1): 170-176.
⑥ 张峰, 宋晓娜. 乡村产业振兴中生产要素双向流动机制解析[J]. 世界农业, 2019 (10): 80-89.
⑦ 陈奕山. 新中国成立以来乡村生产要素的整合和流动:演变过程及其启示[J]. 马克思主义与现实, 2020 (1): 170-176.

振兴，产业振兴需要文化支撑。在消费需求时代，文化已然成为经济发展的一种手段，甚至是"引诱资本之物"（Lures for Capital）。[1] 我国民族地区常常依赖民族文化发展经济[2]，文化与资本建立了前所未有的亲密关系，并且加入经济生产要素的"饕餮盛宴"中，使产业发展富含文化资本。乡村振兴是民族文化及其价值的在地实现，是为了满足民族地区居民的生产生活需求，从而催生了民族文化的经济价值，民族文化的经济价值亦有助于实现其关联产业的经济效益。[3] 在这个文化产业化与产业文化化的新时代[4]，产业经济效益的实现是村寨镇化产业功能提升的过程，这里需要厘清文化资本作为经济生产要素的在地重聚对实现产业功能提升的重要性。民族地区丰富的文化资本要素是构成产业生产的在地基本要素，村寨镇化产业功能提升就是对乡村物质、生态、文化等资本类型的内外部优化配置，通过外部资本对内部资本进行活化，聚成合力助推产业振兴发展。产业功能提升过程也是资本"化"的过程，是村寨资本被活化、辐射、带动的过程。村寨镇化产业功能提升后主动对经济发展趋势进行对接调试，与外部经济增长形成合力，最终实现乡村产业振兴。村寨镇化产业功能提升以把资本要素转换为经济价值为主要手段，资本要素包括文化资本、自然资本、人力资本等，产业功能提升实现了资本要素在城乡间的双向流动且合理配置，满足现代化产业发展需求。产业功能提升不仅是乡村经济发展的物质基础，而且是城乡协同发展和经济交往的动力和载体，是解决城乡发展不平衡不充分的主要路径。[5]

另一方面，村寨镇化产业功能提升具有产业结构多样化、产业内容综合化、产业要素整体化等特点。一是产业功能提升就是实现乡村产业现代化水平，就要利用一切可以利用的外在条件，做强农业就要依靠城镇化产业带动，通过镇化功能提升充分挖掘农业功能，利用信息、技术实现农业质量、效益、竞争力的提升，获得部分镇化功能，提升乡村经济活力。二是村寨镇化产业功能提升在尊重民族地区乡村不同资源禀赋基础上，激发乡村空间多种功能和价值，通

---

[1] 费瑟斯通. 消费文化与后现代主义[M]. 刘精明, 译. 南京: 译林出版社, 2000: 57.
[2] WANG C, XU H. The Role of Local Government and the Private Sector in China's Tourism Industry [J]. Tourism Management, 2014 (45): 95-105.
[3] 李忠斌. 论民族文化之经济价值及其实现方式[J]. 民族研究, 2018 (2): 24-39, 123-124.
[4] 范建华, 秦会朵. 关于乡村文化振兴的若干思考[J]. 思想战线, 2019, 45 (4): 86-96.
[5] 安晓明. 新时代乡村产业振兴的战略取向、实践问题与应对[J]. 西部论坛, 2020, 30 (6): 38-47.

过产业功能提升实现城乡间资本要素双向流动,实现产业差异化发展①,在市场的博弈中获得争夺生存空间的能力。三是村寨镇化产业功能提升充分利用资金、技术、人力等资本要素优化产业结构,创新产业业态发展②,培育核心竞争力,提升产业综合实力和现代化水平,吸纳就业,为乡村提供更多创业平台和就业机会。

(一)村寨镇化产业功能提升实现乡村经济结构多元化

村寨镇化产业功能提升有利于实现农业现代化发展水平,有助于满足城乡多样化的市场需求。产业发展充分利用乡村特有的优势资源,将其转变为乡村经济生产要素并实现在地重聚,吸引更多的人力、物资、技术、设备等生产要素聚集,形成要素流、信息流、交通流等产业发展功能,改变以传统农业为主的单一化产业发展方式,为产业功能提升注入新的活力。通过村寨功能提升与城镇化功能对接形成产业功能互补,同时,城镇发展要素向乡村反向流动驱动了乡村经济结构的调整和优化,实现了乡村产业结构向多元化发展,并为乡村提供了多元化的就业机会。

岜沙村居民590户,共计2708人。1999年以前是刀耕火种的农业生产方式,住着用杉树皮建成的两层简陋木房,每户年均收入不足1000元,主要收入靠家里劳动力挑柴到县城出售。产业功能提升实现了经济生产要素的在地重聚,通过对岜沙原生苗族文化资本化的运作和贵广铁路的开通,带来了旅游产业的兴起。1998年,岜沙村凭借独特的优秀传统文化、生态环境、传统习俗等乡村文化资本优势,开始发展旅游产业。当地旅游公司与村民实现了"家家参与旅游服务,人人享有旅游红利"的长期利益关系,后期出台了旅游门票分红制度。2018年岜沙景区门票销售15万张,实现门票收入707.53万元;2019年出售门票数量约13.5万张,实现景区门票营业额546万元。旅游产业发展为岜沙村村民提供了在本地就业的机会,旅游产业员工招用岜沙村本地村民。1998年从事旅游文化展演的村民有220人,2019年从事旅游产业的人数有570人。村民也通过多元方式参与到旅游产业发展,截至2019年岜沙村共发展农家乐、民宿9家,民族民间艺术品加工饰品和特产店9家,早餐米粉店5家,经营自种水果、糯米饭、烧烤等扶贫摊位9个,计划建设竹编、根雕等作坊的中小微企业3个。

---

① 李国祥. 实现乡村产业兴旺必须正确认识和处理的若干重大关系[J]. 中州学刊,2018(1):32-38.
② 李冬慧,乔陆印. 从产业扶贫到产业兴旺:贫困地区产业发展困境与创新趋向[J]. 求实,2019(6):81-91,109-110.

岜沙村通过产业功能提升，以农业为主导产业向以服务业、旅游业等产业为主导产业转变，旅游产业只是其中一种经济类型，其衍生的康养、物流、研学、养老等多业态产业发展充分展现了产业功能的提升过程。产业创新发展必将为岜沙村带来更多就业岗位和产业经济发展红利。目前，岜沙村新增3所旅游公厕，景区智慧旅游Wi-Fi全覆盖，极大改善了村民生产生活条件。旅游产业发展使文化资本实现了在地重聚并向经济生产要素转化，提升了岜沙村的经济功能，推动了产业结构和经济收入的多元化，村民从文化资本的被动拥有者转变为主动拥有者。①

岜沙苗寨（见图4-5）随着旅游产业发展，当地居民对岜沙文化进行了资本化和商品化运作。在岜沙，男人头顶挽着发髻，肩扛火枪，腰挂砍刀，手牵猎狗，被称为"阳光下最后一个枪手部落"。岜沙火枪文化的丧葬祭祀功能被列为展演节目，旅游产业发展将仪式中原有的文化色彩与苗族的文化自豪感剥离，火枪鸣枪作为防护功能或是祭祀亡灵的一种形式，现在则被包装为欢迎游客的"礼炮"；岜沙人男子持枪、"户棍"头饰被制作成各种文化商品出售；镰刀剃头、树葬文化被作为商业化噱头参与旅游产业经营等。特别是受异文化冲击和影响，岜沙人不再背枪，火枪象征的图腾文化如今在旅游产业发展中成为从事劳动生产和表演的一种吸引游客的手段。文化在产业发展中变成一种文化资本，继而演变成一种经济资本，产业发展为岜沙文化提供了文化资本转化为经济价值的手段，文化资本转变为经济生产要素的在地重聚的演变方式也日趋多样。岜沙苗寨旅游产业功能的实现是对岜沙村资本要素的充分利用，通过产业功能提升转变岜沙村单一的农业产业发展结构具有现实性和可操作性。岜沙苗寨独特的文化资源为产业功能提升提供了发展优势，实现了民族资本要素在地聚集与其自身经济价值的转化，提升了岜沙村的产业功能。但是旅游产业发展还没有让岜沙苗寨真正实现村寨镇化，由于岜沙苗寨自身空间容量限制、体量较小，民宿、农家乐等现有容量无法容纳正常客流需求。岜沙村仅实现了产业功能的部分提升，岜沙村不能充分满足游客量增多带来的居住需求，游客不能选择在岜沙居住只能做短暂游览停留，然后回从江县城居住或是前往肇兴侗寨等其他景点居住。一方面，岜沙村的旅游产业功能目前只能解决本村部分村民就业，没能实现镇化功能中人流、物流、资金流、信息流和技术流的聚集②，没有可容

---

① 笔者调研所得。
② 李娟文，倪外，隋文平. 中部崛起中的六省旅游联动发展[J]. 经济地理，2007（2）：323-326.

纳周边劳动力就业的能力，不能带动周边民族村寨劳动力就业、从业，没有能力吸引外面的人到岜沙村从事旅游产业或者产品的生产交换，不能充分实现资本要素聚集。另一方面，岜沙村基础设施和公共服务设施不完善，旅游产业功能没能实现人、财、物等资本在岜沙村的聚集，包括技术、信息、物流等功能的缺乏。而村寨镇化不仅可以使岜沙苗寨通过产业功能提升促进经济功能发展，而且可以实现对传统农业的改造和提升，进而带来可观的收益；充分利用文化资本提升文化功能，实现岜沙苗寨的产业功能创新，实现人等发展要素的聚居和流动，改变原有的经济体量限制，让资本和劳动力可以流入，让岜沙苗寨成为一个更大的经济体，实现岜沙村的产业振兴。①

图4-5　岜沙苗寨②

（二）村寨镇化产业功能提升实现乡村发展空间特色化

产业振兴需要实现一二三产业的融合发展，强调乡村产业发展的多元化和空间要素的多样化，让产业成为具有强大带动功能的乡村发展势能。③ 这一转变是生产主义与后生产主义的多功能理论的契合，多功能理论认为乡村具有多功能性的特点④，从其农业的限制性中解放出来是实现乡村空间多功能重建的关

---

① 笔者调研所得。
② 笔者调研所得。
③ 马勇，周霄．WTO与中国旅游产业发展新论［M］．北京：科学出版社，2003：102-110．
④ 徐凯，房艳刚．辽宁省乡村多功能评价和演变特征分析［J］．经济地理，2021，41（1）：147-157．

键①,多功能性是乡村使用价值的组合②,是"乡村化"的实现。③ 可见,乡村空间从以农业为生产主体逐渐向生产、生活、生态、文化等功能空间转变④,是有据可依的,乡村可以通过村寨镇化产业功能提升,实现农业多种功能和乡村的多元价值并对城镇产生反向辐射作用。⑤ 随着资本、技术、信息、物流等资本要素优化配置,流入乡村并在乡村聚成合力,带来乡村生产要素市场的完善,促进乡村产业市场经济的发育⑥,在村寨镇化中促进乡村文化、生态、居住等功能不断提升,通过城镇化等外部资本对村寨资本的活化,实现产业业态创新发展,拓展传统农业发展为休闲农业、康养农业、研学农业、田园综合体等新的产业业态,推动以农业为主导的传统产业生产功能转变为以文化、生态、消费、商业功能为主导的乡村新格局,这种转变释放了被束缚的乡村生产力,充分发挥了镇化功能延伸到乡村产生的辐射带动作用,实现城乡要素自由流动和产业功能合理分工,同时激活乡村内生发展动力,迸发乡村现代产业经济价值。

云南曲靖会泽县娜姑镇白雾村是有名的贫困村,农业、渔业是白雾村村民主要的生计方式。脱贫攻坚政策推动下,当地政府开始投资旅游基础设施建设,有越来越多的背包客、人类学家、艺术家等进入白雾村,大量从事旅游产业的商人进入白雾村投资。脱贫攻坚任务顺利完成,白雾村已成功从原来"封闭的古村落"变身为会泽县商贸重镇。旅游产业发展带动了白雾村民广泛参与到旅游产业建设中,白雾村村民的经济来源基本转向旅游产业带来的收益。白雾村也因此逐渐形成地方劳动力市场,成为会泽县甚至曲靖市产业发展的中心,白雾村村寨镇化的实现过程通过人的聚集带来产业功能提升,产业发展实现了人的就业,通过吸纳周边村民来此就业、外出务工村民返乡、年轻一代从城镇回流,部分村民通过积累资金和经验经营农家乐或民宿为当地农民带来收入。⑦

---

① JOHN H. Cape York Peninsula, Australia: A frontier region undergoing a multifunctional transition with indigenous engagement [J]. Journal of Rural Studies, 2012, 28 (3): 252 – 265.

② MCCARTHY J. Rural Geography: Multifunctional Rural Geographies——Reactionary or Radical? [J]. Progress in Human Geography, 2005, 29 (6): 773-782.

③ ARGENT N. Trouble in Paradise? Governing Australia's Multifunctional Rural Landscapes [J]. Australian Geographer, 2011, 42 (2): 183 – 205.

④ 徐凯,房艳刚. 辽宁省乡村多功能评价和演变特征分析 [J]. 经济地理, 2021, 41 (1): 147-157.

⑤ 叶兴庆,程郁,赵俊超,等. "十四五"时期的乡村振兴:趋势判断、总体思路与保障机制[J].农村经济, 2020 (9): 1-9.

⑥ 黄郁成. 城市化与乡村振兴 [M]. 上海:上海人民出版社, 2019: 95.

⑦ 笔者调研所得。

白雾村人口结构和产业结构的改变重塑了乡村的空间功能，白雾村特色鲜明的祠堂、庙宇、会馆十余座，商号150多家，留下了悠久且丰富的历史文化遗产。白雾村明清时期繁华的商业街、古戏台是商业活动、休闲娱乐的主要场所，商业空间和休闲空间的重叠发挥着商业、休闲等特色产业功能。从传统的以农业为主、以渔业为辅单一的生产型产业空间逐渐转变为以旱地和平坝田为主的坝子田园风光，并形成独立的产业发展空间。产业发展集景观空间、商业空间、休闲空间、生产空间等多种资本类型优化配置、多种产业业态于一身的消费型空间，多重空间叠加聚成合力形成较大的集镇规模，通过功能提升一跃成为会泽县商贸重镇，实现了村寨镇化功能。白雾村与会泽县、曲靖市在功能流通过程中活化了白雾村资本，实现了产业功能的聚集和辐射，白雾村在镇化过程中实现了有人、有产业、有资本、能就业等镇化功能，在产业振兴中实现了经济、文化、社会等部分城镇功能，推动了白雾村经济发展。[①]

可见，产业发展打破了乡村相对单一的"功能闭环"，即农民以农业生产为核心开展的生产、生活和交往活动[②]，乡村振兴的根在产业振兴，传统农业与现代资本要素结合衍生新的产业业态，促进资本要素回流到乡村且在地重聚带来产业功能提升，使村寨镇化功能更强。村寨镇化使乡村超越传统意义上的乡村功能，不再与城镇化发展对立，而是二者本为一体地统一[③]，在乡村原有产业基础上实现多样化的发展途径，提升乡村多元化功能和价值，让乡村回归乡村，真正保持自己的"乡土性"。村寨镇化产业功能提升使乡村功能和空间功能与城镇化从对立走向统一，带来更高的规模效益、更多的就业机会、更强的技术进步和更大的经济扩散效应。[④] 因此，产业振兴过程就是镇化活力、辐射、带动发展的过程。

二、提升乡村生态环境宜居建设实现生态振兴

农业是生态产品的重要供给者，乡村是生态涵养的主体区。乡村振兴，生态宜居是关键。生态振兴作为乡村振兴的重要战略支撑，良好的生态环境是乡

---

① 赵宇，魏开云. 娜姑镇白雾村传统聚落景观空间对新农村规划的启示[J]. 曲靖师范学院学报，2013，32（2）：7-10.
② 刘祖云，刘传俊. 后生产主义乡村：乡村振兴的一个理论视角[J]. 中国农村观察，2018（5）：2-13.
③ 张晓阳，霍达. 我国格网式村庄布局的形式、问题及改造[J]. 北京工业大学学报，2009，35（7）：960-965.
④ 黄郁成. 城市化与乡村振兴[M]. 上海：上海人民出版社，2019：78.

村最大优势和宝贵财富，也是乡村生态价值的再现与提升，是城镇化发展带动的结果。① 城镇化快速发展，贫困与美景的平衡关系被不平衡不充分的发展矛盾打破，城镇化对农业农村生态环境和生态产品的多样化需求改变了乡村居民的生计方式。② 乡村生态环境既要满足城镇对绿色空间的需求和其对城镇发展的生态支撑，还要满足乡村生态产品供给城镇发展需求，作为城镇化腹地为城镇发展提供保障，实现城乡生态环境共建共治共享。③ 贫困与美景将人与环境作为一个整体④，快速城镇化带来的人与环境的平衡关系被打破，城镇化发展对生态环境的掠夺性破坏造成环境污染、生态多样性消减及生态环境不可持续的一系列异化问题。⑤ 无数的乡村居民对赖以生存的生态环境可持续发展的强烈诉求和人与自然和谐共生的由衷期盼，让我们明白实现生态振兴迫在眉睫。⑥

方祥乡格头村地处雷公山国家森林公园核心腹地，是中国最美生态宜居乡镇。格头村生态资源丰富，因拥有中国最大的国家级二类保护植物秃杉群落被誉为"秃杉之乡"，入选中国传统苗族村寨。格头村发展生态旅游产业，辅以食用菌、天麻、茶叶、黑毛猪等种养殖业，刺绣、蜡染、竹编等民族传统工艺等产业同步发展，带动全村597人在2018年实现年收入7万多元，人均纯收入10561.17元。⑦

自然生态资源是民族地区的核心吸引物，也是乡村公共空间环境最核心的构成要素，人在公共空间的互动主要是人与自然生态景观的互动。⑧ 村寨镇化融自然、生态、产业、经济、文化、人口为一体，具有一定"城镇化"功能的综合集散中心，亦是兼具生产、生活、生态的功能复合体，这表明民族地区居民的生计方式变迁过程更为复杂地影响着生态环境的保护与利用。村寨镇化生态

---

① 黄祖辉，马彦丽. 再论以城市化带动乡村振兴[J]. 农业经济问题，2020 (9)：9-15.
② 孙九霞，刘相军. 生计方式变迁对民族旅游村寨自然环境的影响——以雨崩村为例[J]. 广西民族大学学报（哲学社会科学版），2015，37 (3)：78-85.
③ 张笑菡. 共建共治共享理念下的农村社会发展路径[J]. 人民论坛·学术前沿，2020 (17)：116-119.
④ 孙九霞，丁幂. 背包旅游者与梅里雪山目的地的互动研究[J]. 广西民族大学学报（哲学社会科学版），2016，38 (4)：83-90.
⑤ KAIKA M. City of Flows：Modernity, Nature, and the City [M]. New York：Routledge, 2005：11-25.
⑥ 李忠斌，陈小俊. 特色村寨文化产业高质量发展与乡村生态振兴[J]. 青海社会科学，2020 (4)：73-81.
⑦ 笔者调研所得。
⑧ 孙九霞，丁幂. 背包旅游者与梅里雪山目的地的互动研究[J]. 广西民族大学学报（哲学社会科学版），2016，38 (4)：83-90.

功能是在人的生计方式与生态环境相互作用中实现的,让被隔离、边缘化的乡村融入城镇化和现代文明中①,在流动语境下重新审视生态功能的发展,实现自然生态资源在空间的集聚过程,这是镇化发展的必然趋势。生态功能提升就是以人为主体与生态环境形成良性互动②,也是民族地区实现乡村生态振兴的重要方式。

(一) 村寨镇化生态功能驱动乡村生态价值的再现与提升

恩格斯说:"一切社会变迁和政治变革的终极原因,不应当到人民的头脑中,到人们对永恒的真理和正义的日益增进的认识中去寻找,而应当到生产方式和交换方式的变革中去寻找。"③实现乡村生态宜居并不意味着乡村可以脱离城镇化发展,相反,乡村生态宜居必须建立在中国式城镇化发展基础上。首先,村寨镇化生态功能提升就是在城镇化充分发展基础上,让乡村生态资源转变为生产要素,这种资源变资本的过程就是乡村生态价值的实现方式。践行"绿水青山就是金山银山"的"两山理论"④,实现生态资源与生态资本的高效匹配,这样的生态功能提升让乡村的存续更有意义。其次,村寨镇化将生态资本具象化、资本化,满足城镇现代化发展需求。乡村生态价值的实现仅依靠农民是不够的,还需要城镇化带动,充分利用城镇人才、技术、资金等资本要素,让一切劳动、知识、技术、管理、资本等要素活力竞相迸发,实现城乡内外部资本优化配置,以外部资本活化乡村生态资本推动乡村自然资本加快增值,让乡村生态功能成为辐射引领、吸纳创新的价值高地,带来生态效益与经济效益的统一⑤,再现生态功能的经济价值⑥,为农民和农村带来更多福利⑦,让乡村生态资本在满足城镇消费需求基础上,满足乡村居民日常生活所需。实现百姓富、生态美的乡村生态富民、绿色发展新格局。

小丹江苗寨坐落于贵州省榕江县平阳乡雷公山脚下,辖3个自然寨,常住

---

① 范颖,周波,唐柳.基于文化空间生产的民族地区乡村文化振兴路径[J].规划师,2019,35 (13):62-69.
② 张静,王生鹏.文化生态视角下我国民族村落旅游开发研究[J].西北民族大学学报(哲学社会科学版),2015 (6):140-145.
③ 恩格斯.社会主义从空想到科学的发展[M].北京:人民出版社,2018:196.
④ 习近平.之江新语[M].杭州:浙江人民出版社,2018:299.
⑤ 黄祖辉,马彦丽.再论以城市化带动乡村振兴[J].农业经济问题,2020 (9):9-15.
⑥ 黄国勤.我国乡村生态系统的功能、问题及对策[J].中国生态农业学报 (中英文),2019,27 (2):177-186.
⑦ 孙九霞,周尚意,王宁,等.跨学科聚焦的新领域:流动的时间、空间与社会[J].地理研究,2016,35 (10):1801-1818.

民族以苗、侗、汉为主，共380户1500余人，其中苗族人口占96%。1975年以前，丹江村村民靠步行走出深山老林的崎岖山路，到平阳乡12公里的山路要走几小时。成为国家级生态资源保护区的小丹江在城镇化充分发展基础上迎来了发展契机。1975年以后，相继修建了小丹江至平阳、雷山、剑河县公路，接着国家规划扩建将公路扩展为国道，如今小丹江成为"环雷公山精品旅游线"的深山明珠，交通功能畅达无阻。2008年以后，小丹江靠招商引资，迎来了省建设厅、县政府等官方部门，企业、杭州市的对口帮扶等投资方投入的建设资金大力完善基础设施建设和公共服务设施建设。2018年黔东南州旅游发展大会在丹江村召开，在城镇化带动下丹江村迎来了生态旅游产业发展。2018年丹江村的游客入村数量已达8000人之多，全村累计收益800多万元，全面带动80户居民、240人参与当地就业，稳定增收脱贫，实现了丹江村生态资源向生态资本经济价值的转变，带动了地方经济发展。村寨镇化生态功能提升带来了生态农业多样化发展，丹江村依托丰富的生态资源发展娃娃鱼、蜜蜂、中药材、辣椒、荷花等特色种养殖业，并创办了知名生态产业品牌小丹江青钱柳，成为丹江村村级产业，带动全村村民2018年实现人均收入4600元。[①]

（二）村寨镇化生态功能推动全面绿色转型的诉求和期盼

村寨镇化的生态功能把生态环境当成一种资源，一种资本要素，既能规范生态资本的经济行为及其经济价值的实现；同时就生态资源本身属性来讲，经济属性不是它的主要属性，需要借助产业这个载体实现。民族生态资源本身是少数民族独有的优势资源，产业发展已经成为我国民族地区生态资源发展的载体，以生态文化产业为主的生态农业发展模式成为乡村依托生态资源脱贫致富的不二选择。村寨镇化具有人口和产业在空间聚集的特点，通过生态文化产业吸纳人口在乡村空间集聚的过程，也是乡村振兴的过程。因此，村寨镇化带动乡村振兴，既实现了生态功能对乡村发展的带动和人口吸纳，也实现了乡村人口在生态产业空间集聚和优化。村寨镇化生态功能的提升，一方面，把民族生态资源作为支点，用理性的外部资本对乡村生态空间规划布局，让民族生态资源产业化发展，不断创新产业业态和生态产品供给。通过村寨镇化自身的镇化活力吸纳周边地区流动人口和资本要素进入乡村，从事生态旅游产业或者生态产品的生产交换，为乡村剩余劳动力提供更广阔的就业市场。另一方面，生态旅游产业吸纳更多的外部资金注入，实现人、财、物包括文化、信息、交易等功能的实现，让乡村具有政治、经济、文化等城镇中心功能，为乡村提供更多

---

① 笔者调研所得。

创业平台和就业机会,实现乡村生态振兴发展。

南康村是天柱县最偏远的侗族村寨之一,致力于积极探索生态农业的发展,依托侗寨地区独有生态资源开展"山地高效农作物种植",乡村发展与生态农业高效匹配,呈现出较高的相互适应性。① 首先,南康村探索的"生态股"新模式践行了"绿水青山就是金山银山"的"两山理论",发展生态经济。乡村精英何元钦让村民将自有自留山作为生态股入股生态产业以获得收益。其次,南康村积极探索发展林下经济,引进楠竹"种酒"技术,对全村1000亩楠竹林规划布局,聘请国酒茅台总工郭坤亮结合南康独特气候条件和楠竹生态资源,利用红豆杉和柔雅酱香白酒耦合机制开创竹藏酒产业,并注册"天竹红"商标。南康村通过引进外部资本、人才、技术,活化自身生态资源,重构南康村生态格局。最后,南康村积极探索林下养殖,建圈养殖黑毛猪、山羊和土鸡,并采取"猪—沼—林"等生态循环方式,以绿色发展方式建成畜禽养殖基地,成为村民"林下银行",获得凭技术取胜、节能高产的生态经济效益,实现了南康村富足的田园生活。②

三、提升乡村多维文化自在传承实现文化振兴

乡村文化振兴是民族村寨文化功能不断提升的过程。民族村寨文化要素聚集形成文化产业化发展,不断吸纳历史、生态、人文、景观、民俗等多种文化要素聚集形成文化凝聚力,并在本土区位环境内形成特色,和人才、信息、技术等发展要素聚集,培育文化产业新的经济增长点。文化资源要素的内外聚集实现文化产业化发展,文化产业化发展产出的文化产品、产品服务流入外面,被外部感知和获得,实现溢出效应;同时,文化产业化规模不断扩大形成市场,并不断融入人才、资金、技术、信息、创意等发展要素,为文化产业化发展提供智力支持,文化产业在引进来和走出去过程中融入了现代发展要素,不断转变传统生产要素,将现代市场消费理念不断植入文化产品生产中,在与现代发展要素融合创新中增加文化产品附加值,形成文化产业新的经济增长点。文化产业增长点产生的聚集效应继续吸纳更多人才、企业聚集成为文化高地;同时,对周边城镇及村寨等多元主体发挥辐射、渗透效应,在文化产业功能提升中辐射带动周边村寨产业发展,拓展文化产业市场边界;周边村寨产业的回波效应

---

① 包玉山. 游牧文化与农耕文化:碰撞·结果·反思——文化生存与文化平等的意义[J]. 社会科学战线,2007(4):241-246.
② 笔者调研所得。

支撑文化产业继续发展，共同培育乡村文化的内生发展能力。

乡村文化振兴不仅强调的是乡村的经济发展，更突出在乡村建设中区别于城镇化发展的战略意义和价值。保护与利用、恢复与重构、传承与发展乡村文化是乡村建设的根本任务①，也是实现乡村振兴中文化振兴的重要内容。村寨镇化功能提升是文化变迁的过程，在文化践行中的涵化过程，既要有选择性地适应和继承，又要理智性地扬弃。② 文化涵化过程就是对民族文化自身价值的实现及文化经济价值的转化，实现文化振兴，推动民族地区经济发展。③ 村寨镇化文化功能提升赋存于乡村的物质文化、精神文化与制度文化中，是物质文化的精神化和精神文化的物质化的制度的存在④，是乡村实现经济发展和农民就业增收的重要手段，是由文化功能的文化属性及其经济属性决定的。⑤ 村寨镇化文化功能既体现在乡村的生产生活方式等物质层面，还区别于城镇化思维方式、价值观念等文化维度，共同构成民族共同体在乡村的全景式发展模式。

民族村寨文化功能提升是村寨文化价值的凸显，是乡村建设的铸魂之举和吸才之道，最终目的是实现文化振兴，文化振兴对应了乡风文明的内涵。村寨镇化文化功能提升过程是"文化再生产"的过程，是动态发展的过程，它是人、资金、技术等资本要素共同参与文化的经济价值的实现过程。村寨镇化文化功能提升的"溢价"效应贯穿于乡村生产、生活、生态等各方面，因乡村文化价值吸引更多的人聚价值而居，在文化功能提升中实现村寨镇化功能，促进乡村多元化发展。村寨镇化文化功能提升的镇化过程是对乡村文化功能的不断调适与重构，成为乡村建设中新的经济增长点，并成为推动民族地区文化振兴发展的重要产业支撑。

甘什岭槟榔谷黎苗文化旅游区（简称槟榔谷）在海南省甘什村，共有117户403名村民。从1998年开发旅游产业至今的二十多年间，槟榔谷见证了三亚民族文化的变迁发展，并逐步发展成一个多民族、多文化、多形态的具有多元

---

① 黄震方，黄睿．城镇化与旅游发展背景下的乡村文化研究：学术争鸣与研究方向[J]．地理研究，2018，37（2）：233-249．
② 张晓萍，光应炯，郑向春．旅游人类学[M]．北京：中国人民大学出版社，2017：299．
③ 李忠斌．论民族文化之经济价值及其实现方式[J]．民族研究，2018（2）：24-39，123-124．
④ 马翀炜，陈庆德．民族文化资本化[M]．北京：人民出版社，2004：293．
⑤ 李忠斌．民族文化经济价值度量及其实践意义[J]．西南民族大学学报（人文社科版），2020，41（3）：28-37．

复合特征的民族村寨。① 槟榔谷变革了当地经济发展方式和生产生活环境,现代消费需求的进入冲击着槟榔谷的少数民族。作为直过民族的典型代表,其文化功能具有以下发展特征。1998—2004年为文化功能起步阶段,这一阶段民族文化同质化现象严重。2004—2010年为对台湾地区经验的学习和实践探索,通过文化功能提升,凸显原住民作为活态文化资源的经济价值。槟榔谷将原生态文化资源转化为文化生态资本,具有了核心竞争力,形成黎苗自身文化发展特色,是资源变资本的文化功能发展探索阶段。2010年至今是文化功能的提升阶段,实现了文化资本及其经济价值实践方式的高效匹配[2],推动了文化振兴发展。[3]

（一）村寨镇化文化功能提升实现物质文化功能的保存与修复

现实中,民族文化资本在乡村开发中重视趋利性,忽视了公共服务;重视乡村发展对文化资本引入,忽视了文化产业特色培育;重视同类型业态在乡村集中发展,忽视了业态的饱满度支撑。村寨镇化将文化资本作为乡村振兴无边界的产业集群,将物质文化、精神文化和制度文化作为资本要素全部叠加在里面,是文化产业要素的高度聚集。物质文化、精神文化、制度文化是乡村的文化表征,其中物质文化是乡村最直观的文化表征。民族村寨文化符号丢失,民族文化观念弱化是民族村寨文化功能衰落最直接的表现,对物质文化的还原、修复是文化功能复兴的第一步。文化产业发展符合消费需求往往最先作用于物质文化层面,体现在物质文化的精神化。[4] 文化功能的发展需要以丰富的民族文化资本为基础,文化资本是文化与资本双向运动的关系,但是文化资本不完全都是正向的推动作用,也有反向的牵制作用。文化对一个民族来讲它有长久的生命力,也就是它有活力,有带动,但是在某种程度上它是很脆弱的,资本的逐利性对文化有一个外力的破坏,但是资本用得好又可以保持文化当下的活力。社会文化变迁的两面性是文化的本质属性[5],体现在随着村寨镇化经济功能和产业功能的发展,文化资本在民族地区发展中带来的双刃效应,但是我们要达到一个最佳的平衡点,最大限度地发挥文化资本的正面效应,促进民族地区文化

---

① 孙九霞,王学基.民族文化"旅游域"多元舞台化建构——以三亚槟榔谷为例[J].思想线,2015,41(1):97-105.

② 李忠斌.民族文化经济价值度量及其实践意义[J].西南民族大学学报(人文社科版),2020,41(3):28-37.

③ 笔者调研所得。

④ 马翀炜,陈庆德.民族文化资本化[M].北京:人民出版社,2004:293.

⑤ 田敏.民族社区社会文化变迁的旅游效应再认识[J].中南民族大学学报,2003(5):40-44.

的振兴发展。① 由于资本的逐利性特征，资本与文化有一种天然的排斥关系，民族文化有资本追逐的热点，也有资本需要的文化元素，资本从整体性的文化里面抽取自己所需要的文化元素；也就是说，资本一旦介入，文化就变形了，资本在某种程度上带来对"传统"的损害。②

资本借由文化实现了自我物质领域的突破，文化也由资本之媒介产生了新的经济价值。萨林斯提出的本土文化"在万变中见不见"的"结构并接"理论表明，外来民族文化冲击是必然的，然而"传统"文化不失去一部分，怎么与外来文化对接实现民族文化的发展，文化对接是不同文化之间进行的资本的价值转换与实现过程。③村寨镇化将物质文化作为文化功能提升的载体，将民族建筑、服饰、景观等物质文化资本转变为村寨的空间生产能力，物质文化资本要素在村寨空间集聚和重组，展示了民族利益主体独特的生活方式，并逐渐转向以人为本、以人的精神文化为核心的文化产业化发展，在文化功能提升中不断拓展乡村空间，优化乡村空间布局。

甘什岭槟榔谷黎苗文化旅游区（简称槟榔谷）文化功能提升的过程是黎族、苗族文化在时间上从过去到现在各个阶段的民族文化生产生活的集中展现，是在空间上对黎族和苗族民族性的延伸和交汇，实现了民族文化的多样性和形式的多元化，是文化资本共时性和在地性的聚集。文化资本在槟榔谷这个巨大的经济体中以文化产品的形式展现出来，在甘什村文化产业发展呈现多样化态势，建构出黎苗文化"经济域"。文化资本是槟榔谷"经济域"形成的主要力量，是文化资本的产业化发展过程，满足消费者在"他者"身份中对"异文化"的猎奇需求。在村寨发展过程中不断提升文化功能，对槟榔谷从过去到现在各个发展阶段的民族身份进行建构，民族文化资本经过移植、筛选和选择性要素集中后，有助于村寨镇化的形成，这与外来资金、技术、人才等发展要素有密切关系，共同对"经济域"进行开发和拓展。五指山、白沙等地纳入并拓展了甘什村空间，经打造成为槟榔谷三大景区，优化了甘什村空间布局。槟榔谷通过文化资本要素聚集强化了村寨的文化功能，文化功能提升推动甘什村的可存续和再生产，带动了甘什村周边各个村寨的劳动力被吸纳到槟榔谷景区和项目就业。文化产业发展拓展了黎族村民的生活空间并推动了整个黎苗自治县经济的

---

① 蒋辉，赵奇钊．旅游业：民族地区文化变迁的双刃剑［J］．怀化学院学报，2005（4）：14-16．
② 马翀炜，陈庆德．民族文化资本化［M］．北京：人民出版社，2004（6）：196．
③ 马翀炜，陈庆德．民族文化资本化［M］．北京：人民出版社，2004（6）：198；248．

发展。文化功能提升转变了甘什村传统产业发展格局，改善了黎苗族村民生活，在文化可持续发展等方面发挥了更大的作用并取得了实质性进展。[1]

（二）村寨镇化文化功能提升实现精神文化功能的自觉与自信

村寨镇化的精神文化植根于村寨共同体，以精神文化的物质化得以体现，与乡村振兴的构建密切相连。村寨镇化将精神文化作为文化功能提升的动力，乡村的所有生产空间和生活空间都要体现以人为核心的乡土化和人文化，在此基础上聚集民族地区文化资源，在文化功能提升中实现内外部资本优化配置、共同参与，才能够把乡村驱动起来。人是文化功能实现的主体，人的发展既是民族文化发展的本源，也是民族文化传承和保护的所有者，是文化振兴的重要组成部分。布迪厄的文化再生产理论指出，文化是人的产物，文化通过人实现再生产的过程。[2] 人是精神文化的载体，人的思维活动符合客观规律，就能实现文化功能提升，引导乡村经济向前发展；反之，不符合规律的文化功能会阻碍乡村经济的发展。

一是文化功能提升不仅在民族文化传承保护中为乡村带来经济发展，同时也为民族文化所有者提供福利，满足发展需求的基础上同时满足乡村居民日常生活需求。二是文化功能提升实现产业发展，通过镇化功能提升吸引产业资本进入，丰富文化产品供给。三是文化功能提升为乡村带来更多就业机会，增加居民收入，真正实现生活环境乡村化，生活水平城镇化。四是文化功能提升改变民族地区传统生产生活方式，在传统民族文化基础上选择性吸收、调适、重构民族文化并内化为自身文化，构建具有现代民族文化价值体系，塑造城镇化生产生活意识，通过意识观念的转变实现文化振兴发展，实现了村寨镇化自我的一种良性发展，最终实现整个乡村的全面发展，这种全面发展反过来印证了乡村振兴的实现。

槟榔谷作为以文化产业为主导开发模式的经济体，从1998年开始发展旅游业，历时较长且经历了低起点到快发展的文化变迁过程。黎苗族居民是景区建设的主导力量，景区充分将黎苗族居民作为文化的活态传承，集聚了来自全省黎族村寨的居民来此就业。槟榔谷作为"经济域"成为文化及文化产品的展示地，黎苗居民的生产生活成为最真实的文化呈现，不仅为当地居民带来就地就业增收的机会，还将居民本身作为文化资本，丰富了文化产品的业态内容。槟

---

[1] 乔淑英. 旅游开发背景下海南黎族社会文化变迁研究——以海南槟榔谷黎苗文化旅游景区、社区访谈透视[J]. 青海民族研究，2017，28（4）：86-90.

[2] 宗晓莲. 布迪厄文化再生产理论对文化变迁研究的意义——以旅游开发背景下的民族文化变迁研究为例[J]. 广西民族学院学报（哲学社会科学版），2002（2）：22-25.

槟榔谷是黎苗族文化自身发展过程中与异文化相互碰撞，而造成的文化内容或文化结构的变化。槟榔谷参与体验式的文化产业发展既满足了消费者寻求"异文化"的真实感官体验的要求，同时构建起用文化凸显"民族个性"的经济发展方式。在不断实现文化资本积累过程中促进甘什村经济增长，实现"文化力"向"经济力"的转变①，实现了村寨镇化文化功能提升，全面促进乡村文化的振兴发展，展示了优秀传统文化的多样性和完整性同时推动了甘什村的全面发展。②

四、提升现代乡村治理能力水平实现组织振兴

血缘共同体、地缘共同体作为共同体的基本形式，是人的群体以和平方式相互共处地生活在一起。③ 村寨是血缘共同体与地缘共同体聚居的载体，这些共同体通过创造、传承、创新、发展民族优秀传统文化，兼具了"民族共同体"与"乡村共同体"的共有特征④，形成了一种地缘相近、血缘相亲的社会关系，以一种内生的、有序的乡村社会秩序运作，衍生出自组织的集体性公共产品。近代不平衡不充分的发展矛盾瓦解着乡村社会认同⑤，以及乡村社会认同所涵盖的社会组织、意义系统和福利渗透⑥，乡村共同体所赋予的乡村社会组织之间瓦解，集体认同感不断弱化。⑦ 民族共同体文化受冲击退化、乡村共同体发展不均衡、收入分配差距明显、村寨共同体认同感缺失等直接导致乡村内衰、自组织不彰的后果，乡村公共组织重建成为乡村社会治理的重要难题。习近平总书记强调，"要推动乡村组织振兴，打造农村基层党组织、培养农村基层党组织书记、深化村民自治实践、发展农民合作经济组织"⑧。组织振兴是实现乡村振兴

---

① 李忠斌. 论民族文化之经济价值及其实现方式[J]. 民族研究，2018（2）：24-39，123-124.
② 笔者调研所得。
③ 滕尼斯. 共同体与社会——纯粹社会学的基本概念[M]. 林荣远，译. 北京：商务印书馆，1999：95.
④ 范颖，周波，唐柳. 基于文化空间生产的民族地区乡村文化振兴路径[J]. 规划师，2019，35（13）：62-69.
⑤ 周延东. 转型期重塑法官角色的社会认同[J]. 实事求是，2013（4）：53-56.
⑥ 李友梅，甽瑛，黄晓春. 社会认同：一种结构视野的分析——以美、德、日三国为例[M]. 上海：上海人民出版社，2007：169.
⑦ 林聚任. 社会信任与社会资本重建——当前乡村社会关系研究[M]. 济南：山东人民出版社，2007：35-36.
⑧ 习近平讲故事：实施乡村振兴战略是一篇大文章[EB/OL]. 中国共产党新闻网，2020-09-17.

的根本和保障。我们党来自人民、扎根人民、造福人民，全心全意为人民服务是党的根本宗旨，必须把最广大乡村人民的根本利益作为我们一切乡村工作的根本出发点和落脚点，坚持把农民拥护不拥护、赞成不赞成、高兴不高兴作为制定乡村政策的依据，顺应民心、尊重民意、关注民情、致力民生，从农民实践创造和发展要求中获得前进动力。

（一）村寨镇化政治功能促进自组织治理的形成与优化

长期以来，快速城镇化和我国上层建筑的全面下渗削弱了乡村社会内在秩序，村寨镇化政治功能提升对重建乡土社会有序发展、建立合理的公共治理制度具有重要价值。一是民族地区乡村治理能力主要以民族地方自治与中央自上而下的政府治理相结合。村寨镇化政治功能提升保障了乡村需求自下而上传递，畅通了农民的诉求表达。二是村寨镇化政治功能提升通过政府有效调控手段将政策、资本、技术、知识外溢效应等发展资本下渗到乡村社会，镇化功能的实现畅通了国家、地方和社会不同资源要素在城乡间的流通，对乡村社会给予了创业环境、要素供给、就业岗位等方面的发展保障。三是村寨镇化通过政治功能提升保障了乡村发展的思路和方向，通过大力提升人的发展功能带来乡村精英等人力资本的流通，有利于激活乡村内生治理能力。乡村社会内生治理主体既包括建设服务主体，也包括乡村振兴主体的培育，通过政治功能提升对乡村内生治理主体的重塑过程[1]，让人的振兴顺应乡村内在发展逻辑，建立新的乡村集体治理制度，实现乡村内生发展活力和持久力。

长滩村位于贵州省台江县老屯乡，以苗族刺绣、独木龙舟、苗族谷歌为代表的千年文化都是长滩村优秀传统文化的靓丽品牌。2015年以前，长滩村没能依靠大量的民族优势资源转化为经济优势，村民依然靠外出务工、家庭水稻种植等单一农业产业结构作为经济收入主要来源。落后的生产方式造成群众内生动力不足，长滩村经济发展长期停滞。2015年，长滩村探索出"十户一体"式"抱团"组织形式，每十户为一团体，并从中推选出一名户长，管理"抱团"组织。村寨镇化政治功能提升激活了长滩村内生自治能力，实现了长滩村人人参与、个个动手建设乡村的自觉行动。"十户一体"联卫生、联产业、联治理的抱团发展模式，让村民积极参与到全村的民主管理中，村寨在政治功能提升中带来人力资本的快速流入。[2]

---

[1] 孙九霞，黄凯洁．乡村文化精英对旅游发展话语的响应——基于安顺屯堡周官村的研究[J]．西南民族大学学报（人文社科版），2019，40（3）：27-33．

[2] 笔者调研所得。

2015年以来已有上百名外出务工人员回到长滩村参与"抱团"发展，实现了劳动力资本从城镇回流。回到乡村，回归乡村土地的村民聚成合力成为乡村振兴的核心。对以长滩村村民为主的主体能力培育，以"十户一体"为载体大力发展民俗文化表演与农家乐产业，其产业体特色在于统一安排游客、统一安排就餐、统一安排结账，避免了产业市场不良竞争行为，有利于市场统一管理，改变了产业市场发展中松散的社会联系和乏力的乡村自组织治理状况。长滩村农家乐产业体特色真正实现了具有共同目标和相似认同理念的平等对话与合作共治思想，农家乐产业体带动的资本回流为长滩村创造了经济收入和就业机会。2017年，由当地地方精英牵头成立了"长滩农文旅产业发展有限公司"，将236户固定资产量化纳入企业股份，对689名村民进行股份制管理，469亩土地和67件房屋成为公司的首批经营性固定资本。2018年，实现村级集体经济综合收入70余万元，分红23万元，村民基础分红从100元到3600余元不等，真正实现了户户有分红的振兴发展。①

长滩村产业发展建立在本村村民积极参与乡村建设的主人翁意识基础上，村支两委干部、地方精英围绕苗族山、田、水、寨的独特资源，实现"农文旅"融创式新业态发展探索。具有苗族特色的长滩千人龙舟宴、苗乡大舞台、牛行长滩农耕互动体验等7个旅游产品的打造为产业发展提供了更广阔的市场。长滩村自组织治理的形成和优化使传统农耕产业迅速发展，其中农产品秀珍菇成为产业龙头并覆盖带动周边村寨发展。"十户一体"自组织治理不断提升政治功能，形成了"发展产业一起帮、公共事业一起建、社会责任一起担"的信念，在做大做强产业的同时逐步完善了长滩村基础设施建设，不断丰富长滩村产业业态发展，创新产业要素供给。长滩村在自有要素的资本化增值中实现村民创收，实现就业自我式安置，从根本上改善了民生。村民在村委干部带领下有55户建成农家乐，发展刺绣产业体、农家乐产业体、富硒米产业体、养鹅产业体等4个产业体，现有乡村客栈可接待床位147个。旅游产业接待中心、停车场、龙舟官场等公共服务设施已在2020年全部投入使用，村寨美化已全面完成。仅2018年全年接待浙江、上海、香港等地游客15万人，创收78万元，日接待游客量突破千余人。②

（二）村寨镇化政治功能促进自组织网络的构建与深化

网络化治理是指国家、地方以及社会不同层级输入，将乡村各行为主体卷

---

① 笔者调研所得。
② 笔者调研所得。

入利益交织的流动网络中,以新的方式引导社会发展。村寨镇化内生治理主体形成的自组织力量包括由基层干部队伍、乡村精英、农民构成的政府、企业、村集体等多元主体嵌入乡村社会关系网络,村寨镇化政治功能提升是为了创造公共价值,是重构多元主体在自组织网络中的良好协同合作关系,在自组织网络构建与深化中实现平等对话、合作共治。可见,自组织网络是集体决策的一种特殊框架①,村寨镇化政治功能提升将制度嵌入和关系嵌入,有利于推动自组织网络内文化资本、生态资本、社会资本的相互转化,并获得官方权威认可②,从而实现乡村社会关系网络围绕公共资源的供给和分配,形成合理收益和合作共赢的有效治理,推动乡村社会自组织网络治理的形成、内化。村寨镇化政治功能提升充分尊重农民的主体地位,尊重农民在乡村社会生活中所表达的意愿、所创造的经验、所拥有的权利、所发挥的作用,充分激发蕴藏在人民群众中的创造潜力。

　　长滩村将绿水青山转化为"乡村旅游产业"发展的金山银山,开创了"十户一体村企合营"村集体自组织经济合作发展新模式。2019年,政府依托荬白种植项目招商引资形成"企业+合作社+贫困户"的组合模式,通过本土要素与外来要素双向流通、优化配置实现荬白产业化发展,通过产业带动就业的内生发展道路,实现村集体带动自组织网络致富能力。由过去单打独斗的发展局面变成相互帮带抱团发展机制,主动从"输血"转变为"造血"的自组织能力。长滩村"十户一体"抱团发展模式让村民积极参与到全村的民主管理中,长滩村村民的主体意识和公共责任意识开始觉醒,并主动在参与乡村建设中进行自我表达,自觉对村内各项事务发表意见、建言献策,构建和深化了良好的自组织网络体系。通过自组织"十户一体"构成一个责任主体,每个责任主体推选一名"户长"进行培养,由这种联户"抱团"的方式推动村集体经济发展。2016年,《人民日报》一篇《十户一心,黄土成金》深度报道了长滩村治理模式,长滩治理经验吸引来了全国各地党建工作者前来观摩学习。长滩村政治功能提升带来村民自我身份认同。③ 民族村寨主人翁意识是长久驱动乡村组织振兴最宝贵的资源,村寨镇化通过政治功能提升挖掘苗族村寨知敬畏、能自制的传

---

① GERRY S. Public Value Management: A New Narrative for Networked Governance? [J]. The American Review of Public Administration, 2006, 36 (1): 41-57.
② 孙九霞, 黄凯洁. 乡村文化精英对旅游发展话语的响应——基于安顺屯堡周官村的研究 [J]. 西南民族大学学报 (人文社科版), 2019, 40 (3): 27-33.
③ XUE L, KERSTETTER D, HUNT C. Tourism Development and Changing Rural Identity in China [J]. Annals of Tourism Research, 2017 (66): 170-182.

统,是实现长滩村组织振兴的重要探索。①

五、贯彻以人为核心的发展诉求实现人才振兴

乡村振兴的关键是人才振兴。乡村产业振兴、文化振兴需要人才支撑。乡村文化振兴、产业振兴、生态振兴、组织振兴的最终目的都是为实现人才振兴服务的,没有人才振兴就谈不上乡村振兴。村寨镇化人的功能提升是实现人才振兴的重要方式。村寨镇化"以人为核心",实现人的城镇化发展。人的城镇化是以人的高质量发展为导向,解决农民生存发展问题,实现农民的全面发展。村寨镇化人的功能主要针对以下几方面。一是农民生活质量的提升。实现生活环境乡村化、生活质量城镇化,城乡共享现代化的发展成果,更好地满足居民在经济、政治、文化、社会、生态等方面日益变化的需求。二是农民内生能力的提升。培育新型农民、高素质的劳动力、高质量的人才。高质量的人才包括乡村建设的主体和建设乡村的主体。农民是主体,人才是保障,是实现乡村振兴的关键力量。前者是在乡村占主体地位的农民,后者是投入乡村建设的主要参与者,是自己的人力资本质量提升与外来人力资本的进入。民族地区长期处于起点低、底子薄、自然条件恶劣、发展状态缓慢、贫困问题突出的复杂乡村环境中,人的"能力和资本"有限,通过村寨镇化的实现,城乡间人力资本要素合理流动。三是农民利益主体地位的提升。强调农民在农村的主体地位,包括乡村的利益主体和乡村的服务主体。人的功能提升首先要将农民的利益摆在首位。农民是村寨镇化的拥有者、传承者和展示者。村寨镇化中人不能有效参与、利益分配不均等问题会严重阻碍人的发展。

民族地区尤其在中西部地区,农民因缺少家门口就业收益机会而去城镇谋发展,大批劳动力向城镇转移,形成当下农民半工半耕家庭结构。② 大量进城务工的农民既没有在城镇安居的能力,也无法享受城市全方位的生活保障。村寨镇化可以实现就地非农化就业,妥善安置乡村剩余劳动力并享有作为乡村利益主体应有的保障。民族村寨大多历史起点低,贫困成因复杂,需要对乡村建设中抵御风险能力差的民族地区农民进行观念和能力的培养,实现人的功能提升。这就需要培养农民实现农民主体地位的权利和能力,实现参与乡村建设并获得应有收益的身份保障。村寨镇化功能提升带来了就业功能,为农民提供了更多

---

① 笔者调研所得。
② 贺雪峰.城乡关系视野下的乡村振兴[J].中南民族大学学报(人文社会科学版),2020,40(4):99-104.

就业机会和创业平台，但是缺乏实现农民"主体身份"的权利和能力，需要通过多方面赋权以提升农民"主体身份"功能。赋权通过利益相关者理论、社区参与理论、社区增权理论等①，培育农民建设乡村的能力和可持续发展技能，使农民平等参与到乡村建设行动中并获得应有权益。需要从以下几方面赋权于农民。

（一）经济赋权培育人的生存能力

村寨镇化从经济功能赋权于人，以人为本培育新的经济增长点实现人的发展功能，重塑农民主体地位。由于多方利益主体参与的产业发展带来的利益失衡问题需要进行以农民为利益主体的二次产权利益分配，农民回归"主体身份"并积极投入乡村建设中。

2008年西江千户苗寨旅游区开放以来，村寨人口的职业结构发生改变，从事非农产业经营的劳动力增加。现在苗寨村民整体从事以旅游产业为主业的非农业发展工作，农业处于闲置和被保护的状态。西江千户苗寨村民变化最明显的是他们从以农业为主的劳动中脱离出来，转向经营以旅游产业为主的多种服务行业。旅游产业发展还带来了土地及房屋转租，景区带村、带动周边就业等现象。西江旅游公司发展为13个子公司，给西江千户苗寨村民提供新的就业机会，为西江千户苗寨8个自然寨和周边村寨提供了700多个的就业岗位。② 西江千户苗寨有条件的村民开始搞"苗家乐"食宿接待服务，到2019年，"苗家乐"规模较好、接待能力较强的接待户有400多家，目前数量还在递增，截至2019年西江食宿接待和西江旅游公司可提供的就业岗位达3678个，为周边村寨提供约1471个就业岗位。③ 除"苗家乐"外，西江千户苗寨村民的经营项目还有摆卖商品摊位、出售苗族服饰银器等工艺品、租售苗族服饰拍照等。旅游产业带动下的传统工艺、餐饮住宿、小商业、运输业等形成了西江千户苗寨经济结构多元化，带动了西江千户苗寨村民经济收入增长及收益方式的多元化。但是，西江千户苗寨因旅游产业带来的村民收入不均衡，文化产权比例分配不合理问题，引致了长期的利益纠纷和矛盾冲突。④

---

① 罗永常. 合理增权、有效参与与利益协调——基于多理论场域的民族村寨旅游发展再思考[J]. 贵州民族研究，2020，41（8）：87-92.
② 李天翼. 西江模式：西江千户苗寨景区十年发展报告（2008—2018）[M]. 北京：社会科学文献出版社，2018：22.
③ 笔者调研所得。
④ 笔者调研所得。

(二) 心理赋权提升人的发展能力

村寨镇化功能提升使城镇化的知识、技能流入乡村，城镇"知识外溢"为农民带来关于现代文化知识和发展技能的教育和培训，主要培育农民参与产业经营发展的专业技能，增强建设乡村的能力和对优秀传统文化的自我认同感。

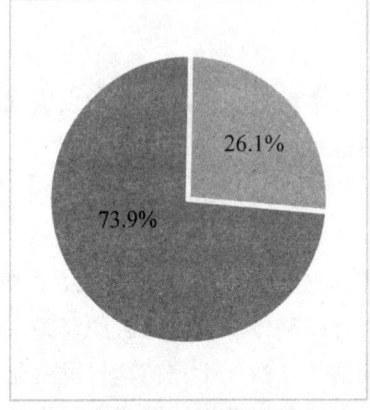 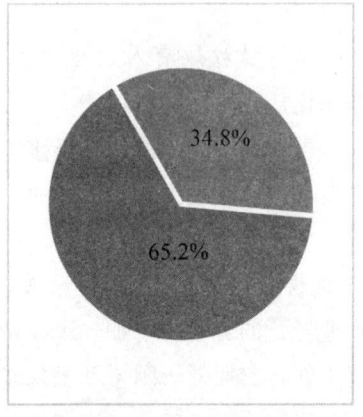

图 4-6 西江千户苗寨民宿情况图　　4-7 西江千户苗寨农家乐情况图

与一位摆摊售卖银饰的村民小 H 交流得知，她在西江千户苗寨完成九年义务教育后就去广州打工了，之后回到西江千户苗寨先做服务员，后来摆摊炸洋芋卖东西，现在摆摊售卖一些苗族银饰。自己的爷爷奶奶在西江千户苗寨都有工作，爷爷每天去唱苗歌，奶奶绣花，按小时挣工资。①

事实上，西江千户苗寨村民学习欲望很强，没有经商经验的本地人在旅游产业发展初期与外地入驻西江千户苗寨的商人学习经营方式，民宿、农家乐中逐渐有了本地人的身影。2019 年西江千户苗寨民宿共有 483 家，苗户 126 家，占 26.1%（见图 4-6）；农家乐共有 89 家，苗户 31 家，占 34.8%（见图 4-7）；还有部分未注册的没有汇总。②

（三）社会赋权提升精英带动能力

人的发展功能提升最快速的方式是通过经济能人和社会精英带动，实现"一人带一村"的带动式发展。村寨镇化社会赋权不仅推动了乡村手工艺人等文化精英社会地位的提升，而且能充分发挥能人匠人等非遗传承人对产业发展的带动作用，发展传统工艺技能带动本地村民充分参与到优秀传统文化产业化的

---

① 笔者调研所得。
② 数据由雷山文化旅游园区综合执法局提供。

经济体构建中，在乡村精英带动过程中提升人的发展功能。同时，乡村精英的带动能力可以充分提升"民族文化自信"，吸引城镇人力资本流入乡村，实现乡村留得住精英的目标。村寨镇化在通过资本聚集推动人的空间聚集过程中提升人的发展功能，推动"人的城镇化"的实现，实现人才振兴。

西江千户苗寨非遗传承人阿幼的女儿小L在凯里学院旅游专业毕业后，回到西江千户苗寨随母亲阿幼一起经营主营蜡染的阿幼民族博物馆有限公司。小L表示，"在这里生活的子孙后代都想要依赖西江千户苗寨的发展提升自己的生存能力，因为充分了解寨子旅游产业发展带来的消极影响，所以我们会用更加长远的眼光来看待苗寨发展并积极投入苗寨建设中。目前西江千户苗寨手工艺传承并没有形成规模，以非物质传承人自己经营为主"①。

(四) 政治赋权自由表达诉求权利

政治赋权是让村民在众多利益主体中平等享有政治参与决策身份，是对农民作为主体地位的身份回归与认可。村寨镇化功能提升从政治思想上为乡村带来发展观念变革，让村民思想不再封闭保守，敢于表达诉求和维护切身利益。政治赋权可以通过遴选真正代表广大农民群众利益诉求的人作为代表建言献策，通过自下而上的社会治理的实现畅通农民表达利益诉求的渠道。

西江千户苗寨村支书J书记提道，"西江千户苗寨需要搭建村民的话语平台，为村民建立更广泛的群众表达渠道和完善的建议伸张制度。在产业政策制定和规划中，广泛听取村民的内心声音，可以实实在在站在村民的角度给予村民代表表达利益观点的机会"②。

西江千户苗寨鼓藏头、西江小学T老师说，"西江千户苗寨应该让村民多参与西江发展的政策制定，只有本地村民才更了解西江千户苗寨未来如何发展，之前由于村民参与政策商议的不同想法表达使相关政策内容较难实现，其问题根源是政策制定没有充分考虑村民切身利益"③。

---

① 笔者调研所得。
② 笔者调研所得。
③ 笔者调研所得。

村寨镇化人的功能提升就是将农民放在乡村社会主体地位，更加重视农民的主体力量①，着力解决人民群众的所需所急所盼，让人民共享经济、政治、文化、社会、生态等各方面发展成果，有更多、更直接、更实在的获得感、幸福感、安全感，不断促进人的全面发展。村寨镇化人的发展功能提升过程是对农民组织能力、表达能力、思想意识等综合能力在乡村建设中的不断培养、逐渐提升的过程，是实现人才振兴的必要途径。村寨镇化人的发展功能提升不仅是对本地区人的发展功能提升，还要有效带动周边地区人的发展功能的实现，使其与关联城镇、周边村寨互动、合作、共生发展，让农民成为乡村建设者、管理者、受益者等多元主体角色。

本章小结：基于"村寨镇化"的理论框架，本章重点分析了村寨镇化与乡村振兴在实践过程中的相互关系及价值。从二者关系看，村寨镇化的理论内涵构成乡村地区在发展过程中的重要内容、必然方式、有效手段并满足多层次消费需求；乡村振兴战略为村寨镇化提出内涵、愿景及固本之策，回应了当前乡村发展的方向性意涵；二者之间同步推进、互利共赢。从价值实现看，村寨镇化功能提升包含政治、经济、文化、社会、生态等多元维度，与乡村"五大振兴目标"彼此呼应。村寨镇化的理论内涵强调对乡村的复兴和内生能力的重塑，表明村寨镇化可以成为推动乡村振兴的重要方式。同时，结合坡东村、石桥村、白族村、岜沙村、白雾村、甘什村、格头村、南康村、长滩村、陇嘎寨、小丹江苗寨、西江千户苗寨等多案例分析了村寨镇化功能提升与乡村振兴的关系及价值的实现方式。

---

① 张．农民有组织抗争蕴含的政治风险[J]．资料通讯，2003（Z1）：67．

第五章

"村寨镇化"与乡村振兴协同发展路径

第一节 协同发展路径的构建

乡村振兴的实施对象由农村转变为乡村,"村"的功能由以农业生产生活方式为主导的农业功能,① 转变为"生活环境乡村化、生活意识城镇化"具有各种现代城镇发展功能的乡村社会实体。② 村寨镇化需要找到其作为民族地区乡村的聚落形态区别于城镇的独特身份及其价值的特殊存在,以实现乡村与城镇之间的功能对接与互补。村寨镇化与乡村振兴协同发展路径探索有别于以往城镇主导乡村发展的路径,既能凸显城乡的均衡充分发展又能体现城乡的"和而不同"。

村寨镇化离不开城镇化发展,需要在中国式城镇化进程中充分实现镇化功能。乡村与城镇之间,"镇"起到连接作用,乡村振兴通过"镇化"功能转变乡村的生产生活方式凸显了中国式城镇化本质。乡村振兴过程是乡村多功能转型的过程,村寨镇化通过获得城镇化功能实现对乡村的改造,将"农村"发展为"乡村"的多元功能发展。村寨镇化与乡村振兴协同发展的内在逻辑是实现城乡要素流动、主体重聚、社会资本发展,使得村寨镇化在一定程度上能推动乡村走向全面振兴。村寨镇化借助典型案例设想镇化功能提升对"产业兴旺、生态宜居、乡风文明、治理有效、生活富裕"等内容在乡村振兴中的具体发展路径、核心表征要素与结果。

村寨镇化连接着乡村与城镇的发展,村寨镇化功能的实现在乡村振兴中起重要的协助作用。由此可见,村寨镇化与乡村振兴协同发展可以成为一种必然趋势促进农业农村现代化发展功能的实现。二者协同的实现方式本质都是打通要素平等交换、双向流通的制度性通道,实现城乡要素双向聚集和流通。村寨

---

① 王洁钢. 农村、乡村概念比较的社会学意义[J]. 学术论坛, 2001 (2): 126-129.
② 黄郁成. 城市化与乡村振兴[M]. 上海: 上海人民出版社, 2019: 97.

镇化有针对性地分类推进"产业兴旺、生态宜居、乡风文明、治理有效、生活富裕"等乡村振兴战略内容，解决密切关涉乡村发展的四大根本问题：一是解决钱的问题；二是解决人的问题；三是解决休闲娱乐的问题；四是解决制度保障的问题。解决以上问题的主要方式就是实现流通，人的流通、资本的流通、资金的流通，以此实现乡村全面振兴。通过村寨镇化让政治、经济、文化、社会、生态等不同功能在中国式城镇化发展进程中，实现资本要素在城乡的流通，让乡村在与村寨镇化协同融合路径中实现振兴。让村寨镇化协助乡村振兴发展，村寨镇化不仅促进乡村现代发展功能的实现，而且参与了促进乡村振兴的相关内容，让乡村在村寨镇化中实现多重功能从无序到有序的协同发展。

本书对多个民族村寨案例的选择尤以西江千户苗寨较具典型性和代表性，对"村寨镇化"与乡村振兴协同发展路径构建的研究意义更大。如前文所述，西江千户苗寨虽然不能完全代表所有所列民族村寨案例，但与这些案例既有共性又有其个性。西江千户苗寨有规模、有历史、有文化，聚集了各种资本要素，民族村寨雏形已初具实现村寨镇化条件。西江千户苗寨初步实现了经济、文化、社会等民族村寨现代发展功能，其发展规模已经超出了一个村寨的体量，但是它的政治功能、生态功能、文化功能没有充分显现。现在以旅游产业为主导的西江千户苗寨景点，实现了经济发展、社会发展等。但是，西江千户苗寨丰富的文化资源、生态资源没有充分转化为资本要素带动它的文化功能、生态功能、政治功能提升，需要通过村寨镇化与乡村振兴协同发展路径的构建有效推进西江千户苗寨等民族村寨走中国特色社会主义乡村振兴道路的实践探索。

一、产业功能辐射与带动，推动产业兴旺

民族文化资本化就是将民族文化资源转化为经济资本的过程，[①] 是民族发展对民族文化的开发利用，在实践逻辑中以文化产品呈现的文化符号赋予的文化价值转化为经济价值为手段。"文化+产业"是民族文化产业化运作，是民族文化资本向产业化转化的过程，是将民族文化作为能够产生经济效益和社会效益的"文化力"向"经济力"的转化。村寨镇化以"文化+产业"的业态创新不断提升乡村文化，促进乡村经济发展。

产业兴旺是乡村振兴的首要因素，是村寨镇化的核心支点，是实现乡村非农人口与非农产业在乡村空间的转化与聚集过程。村寨镇化是产业发展的重要

[①] 马翀炜. 民族文化资本化论纲[J]. 云南大学学报（社会科学版），2004（1）：30-37，93-95.

载体，旅游产业发展是村寨镇化发展的主流趋势。村寨镇化对民族地区来讲，是一种重要的创新发展模式。民族地区乡村发展是以村寨为主要载体，村寨里面有文化，它本身就是最丰富的文化体，产业发展需要用文化追索产业发展背后的文化底蕴。"文化+产业"是主要从事文化产品生产和提供文化服务的经营性行业。① "文化+产业"将民族地区经济增长、社会变化、文化利益、利益分配、文化产权等所有乡村问题都囊括其中。村寨镇化"文化+产业"模式就是通过村寨的文化功能提升产业功能，促进乡村问题的多元修复与乡村发展的多元创新。民族发展对民族文化的开发利用，在实践逻辑中以文化产品呈现的文化符号赋予的文化价值转化为经济价值为主要实现手段。② 村寨镇化将"文化+产业"嵌入城乡关系，以文化产业化手段为乡村争夺在市场经济中的竞争力，在积极创新三产融合发展中以城镇化消费需求为前提。

一是"文化+产业"要以中华优秀传统文化为根，充分发挥村寨镇化的增长极作用。根据村寨镇化资源禀赋、区位条件、生态环境等优势特色资源要素向"文化+产业"的聚集，充分利用人才、资金、技术等发展要素不断丰富"文化+产业"内容，将传统农耕文化、民族优秀传统文化通过"文化+产业"方式将多元文化与现代农业连接在一起，使要素聚合实现优化配置，畅通要素流通通道增强"文化+产业"功能。乡村文化的地域特色、民族特色、乡土特色融合并架构"民族文化+生态环境+社会经济"融合发展的产业新业态融创模式。村寨镇化实现了人口和产业在乡村空间的聚集，是产业兴旺的重要前提。

二是村寨镇化通过"文化+产业"不断完善乡村基础公共服务水平、推进基本公共服务均等化，基于村寨镇化的聚集和扩散效应，形成村寨镇化作为游客集散中心、优秀传统文化交流中心、交通物流集散中心等功能，逐渐形成融金融、保险、不动产、运输、仓储、通讯、公共服务、公共行政、社会服务和其他功能为一体的村寨镇化综合集散中心。以镇化功能的实现考量"文化+产业"业态内容的广度和深度，通过对周边村寨的辐射带动作用实现多产业协同互动发展，形成产业间错位发展、互补发展、链式发展和特色化发展，吸纳更多农村剩余劳动力。在产业功能提升中集中布局协同发展，最终衡量文化的经济价值在产业发展中为乡村带来的经济效益、社会效益，以此扩大村寨镇化辐射带动规模、提升就业功能，吸纳更多脱贫人口和低收入人口就地就业，实现文化

---

① 李忠斌，单铁成. 少数民族特色村寨建设中的文化扶贫：价值、机制与路径选择[J]. 广西民族研究，2017（5）：25-31.
② 潘宝. 作为民族文化资本化方式的旅游[J]. 广西民族研究，2013（3）：183-189.

产业的经济价值转化。

　　三是让民族文化以产品形式投入市场。优质的文化产品是村寨镇化文化功能提升的重要符号标志，它是民族文化的象征与民族精神的体现，并在不断满足城镇居民消费需求中提升多样化的民族文化产品和服务，通过提供服务型产品、功能型产品、生产型产品、公益型产品，不断满足城乡居民多层次消费需求，并在此过程中不断塑造民族品牌知名度，以期在消费时代实现民族文化振兴的社会正能量价值观。文化产品的溢出效应在不断满足消费需求中逐步提升自身文化功能，形成的文化符号是对显性与隐性文化的综合呈现。在文化功能提升中不断满足市场经营层面对文化产品的更新需求，不断塑造民族品牌知名度，也是不断惠及民生的过程。通过民族品牌知名度的构建提升大众对民族文化的认知度，更好地引导文化消费。村寨镇化是乡村与城镇化的节点，可以消解城乡身份的割裂感，畅通城乡资源要素流通渠道。有实现要素聚集的空间容量，是实现农民就地就近城镇化的重要载体，产业兴旺必定是城乡功能联通下的城乡融合发展的产业。

　　西江千户苗寨产业功能提升就是要成为西江镇发展的产业核心区带动周边苗族村寨产业发展。据了解，西江千户苗寨旅游产业并未实现带动邻村产业发展的功能。西江千户苗寨周边地区苗族村寨没有现代产业带动，村民生活并不富足。提升西江千户苗寨产业功能就要拓宽产品线，将西江千户苗寨作为产业群集散地，与周边村寨形成产业规模。产业功能提升就是发挥西江千户苗寨在民族地区的龙头产业带动作用，既能辐射周边村寨发展，又能合理转化自有实力。让西江千户苗寨在发展中掌握发展方向，主要是通过产业功能提升，依托资本、人、资金、技术等资本要素的充分聚集，让西江千户苗寨作为增长极辐射带动周边村寨发展。利用镇化功能的实现促进就业、带动就业、解决就业，利用好西江千户苗寨这个载体，集聚产业、养活人口。只有当周边村寨的居民成为与西江千户苗寨不可分割的产业经济体，才能真正实现产业兴旺。

　　村寨镇化与乡村振兴协同发展要解决四方面问题，一是解决钱的问题，二是解决人的问题，三是解决休闲娱乐的问题，四是解决制度保障的问题，就是实现民族村寨政治、经济、文化、生态、社会功能的提升，最终让西江千户苗寨成为不一定具有全部现代城镇功能，但至少要实现村寨部分功能提升。产业兴旺先要解决钱的问题，就是通过产业功能提升实现资本流通。资本流通需要通过两种方式，第一做地产，第二做资本运作。民族村寨纯经营旅游产业的景区由国家主导，其中5%的村寨可以保本，90%以上的村寨处于亏损状态，这是现阶段民族村寨发展现状。

西江千户苗寨发展就是对资本进行运作，西江千户苗寨没有自己的资金投入，主要以招商引资的方式，用各村优势资本招商引资，村合作社提供资本和投资商一起进行产业资本运营。通过政府的力量把他们团结起来，逐渐引导产业发展向市场经济转型。西江千户苗寨旅游产业功能没有充分提升的根本原因是旅游产业的开发是由政府主导，不是村民主导。从开发规划到建设发展都是政府说了算，村民的主体作用微乎其微。西江千户苗寨产业功能提升需经历"三步走"阶段：第一步打造普适性旅游，第二步发展定制化旅游，第三步打造国际标准旅游。西江千户苗寨是被外国人最先发现和喜欢的，最初西江千户苗寨不做旅游，只是一个文化考察点而已。旅游产业的发展从国内走向国际是必然趋势。产业功能提升"三步走"原则要充分利用人才、资金、技术等发展要素，根据民族地区实际情况打造乡村新产业新业态，以传统农业为主的产业化没有规模、没有集约化就失去了市场竞争力，要不断丰富产业业态，提升产业镇化功能。

产业功能提升需要具备三个条件，一是政策，二是市场，三是资金。

首先，需要上级领导做好调研和思考。我国政策都是以自上而下的方式下达，部分地方政府缺乏相对充分的调查研究，在政策下发中不切实际，个别领导走马观花式调研，看问题不能实事求是，长此以往会带来规划发展的偏颇。

西江千户苗寨有自己传统的农耕文化、优秀传统文化，可以打造"文化+现代农业"模式。西江千户苗寨仅以旅游产业为主，发展单一，体验深度不够。西江千户苗寨周边22个村寨，对条件比较成熟的几个村按照"一村一特色"思路来打造。把西江千户苗寨作为综合集散中心，成为游客集散中心、民族文化交流中心、交通物流集散中心等。以西江千户苗寨为核心区，培育产业发展增长极，依托西江千户苗寨景区辐射带动周边村寨形成农产品产业聚集市场，周边村寨农产品拿到这里批量销售。目前西江千户苗寨的水果蔬菜主要从凯里进货，苗族银饰大部分来自西江千户苗寨周边的控拜村、麻料村和乌高村等民族村寨。西江千户苗寨通过产业带动周边村寨产业发展，比如周边村寨产的原生态农产品青钱柳、脚尧银球茶、乌杆天麻、黑毛猪肉等供给西江千户苗寨，不仅可以满足西江千户苗寨村民和游客的衣食住行需要，同时也辐射带动了周边村寨产业发展，让大家到季节了不用去自己找销路，在家门口就能实现产业就业。

其次，做市场的前提需要市场调研，要和市场结合起来，要关注游客消费需求而不是盲目发展。游客喜欢什么才是关键，供需结构改革下要严格尊重市场需求，不能一概而论。游客服务要做好。比如旅游产业与优秀传统文化相结合的文化研学兴起，消费主体以学生为主，哪些民族文化可以打造体验式发展、哪些民族文化可以实现亲自动手参与，同时吃住行等服务功能要根据消费需求配套提升。

西江千户苗寨将"文化+现代农业"以产品形式投入市场，不断提升"天下西江"的品牌知名度。西江千户苗寨景区卖点主打苗文化，要有针对性、目标性，既要节约成本，也要听游客反馈。西江景区旅游体验项目要关注游客需求但是不能脱离优秀传统文化，还要凸显本民族文化的在地特色。通过提供多种消费产品不断满足游客多层次消费需求，较大限度地改变一次性旅游消费习惯，创新发展以旅游业为主的多元现代产业经济，实现西江千户苗寨的增长极效应，吸引周边村寨大量劳动力及多种配套产业的聚集。

最后，资金的投入。用市场化手段去资本市场拉动发展资金。在市场经济的驱动下，资金成为产业化与市场化发展的动力源，是检验"两化"实现程度的重要标准。实现金融市场的发展主要以招商引资为主，不断优化金融服务和产品供给，为产业功能提升提供合理的资金保障。

二、生态功能修复与转型，推动生态宜居

村寨镇化要全面贯彻"以生态为基"的发展理念，依托民族地区生态资源禀赋，并以满足自身可持续生存需求和城镇居民需求作为生态功能提升的目的，让乡村成为城镇化发展的生态环境后花园。不论是从农业经营还是乡村建设的角度来看，以农为本的国家基础是不容改变的。农业不仅是现代化发展不可或缺的部分，更是生态环境保护的最大功臣，这个结论已不断获得初步验证。因此，永续建设发展农业、建设美丽乡村、妥善守护农民离不开生态空间的养护，让"与环境共生"观念成为自然生态与人文环境的和美共存之道，让乡村生命力重新回归乡村。

一是构建以生态为基的"生态+"战略。村寨镇化生态功能提升侧重于生态功能与现有产业融合发展助推产业兴旺。构建以生态为基的生态农业、绿色产业发展。村寨镇化生态功能提升将原本仅满足人类基本以"食"为需求的农业，因时代需求变化逐渐实现农业与第二、三产业的融合发展，与人类逐步建立一种新的互动关系，由以"食"为需求转变为以"育、乐"为需求。以"生态+"方式融入文化产业化发展，实现"生态+休闲、生态+养生、生态+旅居、生态+思学"等尽可能避免利用生态价值直接换取短期经济效益的做法，要重视生态与人文环境的和谐发展，实现共生、共享、共赢的生态发展新功能。在村寨镇化生态功能提升中既为城镇提供农副产品生产基地，同时成为城镇生态环境供

养地。村寨镇化生态功能提升就是吸引城镇资本向乡村流动，以满足城镇消费需求为目的的生态农业现代化发展与城镇功能对接，实现生态产业的现代化发展，形成生态农业经济的一产多用和多功能创收格局。通过优化生态农业空间布局，在生态功能统筹规划中合理整合生态资源。有关生态资源的保存、修复、还原等生态循环都应被纳入村寨镇化生态功能提升的整个过程，在生态资源富民、生态价值增值中实现生态环境的现代发展方式转型。

二是将"生态为基理念"嵌入立法规范。村寨镇化生态功能提升要将"生态为基理念"列入国家重要生态农业政策，并融入乡村生态农业全产业链总体规划中，衡量农业经营的指标不再是产业或产量，而是以对农民参与及对优化乡村生态空间认同为基础，以此规避利益主体和其他利益相关者边建设边破坏的生态实践行为，创造农业产业、生态环境与消费三赢的效果。对农民而言，村寨镇化通过生态功能提升将生态农业扩大经营规模、范围与类型，间接增加创收项目与收入，使原本以农业为生计的一产扩展至以二产加工、三产服务的三产融合发展的绿色融合产业体系，实现农民相乘、功能叠加的收益效果。

三是生态功能提升是把"绿水青山"转变为"金山银山"的能力。生态功能提升需要依托生态文化，强调的是人类与自然环境之间的和谐关系。生态环境密切关联着优秀传统文化的多样性和完整性，不论是生态环境的"保护性破坏"还是"建设性破坏"，都会损害民族生态景观的完整性和物种的稀缺性。村寨镇化生态功能提升就是将生态环境资源转化为生态资本，用经济的方式去涵养生态，让绿水青山成为民族地区的自然财富、社会财富和经济财富。将绿水青山作为生态资本转化为生态商品及服务，并付费给生态所有者。这样既可以补贴生态环境的发展，又可以在养护生态环境的同时为乡村生态环境提供制度保障，亦可实现生态经济化、经济生态化，提升乡村经济优势、竞争优势、发展优势，创建宜居、宜业、宜游的生态宜居环境，吸引更多的城镇人口到乡村定居，满足城镇居民望得见山、看得见水、记得住乡愁的消费满足感，在农民增收中自觉自为地构筑起生态保护屏障。

四是村寨生态功能提升全面构建乡村现代化绿色发展格局。生态功能提升既需要足够的生产空间为村寨提供就业场所，也需要青山绿水的生态空间满足人们对宜居环境的需求。村寨镇化生态功能统筹"三生空间"发展，根据类型多样的生态特色资源分类施策，让具有生产性功能的生态经济价值、生活性功能的生态居住价值、生态性功能的绿色发展价值充分体现。利用知识、技术、信息等发展要素优化配置生态资源要素，转化生产力发展方式、优化乡村空间格局。通过城乡产业功能对接提升生态功能，不断提高城乡居民供求满意度，让生态不再是乡村的特权，让具有经济基础和选择能力的城镇居民走进乡村、使更多人、财、物等资本要素向乡村聚集，加强了城乡间功能互动，不断提升乡村对城镇资本要素的吸附能力，让城乡割裂的发展边界不再清晰。

村寨镇化解决休闲娱乐的问题。对于游客来讲，是否好玩决定他们停留时间的长短。现在游客来西江千户苗寨短暂停留一天就离开了，因此要丰富更多的业态内容留住游客。解决休闲娱乐的问题就要在产业功能提升中发展两类项目。第一类是策划轰动性的项目，为项目找亮点。第二类找能让盘活村寨资源的项目，凸显自己个性的项目，把苗族生态、优秀传统文化的体验和展示做足。做第一类项目，西江千户苗寨已经初步实现。作为第一个做苗族文化的村寨，西江千户苗寨非常具有代表性。西江千户苗寨的成功得益于政策上的大力扶持。2008年旅发会后西江千户苗寨朝发展旅游产业这个目标迈进，人才聚集、政策聚集、财政投入聚集，全县的资金、技术、人力等资本聚合带动了西江千户苗寨旅游产业初步发展。做第二类项目是盘活西江千户苗寨产业发展的重点。西江千户苗寨要把苗族生态、文化的体验和展示做足，通过村寨生态功能和文化功能提升，创新旅游产业业态来解决休闲娱乐的问题。目前，西江千户苗寨生态功能、文化功能尚没有充分实现，现有发展方式更偏向于现代化营销手段的商业化发展，旅游产业发展看似火爆实则是虚假的繁荣，这也是西江千户苗寨商业化看上去较重的原因，导致旅游产业的可持续性在透支，游客一旦审美疲劳苗寨就会逐渐失去市场。要充分利用民族地区生态资源要素在西江千户苗寨的高度聚集，让生态资源与旅游产业发展相融合。西江千户苗寨的农耕文化是梯田，西江千户苗寨的农田在保护区范围内，不可随意开垦投资开发，将梯田周围的生态步道修好是展示农耕文化的前提。将梯田打造成花海增加观赏价值，梯田坡上的天麻、茶叶适合休闲农业的打造，在"生态+农业"的业态创新中构建休闲农场、森林农场、自耕农产业园等，实现苗寨旅游、苗寨康养、苗寨物流、苗寨研学、苗寨养老等多业态发展。比如森林农场强调以自然生态环境，原始树林、森林为农场主体；自耕农产业园强调原本单一的自耕农田，转型经营休闲农业，多采用独资方式经营。利用乡村田园景观、自然生态及环境资源、民族文化及农家生活，提供满足城镇消费需求的生态农业休闲方式，让消费者走进农村、贴近农民、体验农业，目之所及皆感受生态文化之美。因此，不仅要让生态功能起作用还要在生态功能提升中实现其丰富的价值。

一是增加生态景点。将西江千户苗寨自耕田全部重归村集体所有，盘活土地、农耕、稻田、池塘资源，并由村集体统一规划发展生态农业产业，弘扬梯田农耕文化。可以利用十户一体、二十户一体一起种植有机蔬菜，发展有机养殖,做农耕文化、农耕产品及无公害产品。发展有机食品,带动传统农业发展实现农业现代化转型,开展农业体验式消费项目,使生态功能多种价值不断被挖掘和提升。在梯田周边种植中草药,选取的中草药需是能开花的草本作物,既有经济价值又有观赏价值。在镇化过程中不断挖掘生态功能的丰富价值,拓展生态农业产品的行销,实现西江千户苗寨生态农业一产多用和多功能创收,让绿水青山的生态价值变得更有意义。西江千户苗寨核心区以商业发展为主,边缘区以生态农业发展为主,不同区域资源有别、各有所长。城镇居民对绿色生态资源的感官需求及生态产品的健康有机诉求,有利于生态产业链壮大县域富民产业形成生态产业市场,不断满足城镇消费需求,而且将生态产业链延伸到城镇居民对乡村生态环境和民族文化的需求。村寨镇化通过满足城镇消费需求推动乡村的现代化发展,加强了城乡功能互动和城镇化对乡村的带动。

二是留住游客。修一条旅游公路到梯田,把生态农业区的交通循环路线建起来。游客可以沿着循环路线自己徒步观光旅游,让游客多些时间在西江景区停留,游玩的项目越多越能延长游客停留的时间,西江千户苗寨村民才能真正受益。景区不仅需要扩容更需要升级,实现多元化发展而不是单一化发展。下一步发展重点是对西江千户苗寨农田梯田文化的休闲农业模式打造。西江千户苗寨边缘区居住环境比核心区好,满足游客高质量身心体验。这里需要对边缘区老房子进行翻修,外部构造不变,改造成具有现代居住功能且满足城镇居民的消费需求的房子,同时满足了边缘区居民的日常生活所需并获得收益,破解了因村民收入差距所产生的矛盾。

三是增加收益和就业。西江千户苗寨自身就是一个经济体,在自有市场就地取材发展生态农业,用自己的土地资源结合旅游产业发展农耕文化。生态农业做起来,即便是观光田也可以盈利,边缘区居民才有收益,更为西江千户苗寨村民创造了在地就业机会,增加了苗寨整体性盈利。村寨镇化生态功能提升需要打破传统农业发展模式,强调以生态环境保护和自然资源的合理利用为前提发展生态农业,让传统农业实现转型升级和品质提升,这样发展生态农业才会有市场需求。市场需求量变大就会有更多从业者投入生态农业开发建设中,使得更多城镇劳动力、资金、技术等资本要素向乡村聚集,实现了生态资本的经济价值转化,促进生态效益、经济效益、社会效益的统一,进一步培育壮大生态富民产业。不断激发乡村内生发展动力以此实现城乡供需平衡为当地村民创造更多就业机会,这是实现生态产业化和产业生态化的重要路径。

三、文化功能调适与再造，推动乡风文明

村寨镇化生态功能的实现是在中华优秀传统文化基础上建立起来的，部分文化的衰落潜移默化影响着生态功能的变化。文化兴则生态兴，生态功能的发展离不开文化功能的实现。乡村发展中矛盾产生的根源主要与土地有关，如果农民与土地脱离关系，围绕土地的一系列文化就会逐渐衰落。但是在现代文明进程中，农民逐渐脱离土地，文化在与现代文明的融入与碰撞中不断被涵化，农民的文化自信心逐渐被淡化。对村寨文化功能的调适与再造解答了优秀传统文化由谁保护、为谁保护、谁来保护的问题。

一是重塑文化产业多样化发展。一直以来优秀传统文化以旅游产业发展为载体，成为构建旅游产业吸引力的重要资源，文化在满足消费需求的同时被大规模模仿和无序开发，逐渐失去了原真性的文化内涵并迅速被模式化蔓延，导致"千村一面"的同质化问题，带来同质化发展困境。村寨镇化通过文化功能提升将文化从传统单一的开发类型到多元的模式探索，改变追求来快钱、一切"向钱看"的错误价值导向，认真挖掘民族文化多样性特征并为多元的产业发展服务。通过文化功能提升重塑优秀传统文化的代际传承价值，融入人、技术、资金等多种发展要素对文化资源活化利用，并为乡村居民的在地发展创造更多就业机会，形成形式多样的民族文化产业化经营组合模式。让文化产业化与农业生产、乡村旅游、住宿、购物等结合，提高文化资源整体成效，以开创民族地区文化产业化为更宽广的附加值。同时，将农业生产、田园景观、民俗文化、自然生态、民宿、交通和购物等多种资本要素加以整合，随着村寨镇化功能提升和极化效应，乡村价值开始凸显，在文化功能提升中推进县域城乡融合发展。同时，村寨镇化文化功能提升是城镇化发展和带动的结果，城镇资本要素对乡村活化繁荣了乡村市场，并在乡村投资和消费，其产生的极化效应辐射吸纳周边地区剩余劳动力，带动周边乡村经济发展。

二是打造文化功能区建设。村寨镇化文化功能提升要充分发挥优秀传统文化资源要素聚集效应，但是却没有凸显民族文化保护与传承的载体文化功能区建设，这恰恰是民族文化保护与传承中获得合法身份的产业化发展路径。因此，还需要营造文化保护与传承的产业化发展路径——文化功能区建设。一方面，通过外部经济要素与内部资源要素相结合建设多类型文化功能区，为文化提供

发展的空间和存续动力。① 比如生产型文化功能提升，构建文化产品商品区；市场型文化功能提升，构建优秀传统文化展演区；原生性文化功能提升，构建优秀传统文化感受区。另一方面，通过村寨镇化文化功能提升实现文化商品化，满足城镇居民消费需求，在供给侧改革中创新更多生产型、服务型、功能型、公益型产品，实现外部文化资本对内部文化资本进行文化再生产的过程，聚集生产要素拓展文化产业业态，发挥村寨镇化文化功能为乡村居民提供更多创业机会和就业可能，不断满足居民的利益诉求进而增强居民对优秀传统文化的认同。

三是共创优秀传统文化品牌价值。村寨镇化政治功能提升就是转变国家和政府的角色和职能。一方面，民族文化产权与生态产权是保障村寨镇化产业功能提升的必要条件，是文化资本与生态资本参与市场竞争的核心要素。村寨镇化文化功能提升要重视文化知识产权归属，文化产权是文化产业发展的制度性保障。以经济价值度量和保护文化产权不受侵犯，避免文化资本要素的趋利性带来的文化异化；制定清晰明确的文化产权保障机制，有利于实现文化资本要素与产权的高效匹配；制定清晰而明确的文化产权与建立股份制的收益分配机制，保障产权利益主体结构合理、产权利益分配边界清晰、产权权能完整享有、产权流转方式合理。地方政府作为国家文化产权的地方代理人，其主要功能是为文化产权主体提供公共服务，监督和管理相关利益主体参与产权经营的全过程。另一方面，村寨镇化文化功能提升有利于实现文化品牌化经营，是文化资本价值溢价的重要路径。民族文化内涵和文化身份认同在村寨镇化文化功能提升中决定了品牌溢价程度，如果能充分挖掘中华优秀传统文化内涵及其深厚价值并应用到民族文化产业中，就能打造独一无二的民族文化品牌，形成无法同质化的民族文化特色产品，提高核心竞争力，对构成核心竞争力的资本要素包括人才、资金、技术等一系列品牌支撑体系的构建，转化为商品、服务、产业实现溢价，实现民族文化品牌高溢价和高垄断价值。

西江千户苗寨是全国乃至世界各地苗族人心中的巴黎和纽约，西江千户苗寨的优秀传统文化具有代表性：

一是文化功能提升就是通过对民族文化资本充分挖掘实现文化产品开发，将文化产品开发分为三类，分别为文化体验产品、康体游乐产品和文化潮品。所有文化产品开发必须是经营性的、有收益的项目，通过文化资本经济价值的

---

① 孙九霞，吴美玲. 商品化视角下族群内部主体的文化认同研究——以云南丽江纳西族东巴纸为例[J]. 中南民族大学学报（人文社会科学版），2017，37（3）：67-73.

实现预估其盈利。首先，文化体验产品将农业生产、田园景观、民俗文化、自然生态、民宿、交通和购物等多种资本要素加以整合，充分展示苗族居民的生产生活形态，让游客真实参与到苗族人民的生活中。西江千户苗寨可以将平寨仅有的一个观景台扩展为多个观景台，让游客从不同角度欣赏美景，也可以达到旺季分流的目的。其次，康体游乐产品让游客在游玩过程中充分畅游在优秀传统文化的海洋里，不仅仅局限在对"苗寨三宝"吊脚楼、刺绣、银饰的观赏。要充分挖掘能充分代表本民族的文化符号，比如还原每一座风雨桥旁边的老碾坊，篮球场旁边的牛头柱子、也东寨村寨的木雕大门等民族文化符号的完善，议榔制度、长达15分钟的长桌宴苗歌（现在仅有2分钟）等传统苗族土著文化的充分展示，让游客既陶冶情操又修养身心。最后，文化潮品将苗族刺绣、蜡染、银饰、木雕、石雕等技艺充分结合，是现代发展方式对优秀传统文化开启的时尚表达。太过传统的文化是不易被人接受的，在传承民族传统技艺的同时将传统文化的时尚性做到极致。在游客的参与式体验中融入现代丝绸、折扇、旗袍、手绢等中国风元素，用超量服务来提升价格，再配以生动的故事实现村寨镇化文化功能提升，将文化资源转化为经济价值。

二是实现游客在西江千户苗寨景区由短暂停留到短暂居住，要能留得下客人。因此增加西江千户苗寨的吸引点，充分挖掘优秀传统文化功能，形成多样化的民族文化产品和服务就格外重要。在西江千户苗寨建设民族文化功能区，以传统生活馆的形式聚集文化要素，充分拓展苗族文化产业业态。第一个馆是苗族传统生活馆。从农耕文化到现代文明对村民日常生活的演绎，象征苗族人民的淳朴生活。第二个馆是苗族音乐馆。展示苗族音乐在世界的地位，对苗族音乐的文化、特点进行讲解和展示，并向游客生动、全面地呈现。村民在参与文化展示中实现就业获得收益，在推动村寨镇化文化功能提升中实现经济功能的发展。第三个馆是苗族建筑馆，边喝茶边听能人匠人技人讲述吊脚楼文化，身临其境感受苗族文化的传统技艺传承。第四个馆是苗族服饰馆，苗族银饰、手工、蜡染、刺绣的展示和DIY体验，让游客尽情感受苗族优秀传统文化的乐趣。第五个馆是苗族村史馆。五个馆传承着西江千户苗寨村民族文化的脉络，将历史不同节点的苗族文化串联成一个生动的苗族故事，将苗族生产生活场景融入并不经意地展现出来，让游客在文化"历时态"发展中感受苗族种种生活气息。比如走过一个吊脚楼看到苗族女子在上面绣花唱歌，转身回望西江千户苗寨村民日常生活画面，随处可见的真实场景和不真实的演绎交织在一起，既展示了苗族文化产品，又生动地演绎了苗族文化的真实感，让游客感受充满生命力的优秀传统文化。把苗族优秀传统文化通过文化再生产一部分传播给外来游客，一部分传承给本民族居民，在文化功能提升中不断增强文化持有者的文化自信心。

三是让西江千户苗寨实现文化品牌化价值。西江千户苗寨苗族文化和其他少数民族文化一样都属于中华优秀传统文化，都围绕生产生活来开展，都为了生存生计而存在。对文化产权定位要做好三件事，即西江千户苗寨的文化产权归属村民、西江千户苗寨的产权利益主体是村民、西江千户苗寨的产权保障对象是村民。西江千户苗寨羊排村和东引村地处苗寨的过渡区和边缘区，是西江千户苗寨文化产权保护的重点对象，居住条件较差是长期困扰他们生活的主要问题。可以将两个村的村民迁移至新村居住，同时对老房子重新翻修，再作为文化资本投入文化产权经营中，明晰文化产权并建立股份制收益分配机制实现村民增收，使西江千户苗寨文化得到保护、村民实现增收。将羊排、东引村的老房子改造成民宿或生态博物馆，不再对西江千户苗寨进行建设性开发，最大限度保护西江千户苗寨文化和生态环境。通过以上村寨镇化文化功能提升充分实现西江千户苗寨的文化品牌化经营，补齐短板，不断增强西江千户苗寨文化商品、服务、产业等核心竞争力，实现"天下西江"文化品牌在苗寨发展中的高溢价和高垄断价值。

四、政治功能保障与强化，推动治理有效

乡村治理目前依赖于行政手段的干预，村寨镇化政治功能提升就是加强乡村治理能力和水平，以问题为导向是村寨镇化政治功能提升的最佳路径。

一是在合理规划中提升村寨镇化政治功能。首先，通过村寨镇化政治功能提升保障民族村寨分类编制宏观规划、合理确定村寨布局和建设边界，让顶层设计充分合理，切实为乡村居民、乡村的发展服务。对村寨镇化编制村容村貌提升导则，其目的是立足村寨风貌，还原民族特色，实现村寨产业转型和新业态创新。聘请民族专家、乡村精英、乡贤等多方参与，要充分满足乡村居民生产生活与发展诉求的高效匹配，将民族村寨核心区、过渡区、边缘区纳入村寨规划建设，充分优化村寨镇化空间布局，让乡村具备现代生活条件建设指引。其次，村寨镇化的开发与运营需要走集体主义道路，是实现村寨镇化政治功能提升的重要方式。村寨镇化都是由自然生态、村容寨貌、优秀传统文化、传统生产生活方式、村名品牌积淀等资源要素聚集而成，这些资源要素都归属集体，亦归属全体村民，从根本上解决了利益分配不均衡问题。村寨镇化所有资本要素归集体所有，由集体统一分配利益，集体有责任保护与监管村寨资本，从根本上解决了利益分配的不均衡，有利于乡村财产的集中保护和统一管理，并由

村集体持续推进村寨镇化方案。集体主义有利于人、财、物等发展要素高度聚集实现村寨镇化政治功能，辐射带动周边村寨发展，而周边村寨发展必将形成回波效应进一步支撑村寨镇化发展，实现村寨镇化的中心功能，为周边村寨提供发展空间，通过产业带动整个乡村经济发展，使乡村与村寨镇化形成不可分割、相互依赖的命运共同体。

二是从制度上保障村寨镇化政治功能高效转化。村寨镇化将制度嵌入政治功能的实现，为乡村治理中多种功能实现提供制度保障，防止单纯追求经济利益为乡村带来空间异化和业态混乱。一方面，村寨镇化政治功能提升规范乡村的公共治理，让城镇基础设施与公共服务体系与乡村功能连同，带动乡村基础设施建设与城镇化良性循环，实现城乡资源共享。准确获悉和满足乡村居民发展需求和意愿，从制度上全面保障乡村居民享有就业、社会保障、居住环境等现代化发展的权利。制度上保障便民服务等公共服务质量全面提升，让城镇基建和公共品等要素向乡村延伸，畅通流通通道实现公需资源共享，使乡村的生活便捷性可以比拟城镇化，一定程度上缓解了乡村居民在乡村的后顾之忧，释放出乡村居民的消费能量。另一方面，村寨镇化政治功能提升保障经济精英、政治精英、文化精英等具有文化、技能的高素质劳动力下沉乡村，是乡村治理的有效路径之一。村寨镇化通过文化功能、产业功能、生态功能提升实现资本要素聚集，对物质文明的满足与精神文明的塑造是吸引高质量人才进入民族村寨定居的前提。外来人才移居乡村、聚集乡村，与乡村内部低收入人口对接共同参与乡村的现代化建设，农民逐渐实现了传统身份的转变。

三是赋权增权与利益分配。乡村居民是民族文化的利益主体，是民族文化的所有者，有权利行使民族文化所有权。一方面，村寨镇化文化功能提升需要实现村民自下而上的参与转化路径，让村民的诉求和利益具有更畅通的表达渠道和更民主的伸张机制。政治改革由自上而下变成自下而上探索，提供制度性公开参与平台，发展更加广泛、更加充分、更加健全的人民民主，让乡村居民有机会和能力进行公共诉求表达。村寨镇化政治功能提升有助于畅通农民群众的利益诉求表达，让农民发展诉求和意愿有了更顺畅的表达渠道。让基层治理格局由"自上而下"转变为"自下而上"的上下互动探索，激发村寨镇化多方利益主体的内生活力，让农民群众公开参与公共诉求表达。在村寨镇化政治功能提升中赋权乡村居民，畅通乡村居民不同层面的诉求和利益表达渠道，在村寨发展决策、村民利益分配、村集体资金使用、公共服务供给等方面能够让村民或村民代表拥有知情权和建议权。另一方面，合理增权为乡村居民搭建利益共享机制。利益驱动改变了乡村居民利益诉求，随着政治功能提升迫切需要改变村寨发展中利益分配不均衡问题，改变资本逐利性带来的资本与行政权力形成的利益共同体对村民利益的损害。村寨镇化政治功能提升赋权增权于村民，保障村民享有应得的文化产权红利，为破解一次分配中带来的相对贫困，应通过二次分配等手段让乡村居民以利益主体身份分享合理的增值收益。赋权村民对地方政府和利益相关者的监督，以此约束利益相关者由于逐利性的不公平行为，提升农民群众参与公共治理的积极性。

五、社会功能重构与优化，实现生活富裕

生活富裕就是实现乡村与城镇的均衡发展，缩小乡村居民与城镇居民的收入差距，主要体现在乡村居民的有效就业、收入水平、生活质量方面。民生福祉作为村寨镇化社会功能提升的着力点和要求，主要体现在乡村居民充分就业、收入水平、生活质量充分提升。①

西江千户苗寨在旅游产业发展前后，农民的转变、经营户的转变是人的发展功能实现的过程。旅游产业发展带动了人的发展，人的发展不断推动着民族文化的发展。20世纪七八十年代的西江千户苗寨及周边村寨发展主要为解决百姓的温饱问题，村民主要以稻作梯田的农耕方式维持生计。居民生活虽然艰苦但是乡风浓郁，夜里蛙鸣虫叫、农田连片的田园风光充满了天然的生态美。2008年在旅游产业带动下西江千户苗寨样貌发生了翻天覆地的变化，商业开始遍布各地发展。村民人人参与到旅游产业经营中，村寨失去了以前的古朴。

由此可见，人是赋予村寨镇化生命力的主体，是乡村的主要建设者，要将人的生存价值植根于村寨镇化人的发展功能提升中，为人的生产生活服务。

一是全面提升人的发展功能。人作为村寨镇化的主体，既是资本的占有者，又是土地所有权的占有者，还是村寨的主要建设者。村寨镇化政治、经济、文化、社会、生态功能的实现都要以人为核心，为人的生产生活服务。人的发展功能提升使乡村居民不再是农民身份，而让农民成为一种职业，培养从事现代农业的职业农民。乡村生活富裕的实现过程也是人的发展功能提升的过程，人的发展功能提升就是实现村寨镇化生产方式和生活方式向现代乡村文明的转变即非农化的实现过程，文化以资本化的运作方式在现代化乡村发展中重塑了优秀传统文化的意义和内涵并赋予了新的社会价值，在增强人的文化自信来肯定

---

① 黄祖辉. 准确把握中国乡村振兴战略[J]. 中国农村经济，2018（4）：2-12.

自身文化价值的同时唤醒了人的民族归属感。① 实现生活富裕要在人的发展功能不断提升过程中将个人的文化实践能力与乡村现代化发展相结合,不断探索文化的多样性生产是文化持有者对多元文化价值的有效展示。更重要的是文化持有者在文化产出过程中要经历经营者与消费者的频繁互动,不断提升人的现代发展能力,让每一位农民成为一位资深且优秀的乡村从业者。对农民进行转业培训。比如办民族优秀传统文化产销班,让农民既成为参与者也成为经营者,带给消费者真实的融入性体验,为消费者开启满足民族文化消费需求的高质量文化消费。可以说人的发展功能是乡村文化的灵魂,让人拥有了在乡村生存的能力才能实现乡村的内生发展,乡村才能从"输血"变为"造血"。农民在人的发展功能提升中拥有了现代化生存的技能促进乡村内生发展能力的实现。

二是不断提升村寨镇化的社会功能。对城镇及周边村寨交通网的整合,增设轨道交通、高速路、交通环线等各种城乡公共服务设施并不断实现城乡公共服务配置均等化。将城镇功能向乡村延伸,吸引更多城镇资本进入乡村,让人流、物流、交通流、信息流在城乡间自由流动,并与乡村资本聚成合力,充分激活乡村发展主体功能,通过镇化功能打通城乡资本要素双向流动,实现城乡资源共配、设施共建、服务共享、供需有效衔接,实现乡村居民"生活环境乡村化,生活质量城镇化",发挥城镇功能对村寨镇化的带动作用,在社会功能提升中充分激活乡村各资源要素实现乡村的现代化发展。

三是不断提升村寨镇化的公共服务功能。生活富裕就是让村寨镇化成为融产业、就业、商贸、物流等为一体的综合集散中心。构建信息技术网为综合集散中心提供更多便捷,让信息技术引领村寨镇化成为吸纳创新的价值高地。信息技术使城镇传统商业地位下降并且在乡村快速崛起,成为乡村发展的重要催化剂。它将模糊城乡界限,带来城镇化发展向乡村扩散的趋势。信息技术辐射引领城乡居民在互联网的聚集,城镇居民外迁同时带来城镇生产要素外流,信息交流、日常购物逐步淡化了城乡在物化空间的功能,增强了消费者对乡村的物质满足和社会认同。

现阶段西江千户苗寨村民出行仍较为不便,村民到雷山县要坐摩的和中巴车,高速公路站点离西江千户苗寨位置较远。村寨镇化要解决好人的振兴问题,通过人的发展功能提升保障人的发展权益实现生活富裕:

一是提升交通功能。首先,开通贵阳到西江千户苗寨的一日游和周末游线

---

① 马翀炜,覃雪梅. 民族地区市场经济发展的文化相关性[J]. 贵州社会科学,2008(1):62-68.

<<< 第五章 "村寨镇化"与乡村振兴协同发展路径

路,通过交通功能提升改变旅游产业发展由被动式等待转变为主动对接城镇发展功能。其次,降低凯里到西江的公路运输成本。来凯里的游客多是去西江千户苗寨游玩,游客从西江景区直达凯里的交通费用仍有下降空间。曾经西江千户苗寨在整个雷山县甚至是黔东南占据重要的经济发展位置,为了带动雷山县经济郎溪公路的开通封锁了西江千户苗寨直达凯里的路段,而是必须途径雷山县路段以此带动雷山县经济。2008年全县旅游产业综合创收2.85亿元,占县域旅游业的35%;2017年全县旅游产业创收77.37亿元,其中西江千户苗寨为49.91亿元;2018年全县旅游产业创收106.88亿元,其中西江千户苗寨为72.53亿元;2019年全县旅游产业创收118.97亿元,其中西江千户苗寨为74.5亿元。[①] 每逢国家小长假,雷山县政府都会强制性引流,将自驾到西江千户苗寨的游客推荐至雷山县景区。开通西江千户苗寨直达凯里的高速路、高铁沿线,为城镇资本要素向西江千户苗寨的聚集提供保障。

二是提升网络功能。凯里和西江千户苗寨行政等级不同,但是吃穿住都一样,通过网络功能提升实现网络信息在西江千户苗寨全覆盖,促进城乡资本要素双向流动。建立西江千户苗寨网络功能提升平台,实现网络在苗寨的全覆盖,产销、物流不仅方便了商户,还方便了住户。西江千户苗寨每家每户要连接导航,去八个自然村寨通过导航就能找过去,游客只要到景区,打开手机就能定位到目的地,真正实现自助游。完善西江千户苗寨信息网,实现西江千户苗寨村民设施共建、服务共享的公共服务均等化,使供需有效衔接。从"怎么方便自己管理"到"怎么方便游客游览"的转变,由"管理者与被管理者"的关系向"主与宾"关系转变,充分提升村寨镇化的社会功能,让西江千户苗寨成为融商贸流、信息流、资本流、技术流等为一体的综合集散中心,不仅提升了民族地区的现代文明程度,增强了游客对西江千户苗寨的出游需求和文化认同,也方便了游客出游需求并促进西江千户苗寨实现农业农村现代化转型发展。

三是保障人的发展功能。不断提升经济功能,推动经济发展作为西江千户苗寨发展的重要目标。西江千户苗寨村民的物质生活水平提高了,他们才能追求精神生活,才能思考精神生活。在村寨镇化经济功能不断提升中大力实现经济发展,让民族地区的经济水平、生活水平提升到一定程度,才能寻找精神文化的力量继续促进文化功能提升。成立苗族文化研究机构,专门与做研学的单位对接。找一些苗族文化专家包括乡村精英对西江千户苗寨村民进行民族文化培训、对服务人员进行培训。充分挖掘西江千户苗寨文化产业,打造苗族大歌

---

① 数据来自西江镇文旅局。

等多业态文化传承,对苗族服装进行中国风改良设计、制作展示,全部由这个机构负责,参照阿里巴巴达摩院模式。推选乡村精英作为西江千户苗寨发展的带头人和机构负责人,带领全村村民做产业、做文化、做产品,进行文化资本运作,聚集雷山县所有资本优势找准苗寨的文化发展定位,并且要有差异化、特色化、典型性。再根据定位主线去落实项目,培育西江千户苗寨的增长极,辐射带动周边21个村寨发展,再通过周边村寨的回波效应促进苗寨自身发展。

四是提升教育功能。通过教育让人的思想回归,让精神与物质发展同步。农民的幸福感更多来自攀比,村民对民族优秀传统文化的忽视,致使现阶段人的观念较难转变。村寨镇化教育功能提升,将村民的农民身份转变为贩卖农业知识的景区经营者,学习经营哲学、经营理念、产业企划、一站式行程安排等技能,不断提升村民作为景区文化持有者也是文化经营者的文化实践能力。通过教育功能提升建立西江千户苗寨高品质的服务形象,将民族优秀传统文化一部分传播给外来游客,一部分传播给本民族居民,让他们更加自信。以共同创作、共同生产的方式提升全村村民自助建设乡村的创造力,激发自我肯定之价值与使命感、成就感,进而建设有自信、有水准、有尊严的乡村社会。

总之,乡村不能脱离城镇化实现自我发展,割裂城乡的互助发展关系是不可行的,乡村振兴需要在城镇化带动中实现。[①] 村寨镇化立足村寨的城镇功能不断推进实现乡村的现代化生产生活方式。通过村寨镇化多重功能提升活化乡村各类资源要素,在乡村社会培养现代经济元素,将乡村以农业为主的传统经济形态转变为现代非农的经济形态。村寨镇化就是让村寨实现部分城镇的现代发展功能,以城镇功能带动乡村功能发展,使乡村在镇化过程中实现农业农村农民的现代化发展能力,让城乡资本要素在有序流动、平等交换中提升乡村现代发展功能。城乡要素畅通同时也实现了乡村现代发展功能,形成城乡生活方式相同,居住形式不同的城乡融合社会形态,同时是村寨镇化和乡村振兴协同发展的基础。

第二节 研究建议

村寨镇化与乡村振兴协调发展是一个漫长的探索过程,它关乎民族村寨的生计存续,关乎乡村的重构与建设,进而密切关联着中国式城镇化背景下县域

[①] 黄祖辉. 准确把握中国乡村振兴战略[J]. 中国农村经济, 2018(4): 2-12.

城乡融合发展。当前，我国从"乡土中国时代"转变为"城乡中国时代"，村寨镇化着眼于中国式城镇化背景下民族地区城乡关系的现实情境，找到其作为乡村聚落体系而区别于城镇的独特身份及其价值所在，实现乡村赶超发展的理论构建和实践模式，强调村寨镇化有别于以往城镇主导乡村发展的路径，开始强调乡村的多功能转型。村寨镇化是一类民族村寨现代化发展的路径探索，由于尚无太多经验可借鉴，鉴于此，依据民族村寨实地调研之所得，分析其所处之窘境，围绕"村寨镇化"这一创新模式开启的理论建树与路径探索中存在的一些问题提出以下建议。

一、务必意识先行强化为农服务功能

意识先行是构建村寨镇化模式的思想准备，源自对乡村建设现实状况的改变或改造，是不安于现状、不满足自身生存与发展条件引发的为什么的思考，是对村寨功能提升强化为农服务功能的实现。对于村寨镇化的研究主题，需要明确乡村振兴发展方向和研究重点，这就需要树立几大意识。

一是问题意识。在"以人为核心"的发展理念下，以"三农"问题为出发点解析村寨镇化构建的意义；解构村寨镇化对乡村建设的嬗变过程；解读在村寨镇化进程中，为什么这么做的问题。村寨镇化模式探索立足解决民族地区乡村发展矛盾的主要问题，以问题为导向深入乡村现代化建设的规划研究。立足破解城乡功能不畅的弊端，培育农民成为村寨镇化功能实现的设计者、营造者甚至管理者；对乡村长期存在的一些矛盾问题从"习以为常"转变为"直面解决"，进而进入如何改变的阶段。围绕建设民族地区现代化乡村的共识，政府介入、制度保障、专家队伍协助共同研究制定村寨镇化规划方案。做好村寨镇化统筹设计与乡村建设规划同步创新，从规划层面精准开启村寨镇化营造之路，营造出农民共同想象、期待的具有现代城镇发展功能的民族村寨新空间。

二是系统意识。一方面，村寨镇化是一个要素聚集的过程，关联各部门、各要素的聚集所形成的极化效应，通过资本积累形成竞争优势和极化效应，实现村寨镇化发展。另一方面，村寨镇化就发展的方方面面无不涉及，村寨镇化研究不仅集中在民族地区乡村为主的目的地系统，还需要对客源地系统城镇进行研究。对中间通道系统周边地区的研究，不仅与乡村振兴、新型城镇化发展战略相联系，更要与区域协调发展战略、主体功能区战略、可持续发展战略联系在一起实现战略联盟,构建城乡要素自由交互和平等共享的新型工农城乡关系。①

三是战略意识。村寨镇化不仅是一项实现全体人民共同富裕的系统工程,而且是构建人类命运共同体的民生发展工程。民族地区乡村可持续发展更需要强化为农服务功能、更需要精神的力量,而不是只注重发展经济,而忽视文化、生态、社会等功能"离土的"民族地区,不能背离"创新、协调、绿色、开放、共享"理念的初衷。村寨镇化是对民族村寨保护与延续的长效机制,而不是片面强调经济利益而过度开发的短期效应,是持久的乡村建设行动。要摒弃短平快的盲目发展,快速未必是乡村振兴的万能解药,可能会丧失政治、经济、文化、生态、社会功能的相互关联,削弱村寨镇化的可持续发展能力。因此,乡村振兴是实现中华民族的全面振兴,村寨镇化是"乡村主体+政府+企业+第三方+制度规范"共同的任务,而不是某一方的任务,需要利益主体各尽其能、各司其职,共同嵌入村寨镇化的发展。

二、依靠资本拉动保障乡村产业发展

村寨镇化就是实现民族村寨的有效保护与发展路径的探索,在乡村振兴中,村寨镇化是有效的路径之一。由于民族村寨形态万千,资源禀赋千差万别,以实现政治、经济、文化、社会、生态功能提升为旨归的村寨镇化才能契合民族村寨不同文化肌理、资源环境。例如资本聚合模式、文化旅游模式、生态农业模式、传统工艺模式、老字号品牌模式等不同形态的村寨镇化,就是实现了不同功能的某一种或几种提升。但是其过程都要通过不同资本要素的聚集实现极化效应,使资本要素转化为商品,实现村寨镇化的适度商品化或资本化,辐射带动自身及周边地区的经济和就业。可见,村寨镇化的实现与各类资本要素的聚集与优化配置密切相关,不同功能的资本要素聚集是镇化功能实现的基本条件。村寨镇化功能实现有助于各级政府或组织认识到资本要素对实现乡村振兴的重要现实意义。村寨镇化需要完善资本供给制度,它是保障资本理性聚集的前提。资本促进经济的发展、社会的发展、环境的发展、人的发展、文化自身的发展,这才是资本实现村寨镇化的真正价值所在。村寨镇化的根本目的是实

---

① 罗明忠,刘子玉.要素流动视角下新型工农城乡关系构建:症结与突破[J].农林经济管理学报,2021,20(1):10-18.

现乡村可持续发展，这就需要进行供给侧改革培育和完善资本要素市场，[1]增强资本要素的流动性。如何推动村寨镇化各类资本要素实现聚集，并发挥极化效应？这意味着资本要素市场的建立离不开配套政策的支撑，需要政府这只"看得见的手"调控资本要素聚集和投入，实现城乡要素差异互补，为村寨镇化形成可持续的内生动力提供政策保障。村寨镇化的根本目的是实现乡村可持续发展，就需要进行供给侧改革，培育和完善资本要素市场，增强资本要素的流动性，促进乡村产业发展和农民就业。

第一，资本供给制度是保障资本聚集的前提。政府在村寨镇化中对资本的优化配置发挥了不可替代的主体作用。资本的持续积累带来镇化经济的内生增长，完善的制度供给机制是保障村寨镇化资本持续注入的前提。通过对内外部资本要素理性的高效匹配，实现极化效应形成规模，都是通过规范的制度建立镇化对城镇化与乡村共同趋向收敛。从资本的逐利性来看，镇化后的资本要素流通将从资本回报率高的城镇地区流入经济欠发达的乡村地区，进而表现为城镇经济增长速度变缓，乡村地区的经济增长速度提高，最终形成城乡经济收敛趋势。村寨镇化实现了城乡间资本收敛，使城乡的生产要素固有效率相近，实现了民族村寨功能的自由流动，提升了村寨镇化与城镇化、村寨镇化与周边村寨的要素组合和使用能力，镇化功能的实现将城乡处于相同或相近的等效率线上，实现城乡趋同，对缩小城乡差距，打破城乡二元结构发挥了积极的作用。

第二，加大对民族村寨的地方财政扶植力度。政府对地方财政扶植就是解决城乡利益不均衡问题，实现利益均衡发展，就要与收益挂钩。通过加强中央财政对城乡转移支付力度，均衡城乡间财力差异，促进基础设施和公共服务均等化；[2] 发挥再分配作用，改善收入与财富分配格局。政府对地方财政的转移支付力度有效调控了村寨镇化发展、城镇化消费以及城镇化拓展等多元需求，引导资金、技术、人才等资本要素在城乡间多元流动，为资本要素流通提供了通道和动力。政府对地方财政的扶植力度有效调控村寨镇化功能关联的重要支出领域，也是实现乡村民生领域的重要内容。推动民生领域改革，要改在民生关键处。民族村寨边缘区居民由于所居地理位置偏僻，其居住条件和家庭收入相较于中小区，有较明显的差距。民族村寨资本要素投入由中心区向边缘区逐渐

---

[1] 匡远凤.人力资本、乡村要素流动与农民工回乡创业意愿——基于熊彼特创新视角的研究[J].经济管理，2018，40（1）：38-55.

[2] 张伟强，桂拉旦.制度安排与乡村文化资本的生产和再生产[J].甘肃社会科学，2016（1）：208-212.

递减，财政转移支付就要逆向而行之，向边缘区倾斜，形成越靠近边缘区，资金、技术、人力等资本要素越密集。这种对外围倾斜的财政扶植是促进民族村寨边缘区发展的精准"滴灌"，很大程度上促进了资本要素向村寨镇化的边缘区流动，实际上推动了村寨镇化进程的加快。

第三，加强政府公共服务职能。资本拉动最重要的是增加资源渠道和甄别优劣的能力，政府需要大规模招商引资实现投资主体多元化，用市场化手段引进非政府多元化投资激活市场活力。在市场经营层面大力发挥政府的公共服务职能，引导金融、人力、技术、资金等全资本要素的重聚和内外部资本要素优化配置的培育，通过理性的外部资本活化内部资本，发挥资本要素相对均衡配置的"溢出效应"。政府要做好品牌化建设，把村寨镇化的品牌做得更强、更大，做出品牌效应，形成"虹吸效应"，占据舆论和声望的"制高点"，促进村寨镇化的实现，不断转变政府的现代公共服务职能保障乡村产业发展。

三、激活内生动力重现乡村宜居活力

民族村寨需要来自自身发展的力量，这种力量来自人与人之间的联系。村民是村寨镇化的主体也是乡村发展的利益主体，由村民构成的集体能动性提升通过获得彼此可寻求的内力支持形成村寨镇化的内生发展力量，从而加强了人与人之间的联系。由利益主体构成的集体能动性提升在日常生产生活实践中实现人的全面发展，是以村民为利益主体共同作用的结果，是实现村寨镇化的主要内生发展力量。村寨镇化解决要发展的终极问题之一就是实现利益均衡，这也是激活村寨镇化内生动力的关键因素。个人能动性的提升是集体能动性提升的前提，只有增强村民的主体性和能动性才能最终激活村寨内生动力实现镇化功能提升与突破。实现村民利益发展的均等化是调动村民全面投入乡村建设的重要方式，村寨镇化集体能动性的实现需要破解利益发展不均衡。因此，以村民为主体的共同利益的实现是全面调动村民积极性的根本方式，是发挥村民主体作用实现村寨镇化的关键。

第一，重构利益主体内部的安全与秩序。实现农民主体地位就是农民自我意识实现的过程，让农民拥有更多实现村寨功能提升的资本自主权，就是拥有更多实现村寨功能提升的可用经济资本，科学合理地运用村寨资本就能充分享有资本带来利益主体的收益红利，也是农民自我发展意识实现的过程。农民在村寨镇化发展中寻找自我意识实现的发展道路，需要通过在"自上而下"的再分配制度和"自下而上"的共同参与中获得足够的资本力量支撑。

第二，满足农民生活诉求是村寨镇化功能提升的前提。为满足村寨镇化产

业功能提升的空间需求，可以在村寨就近选址建设新村，老村用来保护，新村用来开发，通过新村来优化老村的空间布局。一方面可以合理疏散村民，满足农民日常生活需求，提升村寨社会功能。另一方面可以满足一系列农民意愿、不强迫农民上楼，不能只堵不疏，这样会加剧干群矛盾和管理冲突。新村建设可以根据村寨镇化休闲观光等产业功能的实际需要，增加适应在地农民刚性需求的供地新方式；遵照法律法规合理规划新村，满足农民各方面生活诉求提升宜居程度。在老村守望传统，保持乡村宜居环境的安静祥和，不植入酒吧、歌厅、大型超市等产业新业态；而新村则拥抱时尚，在满足城镇居民吃住行的基本需求之外，植入集传统与现代高度融合的产业业态，在产业功能提升中妥善处理传统与现代、保护与发展的关系。

第三，让农民主动参与到村寨镇化实现全过程。村寨镇化本身是一个持续的发展过程，各利益相关主体中，村民作为弱势群体需要参与村寨镇化发展的机会，政府为村民提供便利的参与政策，保障享有均衡的收益，政府要保障农民作为利益主体从脱嵌到再嵌的乡村主体地位的实现。农民作为弱势群体需要参与村寨镇化发展的机会，让农民参与到村寨功能提升过程中，在乡建中唤起农民的乡土之情，在熟悉的环境元素与记忆故事中凝聚乡土情深。让某些传统技艺传承人得到尊重，改变在村寨中的社会地位并让传统技艺代代传承，在民族产品和商品的开发过程中培养农民学习与实践能力。农民将规划、设计、施工与建工于一体，让从事农耕的农民成为职业农民，能更有弹性地调整符合农民需求的乡建行动，并且贡献了自身的人力物力价值。这样的村寨镇化功能提升最能突出民族团结汇集民生，充分提升村民参与发展的积极性和持续性，为实现村寨镇化目标提供强大的内生力量和动力支撑，同时提升了人的发展功能，民族村寨自然会持续被农民爱惜照顾重现乡村宜居活力。

四、以人为本提升乡村社会文明

村寨镇化理论就是围绕新时代发展矛盾及要解决矛盾的方法展开理论探索，以人为核心就是解决新时代矛盾的方式之一。新时代发展矛盾的问题之一是民族村寨保护与发展的矛盾。看似对立的矛盾点实际是诉求和目标的错位。它的偏颇之处在于城乡立场的不同，城镇的人需要去乡村寻找"乡愁"，乡村的人需要进城镇寻求谋生的方式。快速城镇化带给民族村寨一系列发展问题，其根源是人的流失，乡村劳动力大量流失造成村寨空心化问题。当民族村寨的利益主体大量消失时，村寨镇化由谁来实现？民族村寨由谁来保护？民族村寨保护与发展的主体是谁？由谁对主体进行保护？在村寨镇化中通过什么手段实现对民族村寨的何种保护？这就衍生出中国式城镇化背景下民族村寨功能提升与乡村振兴的协同发展。生活过得好不好，人民群众最有发言权。在全党全国各族人民迈上全面建设社会主义现代化国家新征程、向第二个百年奋斗目标进军的关键时刻，村寨镇化的最终落脚点是为实现好为人民谋幸福、为民族谋复兴这一目标添砖加瓦，实现人民对美好生活的诉求与期盼，这是实现乡村振兴的根本保证。村寨镇化是实现保护与发展的有效路径之一，它并不是将作为利益主体的原住民排斥在外，将他们卷入市场风险并处于被剥夺的地位，[①] 这样的话村寨镇化就会偏离本身的目标和方向。村寨镇化围绕以人为核心的利益主体的实现来破解保护与发展的矛盾。人是功能建设的主体，村寨镇化通过解决人的发展遇到的问题不断提升人的发展功能，共享共建宜居宜业的和美乡村。

第一，赋予"民权"。在村寨镇化中实现经济赋权、心理赋权、社会赋权、政治赋权，将村民纳入村寨镇化多重功能提升中，合理满足村民作为利益主体的发展诉求。通过对乡村投资、融资环境的优化，为村民提供一个无形的自由、宽松的创业环境，保障创业者获得新的合法权益，合理引导村民干事创业的劲头，保障参与乡村建设的各方利益主体彼此兼顾、共用资源，实现发展成果共享。

第二，凝聚"民心"。凝聚"民心"需要的是一种民族信仰，一种精神的力量。只有从以人为核心角度出发，兼顾利益相关者诉求，尤其是村民作为利益主体的诉求，才能激发村民参与村寨镇化多重功能提升的积极性和主动性，逐步在生存发展中实现村民对自己民族文化认同、实现身份构建的"合法性"，延伸出赋有民族精神的文化创新势能，获得强烈的安全感；在民族文化自信中加强对铸牢中华民族共同体的认同，尊重文化多元一体的发展力量，增加村民对外来文化的包容度，在拥有强烈获得感的同时实现包容式发展；在民族文化自觉中实现"自下而上"的文化实践，对村民作为文化持有者民族身份的认定坚定了村民的文化自信，凝聚民心不断提升村民的文化实践发展能力。在人的功能提升中充分激发村民的主观能动性，在尊重和传承优秀传统文化的同时提升对外来文化的甄别和理性选择的能力，在文化多样性生产中不断提升乡村社会文明。

第三，满足"民愿"。满足"民愿"就是要实现村寨镇化由谁，通过什么手段，满足人民的何种诉求和期盼。以人为核心是保障和改善民生的出发点和落脚点，解决人民最关心的现实问题以回应"民愿"的诉求和期盼。建立有效

---

① 蔡昉，王晓毅．关于"农民工问题"的系列访谈[J]．读书，2003（9）：129-140．

的激励机制，以乡情乡愁为纽带，吸引各类人才资本通过第三次分配向村寨镇化聚集。全面突出民族团结汇集民生，实现城乡基本公共服务均等化，落实和完善融资贷款、配套设施建设补助等政府相关扶持，将容易被忽略的边缘区建设作为村寨镇化建设重点。通过村寨镇化全面提升乡村居民生产生活条件，在村民"离土离乡"的现实窘境下重新建立他们与乡村的联系，多方聚集乡村人气不断拓宽村民增收渠道，让村寨镇化为乡村低收入人口创造更多就业机会。

第四，吸引"民智"。当民族村寨居民作为利益主体不能凭借单一力量实现发展时，就需要多元利益主体组合，简单说就是吸引高素质的人才提供全方位的技术支撑。对内大力发展职业技术培训，通过扶持培养一批农业职业经理人、经纪人、乡村工匠、文化能人、非遗传承人等乡村技术能手，提升村民就业能力，重塑村民实现自我发展的自信心。对外通过民族优秀传统文化、生态环境、产业优势带来的乡村自豪感，吸引具备专业技术的精英投身现代乡村建设，使之成为村寨镇化的主要建设力量。破除基层人才引进与流动的藩篱逐步弱化城乡编制身份，借鉴"城管乡用"的招聘与管理模式，通过建立编制周转池、集中设立基层岗等创新政策，实现城乡人才合理化分配，为乡村社会文明注入人才力量。培育公职人员回乡任职，培育一支敢想、敢干、有魄力的基层干部队伍，树立从民族村寨中来，到民族村寨中去的奉献精神。

五、壮大集体经济有效推动乡村治理

村寨镇化是一个丰富的功能综合体，镇化功能的实现是由乡村特色优势资源等要素构成，这些要素是集体的，不属于哪个个体。所以哪一户农民在村寨镇化产业功能提升中取得收益，从表面的市场经济角度看是公平的，但对村寨镇化长远发展是不公平且不持久的。要破解民族村寨不平衡不充分的发展矛盾引发的一系列问题，就是要实现相对公平。例如西江千户苗寨游客为了参观游览苗寨而来，不是为部分民宿经营户而来。西江千户苗寨内旅游产业收益差距较大存在的不公平性，不利于苗寨的集中保护与统一管理。要解决以上问题，就要走集体主义道路，有效推动乡村治理。

第一，上级政府部门加大简政放权力度，发展集体经济引领村寨镇化。上级政府应据实情实现执政方式改良，从政策执行层面依靠村集体力量实现村寨镇化功能提升。由村集体统一规范管理，通过对多重功能提升的有效规范管理实现村寨镇化功能，如环境卫生治理提升生态功能，服务接待水平提升服务功能、民族歌舞演艺提升文化功能、游客满意度提升产业功能。按农民在村集体劳动和投资情况获得相应分红，未服从集体管理、不参与乡村建设的农户将没

有资格参与分红。需要按村集体要求进行整改，同时依法进行惩罚。这样，村集体有权分配利益，也有通过村寨镇化提升现代乡村治理能力和水平的责任。

第二，村集体要履行村寨镇化功能提升的主体责任。首先要保护好现有传统生态文化景观形态，管控好新的建设行为，并就此建立一套完整的制度和流程，以村集体作为监管主体。在鼓励和保护制度下建立奖惩机制，在生态文化景观形态的保护中提升村寨镇化生态治理能力。

第三，在做好以上两点的基础上，依托村民自治实施自下而上的村集体管理模式，建立村级市政管理委员会，根据工作目标任务不同而有多方面的组织细分，并建立各部门沟通联动机制。对民族村寨内的优秀传统文化进行梳理分类，如对显性文化、隐性文化、弱隐性文化等不同文化品类分门别类，编制出保护、传承、传播、展示的具体方案，由村集体持续推进并在村寨镇化功能实现中提升乡村治理水平。

六、合理配置生产要素繁荣乡村发展

只靠市场的自发行为很难实现村寨镇化发展，要坚持发挥政府的引导作用，实现村寨镇化功能不断"配置"与"调试"的过程，要用好政府这只看得见的手，使其与市场这只看不见的手更好地结合起来，充分发挥市场的能动性和主体作用。村寨镇化离不开市场对资本的聚集与流通，也离不开政府对市场的有效调控。村寨镇化是"有为政府"联袂"有效市场"解决城乡发展不平衡不充分的既有矛盾，实现村寨镇化的关键所在。实现"有效市场"的根本方式是打破要素藩篱，合理配置生产要素、畅通要素流通通道、实现要素循环发展。村寨镇化最根本的问题是如何实现资本要素向村寨聚集，实现城乡资本优化配置聚成合力，发挥村寨镇化最大价值。

第一，制度嵌入形成资本供给的"有效市场"。一般来说，在村寨镇化发展过程中，政策制度、规划草案等正式制度是形成资本"有效市场"的重要外部保障，宏观与微观的制度嵌入约束着各利益相关者的行为，保证村寨镇化良性发展。主要针对民族地区利益主体生产、生活、居住等相关内容加强制度嵌入保障，[1] 主要是合理配置生产要素，进一步完善基础设施和公共服务保障制度，人才引进与保障制度、关切农民发展诉求的规划草案、文化生态资源产权保障制度、集体监管制度、满意度评价考核机制、基础设施供给制度等分类推进乡

---

[1] 才让加，王平. 民族地区的特殊性与社会保障制度建设[J]. 西北民族大学学报（哲学社会科学版），2007（1）：56-59.

村发展。在乡村振兴阶段要积极转变政府职能升级上档，将还属空白的功能性制度保障抓紧补齐，让其尽早发挥作用。

第二，发挥"有为政府"的监管纠偏。政治功能不能在真空中构思，它必须在现有的历史条件下有具体的参考。政治功能提升需要各利益主体必须愿意妥协自己内部不同的立场和观点，并愿意与各利益主体之间讨价还价，就是要实现利益主体即村民的有效参与。[1] 村寨镇化中政府肩负起"裁判员"的职能，将不同程度脱嵌于村寨镇化发展过程的政治、经济、文化、生态、社会等功能重新嵌入村民的生产生活中，对有损于镇化利益相关主体的逐利性行为严厉打击，对市场发展中出现的业态混乱严格追责；最重要的是对政府不作为、官员不为民的行为发现一起处理一起。政府简政放权，农民赋权增权，畅通自下而上的诉求表达渠道，才能真正实现农民的发展诉求与期盼。提升政府管理能力，对于干部选拔考核不以业绩作为唯一考核标准，将干部考核制度下放给人民，以人民的口碑力量作为干部提拔晋升的主要标准。提升驻村干部、基层干部的工资福利待遇，基层工作直接对接老百姓，才更能了解人民的诉求与期盼；基层干部工作量大难度大，让基层干部有向各上级部门建言献策的权利，把与"民生"相关的问题，提交一件落实一件，提升领导干部的魄力与担当能力。

第三，提升现代公共治理综合水平。让村寨镇化具备服务农民的综合服务能力，需要在政府引导下成立团队组合，发挥团队力量。村寨镇化契合民族地区乡村建设的转型发展过程。镇化功能提升和管理难度指数增大，需要在政府引导下组建一个专业的管理团队，这个团队可分为村民团队、政府团队、非政府组织、智库团队，各团队之间又因村寨功能目标不同而有多方面的团队细分。团队之间沟通联动机制是实现村寨镇化功能提升的重点，可以有效配置村寨生产要素在不同功能下产生新的经济价值，并且能够兼顾乡村、农业、农民的现代发展需求。

七、不断健全乡村生态文明制度体系

中西部民族地区多以山地为主，不沿江、不沿海、不沿边，没有地缘优势，只有高植被覆盖率的生态资源是天生优势，坚守发展和生态两条底线，协调发展与生态的关系，在不断升级的消费领域中分析研判生态发展的市场需求与走势，从政策、产业、就业等领域，为村寨镇化生态功能提升注入强大动力。

---

[1] JOHN F. The Strategy of Deliberate Urbanization [J]. Journal of the American Institute of Planners, 1968, 34 (6), 364-373.

第一，建立生态涵养区政策。党的十八大以来，民族地区在生态模式探索中开展了一系列生态涵养工作并取得了显著成效，民族地区的生态植被覆盖率快速增长，土地石漠化得到有效遏制和改善，生态资源多样性发展持续向好。但是生态环境依然十分脆弱，生态资源的存续能力依旧不强，对生态保护与利用的辩证关系认识不够，这就需要提升生态保护意识，制定生态资源管护政策，对生态资源进行抚育、监测、保护等，让村民成为生态经济林管护员。通过对自家生态资源和公共生态资源的管理，完善绿色制度、筑牢绿色屏障，全方位提升村寨镇化生态功能，让村民实现由"靠山吃山"向"养山就业"的转变，在"养山就业"的"两山理论"中实现稳定增收，[①] 以此构建生态制度保障。村委会在承担本村公共服务管理的同时，还要承担外来人口带来的公共服务压力。此外，增设卫生监督岗位，提升村寨镇化的卫生质量，让村民养成对本村卫生自觉清理、整顿、规范的行为，卫生监督员监督本村村民的卫生行为和外来游客的违规行为，拓宽了就业途径增加了收入。

第二，建立生态补偿政策。建立生态资源库，将闲置的生态资源进行规划和整合，建立生态补偿机制，制定利益分配、配套补贴、奖励方式等内容，[②] 出台相应生态环境损害赔偿制度。同时，对生态资源进行"三变"改革，将生态资源通过评估以合同形式入股村集体、合作社，作为村民生态投资分红资产；将生态资源的公共部分作为村集体资金，投资生态产业发展；村民依赖自由生态资源和集体生态资源定期分红。通过"三变"改革将资源变资本、资金变股金、村民变股民的"三变"模式的运用，利用生态资源和存量生态资产，提升村寨镇化生态功能，实现生态价值向经济价值的转化，盘活乡村经济促进农民增产农业增收，积极利用市场机制实现生态保护的合理回报和生态投资的资本收益。

第三，创新已有的生态模式。在筑牢生态屏障，不断推进生态保护和生态修复的同时，在已经探索出的生态农业模式中不断创新，不断提升村寨镇化生态功能。贵州是全国唯一一个没有平原的喀斯特地貌区，呈现"八山一水一分田"的窘境，曾在19世纪80年代对生态资源进行初步探索并取得一些成效。例如，赫章县白果镇石板河村以苗族、彝族、汉族为主的民族村寨森林覆盖率仅5%，生态环境恶劣是致贫的主要原因，通过"山上植树造林戴帽子，山腰种

---

① 张强，张怀超，刘占芳. 乡村振兴：从衰落走向复兴的战略选择[J]. 经济与管理，2018，32（1）：6-11.
② 逯海勇，胡海燕. 鲁中山区传统民居闲置资源的绿色转化途径[J]. 建筑经济，2020，41（S1）：259-261.

地梗树拴带子、坡地之中绿肥、覆盖地膜铺摊子，山下搞乡镇企业、庭院经济抓票子，基本农田集约经营收谷子"等生态农业综合开发的"五子登科"模式，将森林覆盖率提升至77.21%，将生态价值转化为经济价值，堪称生态资源创新模式的成功典范。此外，还有"坡改梯""顶坛模式""晴隆模式"都是在石漠化治理中，通过生态植被恢复，为农民实现增收的典型案例。村寨镇化生态功能提升在已有探索模式的基础上注入大健康、大旅游等新型业态，需要探索"能人经济"带动，是生态农业模式成功运用的典型案例。

  本章小结：在具体实践逻辑上，村寨镇化与乡村振兴的"同时性"与"同在性"为民族地区乡村性的保持与重塑、乡村现代功能的在地实现与提升提供了契机，村寨镇化也因此在城乡功能"互哺"中确立了主体地位。我国长期以来都是由上到下、由外及里的城镇对乡村的单向扶持，这在一定程度上抑制了乡村的自主发展，导致乡村内生发展能力探索不足，而村寨镇化可以作为我国民族地区村寨实现乡村振兴的有效路径之一。村寨镇化打通城乡发展要素双向聚集的通道获得外部支持力量，不断促进乡村内生发展能力的实现。村寨镇化的实现与乡村振兴同步，必然是一个长期的发展过程。根据村寨镇化与乡村振兴的协同发展路径探索有针对性地提出务必意识先行强化为农服务功能、依靠资本拉动保障乡村产业发展、激活内生动力重现乡村宜居活力、围绕以人为本提升乡村社会文明、壮大集体经济有效推动乡村治理、合理配置生产要素繁荣乡村发展、不断健全乡村生态文明制度体系等建议。在有条不紊地推动村寨镇化进程中，通过功能提升使得城镇与乡村之间满足彼此消费需求，城镇功能强化乡村而乡村功能连通城镇，为走中国式现代化乡村振兴道路赋予进步与发展的意涵。

结论与展望

第一节 研究结论

第一，在现代化发展中，村寨镇化是一类具有中国特色的民族村寨获取可持续发展能力的一种探索方式，能助推中华民族伟大复兴、乡村振兴。

村寨镇化是具有中国范式的民族村寨发展路径，村寨镇化是利用民族村寨有人、有产业、有就业、有生活、有文化的基础，对民族村寨进行功能提升。民族村寨在功能提升中带来人的聚集，人的聚集带来产业的发展，产业发展实现人的就业，使乡村成为适合居住、回忆"乡愁"的休闲之所。镇化功能体现在村寨经济、政治、文化、社会、生态等多维功能提升，充分利用、吸纳民族村寨及周边各种资源要素，盘活村寨自身并辐射带动周边发展。村寨镇化是探索民族村寨获得可持续发展能力的一种方式，有助于实现乡村的现代化发展，对实现中华民族伟大复兴、乡村振兴大有裨益。

第二，村寨镇化立足发挥民族村寨的城镇功能，不仅要实现乡村的全面发展，更要以破解城乡二元结构发展不平衡的现状为根本。

村寨镇化不是让民族村寨变成城镇，而是让村寨接纳和融入现代文明的生产生活方式，实现村寨的全面现代化转型发展。村寨镇化立足形成民族村寨城镇功能的发展构想，探索引导资源要素向村寨聚集、向乡村回流，实现资源要素内外部双向聚集和流通，畅通了城乡要素流通渠道，在与城镇功能对接中提升村寨发展功能。通过村寨镇化打破城乡资源限制的藩篱，打通城乡要素平等交换的制度性通道，逐步化解城乡二元发展结构。通过政治功能提升建立修明的现代乡村治理方式和治理水平；经济功能提升畅通城乡经济循环实现城乡资源要素均衡配置；文化功能提升在多元文化保护与发展中实现文化的经济价值；生态功能提升可以有效转变乡村绿色生产生活方式；人的发展功能提升可以有效激发民族地区乡村内生发展活力;社会功能提升可以吸纳更多脱贫人口就地就业改善农民生活条件,推动农业农村农民的现代化发展取得实质性进展。可见,村寨镇化既可以连接城镇,又可以服务乡村,有利于城镇化与乡村振兴两大战略的拓展与深化,促进了二者的关联,有助于破解城乡发展不平衡的结构。

第三,民族村寨要根据在地要素禀赋的实际情况,针对性地发挥比较优势,探索不同类型的村寨镇化模式,在破解同质化发展难题的同时走出具有村寨特色的乡村振兴之路。

民族地区村寨类型丰富、数量众多,仅通过大规模同质化发展旅游不能充分实现经济发展,还容易陷入一系列同质化发展困境。村寨镇化对资本聚合、文化旅游、传统工艺、生态农业和老字号品牌五大镇化模式的探索可以有针对性地破解同质化发展难题,实现生活环境绿色化、生活水平现代化,走出具有村寨特色的乡村振兴之路。

第四,村寨镇化使部分民族村寨走出衰落的困境在村寨功能提升中实现发展,既是节约乡村建设成本的高质量发展,又可以让"离土离乡"的农民扎根乡村、发展乡村、回报乡村。

民族地区村寨发展多属于自下而上的探索式发展,通过政策引导与资本介入,实现资本、产业、市场三者由无序到协同再到共生的发展。村寨镇化能够使向城镇聚集的资源要素留在村寨,成为村寨发展资本并在村寨功能提升中实现资本的经济价值。村寨镇化使部分民族村寨走出衰落的困境在村寨功能提升中实现发展,既是节约乡村建设成本的高质量发展,也把建设成本降到最低。村寨镇化有利于促进乡村内需型经济发展,提供内需型、低门槛的就业岗位,实现农民在地就业,意味着农民不用背井离乡能在家门口工作生活。让"离土离乡"的农民扎根乡村、发展乡村、回报乡村,满足生存需求,实现家庭团圆。

第五,乡村振兴让部分有价值的民族村寨降低了衰落、消失的风险,在村寨镇化路径探索中实现村寨的可持续发展。

乡村振兴不是简单盲目地建设乡村,不是丢弃文化另辟蹊径,而是运用好民族村寨这个载体。民族村寨无不承载着民族共同体的情感与记忆,承载着民族文化、乡土文化、区域文化等文化符号意义,是民族共同体之居所,是铸牢民族共同体意识的精神家园。快速城镇化发展虽然为民族村寨带来诸多发展问题,如村寨自然衰落、乡村文化失落、民族特色丧失、村寨格局改变等,让民族村寨陷入一系列发展迷思。乡村振兴就是要留住有价值的民族村寨,将有文化、有基础、有条件的民族村寨保护好、利用好、发展好,既是对村寨可传久远亦难模仿的优秀传统文化的延续,更是为了让文化持有者作为乡村主体受到尊重，让有价值的村寨降低衰落、消失的风险，实现村寨的现代化发展。村寨镇化既符合乡村振兴战略所需的发展功能，又是可以把握的实体，对村寨不同功能的提升可以促进乡村发展，对于推动乡村现代化建设起着重要作用。

第六，村寨镇化与乡村振兴协同发展、相辅而行，妥善处理传统与现代、保护与发展的关系，重现乡村内生发展活力。

传统与现代、保护与发展看似对立的矛盾点实际是诉求和目标的错位，对村寨保护的意愿大于村寨主体发展的诉求，对村寨保护与发展认识的错位使现代发展理念难以落实。村寨镇化将传统生产方式、生活方式、思维方式融入现代化发展，民族村寨逐渐在镇化过程中发生巨变，在村寨土地、资源、劳动力等生产要素基础上充分聚集人才、信息、技术等外部资源要素，不断促进村寨功能提升并实现农业到非农的转变，吸纳更多低收入人口就地就业。村寨镇化以人为核心，让农民主动参与到乡村建设全过程，在乡建中唤起农民的乡土之情，在熟悉的环境元素与记忆故事中凝聚乡土情深。让传统技艺传承人得到尊重，改变在村寨中的社会地位并让传统技艺代代传承，在民族产品和商品的开发过程中培养农民学习能力。让从事农耕的农民成为职业农民，让农民参与乡村建设能更有弹性地调整符合农民需求的乡建意愿，并且贡献了自身的人力物力价值。这样的乡村建设最能突出民族团结汇集民生；同时提升了人的发展功能，村寨自然会持续被村民爱惜照顾重现乡村内生活力。让村民共同享有乡村振兴带来的发展成果，妥善处理了保护与发展、传统与现代的关系。

村寨镇化与乡村振兴协同发展，其本质是解决密切关涉民族村寨发展的四大根本问题：一是钱的问题；二是人的问题；三是休闲娱乐的问题；四是制度保障的问题。其方式是解决发展能级与资源限制间的矛盾，并不断激发乡村内生发展活力。长期以来，乡村内生发展能力探索不足，不仅表现在乡村的经济、社会、文化等功能发展滞后或缓慢，而且资源要素难以聚集且形成规模。这就意味着我们需要打破传统的乡村发展思路，借助村寨镇化这个中间载体作为乡村发展的新突破点。村寨镇化依靠资源要素输入、运作、输出、回馈的过程形成一个完整的要素循环系统，不断提升村寨功能，既能承接城镇功能辐射，又能带动周边村寨发展，成为乡建新层级。

第二节　展望

"村寨镇化"理论框架构建希望能在学术和实践层面有所创新，尤其为民族地区村寨可持续发展寻求现代化的实现逻辑和发展条件，并成为乡村振兴发展的重要推力。中国的民族村寨数量较多，并非所有的民族地区都可以开展村寨镇化，也并非所有类型的民族村寨都可以进行功能提升。"盲目发展"和"遍地开发"是目前民族村寨发展中的突出问题，而缺乏针对性的村寨发展路径选择是乡村发展的薄弱环节。更需要反思的是，村寨镇化不仅仅是对某一功能的提升，更要注重多重功能叠加的关联性；并非强调某一种功能的提升，不同民族地区的民族村寨功能提升的路径、方式也要因地制宜。

"村寨镇化"理论模式的构建是对"村寨镇化"概念理论作进一步探索。"村寨镇化"理论具备其自身的价值和意义，是针对民族村寨现代化转型问题的一种理论创新。但是村寨镇化的构想时间不长，理论的现实价值需要在实践中得到进一步验证和完善。由于我国民族村寨数量众多且类型多样，并非所有的民族村寨都适用这一套理论，每个民族村寨都去镇化既是对大量人力物力财力投入的浪费，也是做不到的。要符合村寨镇化的基本条件，围绕基本条件选择适合镇化的民族村寨。在尚存的数量可观的民族村寨里面，符合镇化条件的村寨只占极小部分。面对民族村寨发展利用的一般性问题还需踵事增华。

由于民族地区尚处乡村振兴战略探索初期，民族村寨研究可选取的典型案例较多，相关成熟的案例较少，不能代表我国所有类型的民族村寨。民族村寨的发展路径选择较为有限，本书运用多点调研方式选取多个案例点考察探索不同类型村寨镇化模式的构建和实践路径，以期为民族村寨探索一条比较有效的发展道路。后期需要在研究工作中继续跟踪观察、跟踪研究，在现有理论构建基础上不断深入，不断完善，以求在研究方法和研究过程中尽量做到深入、客观，在理论构建上也力求做到丰富、创新。本书极具开放探讨性和长远的研究价值，但也存在一定的不足之处，望有更多来自不同民族地区的民族村寨实证研究来补充和丰富这方面的研究内容。

乡村振兴的实现就是实现有人、有产业、能就业、有生活、有文化，这是乡村发展的根基、基础和条件。民族村寨作为承载民族地区脱贫人口的重要载体和支撑乡村发展的主要空间，希望有更多有文化、有条件、有基础的民族村寨能够朝镇化的方向去演化，发挥民族村寨应有的价值，让民族村寨更好地从传统向现代发展转变，为民族地区乡村现代建设之路提供有益之思路借鉴。"村寨镇化"理论既合乎城镇化发展趋势，又满足乡村建设的发展需求，可为民族地区村寨梳理出可推广的现代化发展新路径。村寨镇化是民族村寨发展的一种理论模式探索，是探索民族村寨现代化发展的指导性框架，需要在后期研究中不断完善，继续创新。"村寨镇化"在村寨功能提升中充分激发民族村寨发展活力，实现乡村的自给与繁荣，对探索村寨如何助推中华民族伟大复兴和民族地区乡村振兴具有重要意义。

参考文献

中文文献

一、著作类

[1] 陈庆德,潘春梅,郑宇.经济人类学[M].北京:人民出版社,2012.

[2] 费孝通.费孝通自选集[M].北京:首都师范大学出版社,2008.

[3] 费孝通.江村经济:中国农民生活[M].上海:上海人民出版社,2007.

[4] 费孝通.乡土中国[M].北京:北京大学出版社,2012.

[5] 谷苞.民族研究文选[M].乌鲁木齐:新疆人民出版社,1991.

[6] 黄郁成.城市化与乡村振兴[M].上海:上海人民出版社,2019.

[7] 黄勇.协调发展:浙江的探索与实践[M].北京:中国社会科学出版社,2018.

[8] 李培林.村落的终结[M].北京:商务印书馆,2004.

[9] 李天翼.西江模式:西江千户苗寨景区十年发展报告(2008—2018)[M].北京:社会科学文献出版社,2018.

[10] 李忠斌.民族经济学[M].北京:当代中国出版社,2011.

[11] 梁漱溟.乡村建设理论[M].上海:上海人民出版社,2006.

[12] 林耀华.林耀华学述[M].杭州:浙江人民出版社,1999.

[13] 林耀华.民族学通论[M].北京:中央民族学院出版社,1990.

[14] 林耀华.义序的宗族研究[M].北京:生活·读书·新知三联书店,2000.

[15] 刘树成.中国地区经济发展研究[M].北京:中国统计出版社,1994.

[16] 马翀炜,陈庆德.民族文化资本化[M].北京:人民出版社,2004.

[17] 马若孟.中国农民经济[M].南京:江苏人民出版社,1999.

[18] 山东政协文史资料委员会. 梁漱溟与山东乡村建设[M]. 济南: 山东人民出版社, 1991.

[19] 谭崇台. 发展经济学[M]. 上海: 上海人民出版社, 1989.

[20] 习近平. 之江新语[M]. 杭州: 浙江人民出版社, 2007.

[21] 余英时, 傅杰. 论士衡史[M]. 上海: 上海文艺出版社, 1999.

[22] 折晓叶. 村庄的再造: 一个"超级村庄"的社会变迁[M]. 北京: 中国社会科学出版社, 1997.

[23] 中山大学历史系孙中山研究室. 孙中山全集: 第3卷[M]. 北京: 中华书局, 1985.

[24] 孙中山. 建国方略[M]. 北京: 中华书局, 2011.

[25] 周大鸣, 秦红增. 文化人类学概论[M]. 广州: 中山大学出版社, 2009.

[26] 李斯特. 政治经济学的国民体系[M]. 陈万煦, 译. 北京: 商务印书馆, 1981.

[27] 杜能. 孤立国同农业和国民经济的关系[M]. 吴衡康, 译. 北京: 商务印书馆, 2010.

[28] 博厄斯. 原始艺术[M]. 金辉, 译. 贵阳: 贵州人民出版社, 2004.

[29] 怀特. 文化的科学[M]. 沈原, 等译. 济南: 山东人民出版社, 1988.

[30] 西村幸夫. 再造美丽故乡: 日本传统街区重生故事[M]. 王惠君, 译. 北京: 清华大学出版社, 2007.

[31] 缪尔达尔. 世界贫困的挑战 世界反贫困大纲[M]. 顾朝阳, 等译. 北京: 北京经济学院出版社, 1991.

[32] 阿玛蒂亚·森. 以自由看待发展[M]. 任赜, 于真, 译. 北京: 中国人民大学出版社, 2002.

[33] 孟德拉斯. 农民的终结[M]. 李培林, 译. 北京: 社会科学文献出版社, 2005.

[34] 斯密. 国民财富的性质和原因的研究[M]. 郭大力, 王亚南, 译. 北京: 商务印书馆, 2002.

[35] 海德格尔. 尼采[M]. 孙周兴, 译. 北京: 商务印书馆, 2002.

[36] 鲍德里亚. 消费社会: 第3版[M]. 刘成富, 全志钢, 译. 南京: 南京大学出版社, 2008.

[37] 杜赞奇. 文化、权力与国家: 1900—1942年的华北农村[M]. 王福

明，译．南京：江苏人民出版社，2010．

[38] 钱纳里，塞尔昆．发展的格局（1950—1970）[M]．李小青，等译．北京：中国财政经济出版社，1989．

[39] 柯布西耶．雅典宪章[M]．施植明，译．北京：田园城市文化事业有限公司，1996．

[40] 克里斯塔勒．德国南部中心地原理[M]．常正文，王兴中，译．北京：商务印书馆，2010．

[41] 泰勒．原始文化[M]．蔡江浓，译．杭州：浙江人民出版社，1988．

[42] 中共中央马克思恩格斯列宁斯大林著作编译局．政治经济学批判导言[M]．北京：人民出版社，1998．

[43] 祖父江孝男．简明文化人类学：文化人类学[M]．季红真，译．北京：作家出版社，1987．

[44] 滕尼斯．共同体与社会——纯粹社会学的基本概念[M]．林荣远，译．北京：商务印书馆，1999．

二、期刊类

[1] 刘伟，李建平，简新华，等．"构建中国自主的经济学知识体系"笔谈[J]．东南学术，2023．

[2] 包玉山．游牧文化与农耕文化：碰撞·结果·反思——文化生存与文化平等的意义[J]．社会科学战线，2007（4）．

[3] 陈仲伯，沈道义．小城镇带动区域经济发展战略研究——以湖南省为例[J]．经济地理，1999（3）．

[4] 陈前虎，刘学，黄祖辉，等．共同缔造：高质量乡村振兴之路[J]．城市规划，2019，43（3）．

[5] 陈文烈，王晓芬．民族地区乡村振兴战略的内在逻辑与建构路径[J]．青海民族研究，2021，32（1）．

[6] 陈浩华．乡村振兴视域下云南省乡村旅游资源激活利用路径研究[J]．农业经济，2021（3）．

[7] 柴国生．科技精准供给驱动乡村振兴的时代必然与现实路径[J]．科学管理研究，2021，39（1）．

[8] 才让加，王平．民族地区的特殊性与社会保障制度建设[J]．西北民族大学学报（哲学社会科学版），2007（1）．

[9] 蔡伏虹．乡村振兴的路径选择：基于城镇化三重结构矛盾的省思[J]．河北学刊，2020，40（3）．

[10] 邓建富.试以文化变迁理论评马家窑文化的起源、发展说[J].中原文物,1995(3).

[11] 丁为民.新时代我国社会主要矛盾与社会主义初级阶段的发展动力[J].政治经济学报,2018(2).

[12] 费孝通,邱泽奇.发展如蜕变——关于城镇与区域经济的对话[J].安徽决策咨询,2003(11).

[13] 费孝通.反思·对话·文化自觉[J].北京大学学报(哲学社会科学版),1997(3).

[14] 费孝通.小城镇大问题(续完)[J].瞭望周刊,1984(5).

[15] 费孝通.小城镇再探索(之四)[J].瞭望周刊,1984(23).

[16] 费孝通.小商品大市场[J].浙江学刊,1986(3).

[17] 费孝通.中华民族的多元一体格局[J].北京大学学报(哲学社会科学版),1989(4).

[18] 谷苞.传统的乡村行政制度——一个社区行政的实地研究[J].西北民族研究,2006(1).

[19] 桂华.论新型城镇化与乡村振兴战略的衔接[J].贵州社会科学,2020(9).

[20] 黄健英.蒙古族经济文化类型在北方农牧交错带变迁中演变[J].江汉论坛,2008(9).

[21] 贺雪峰.城乡关系视野下的乡村振兴[J].中南民族大学学报(人文社会科学版),2020,40(4).

[22] 黄文山.民族学与中国民族研究[J].民族学研究集刊,1936(1).

[23] 黄宗智.略论农村社会经济史研究方法:以长江三角洲和华北平原为例[J].中国经济史研究,1991(3).

[24] 黄宗智.小农经济理论与"内卷化"及"去内卷化"[J].开放时代,2020(4).

[25] 黄祖辉,马彦丽.再论以城市化带动乡村振兴[J].农业经济问题,2020(9).

[26] 黄祖辉.准确把握中国乡村振兴战略[J].中国农村经济,2018(4).

[27] 胡志高,曹建华.再述城市化与经济增长:理论脉络、现实拓展及问题指向[J].经济问题探索,2018(6).

[28] 亢安毅.解读"以人为本"[J].人才开发,2004(3).

[29] 李军,蒋焕洲.经济空间重构:传统村落旅游利益分配正义的西江样

本[J]．中南民族大学学报（人文社会科学版），2020，40（4）．

[30] 李培林．村落终结的社会逻辑——羊城村的故事[J]．江苏社会科学，2004（1）．

[31] 李培林．农民的终结是选择还是命运[J]．社会发展研究，2020，7（3）．

[32] 李新建．城镇功能与中国小城镇的发展[J]．中国人口科学，1992（1）．

[33] 李忠斌，陈剑．村寨镇化：城镇化背景下民族地区乡村振兴路径选择[J]．云南民族大学学报（哲学社会科学版），2018，35（6）．

[34] 李忠斌，陈小俊．特色村寨文化产业高质量发展与乡村生态振兴[J]．青海社会科学，2020（4）．

[35] 李忠斌，李军，文晓国．固本扩边：少数民族特色村寨建设的理论探讨[J]．民族研究，2016（1）．

[36] 李忠斌，郑甘甜．民族地区新型城镇化发展的现实困境与模式选择[J]．民族研究，2017（5）．

[37] 李忠斌．论民族文化之经济价值及其实现方式[J]．民族研究，2018（2）．

[38] 李忠斌．民族文化经济价值度量及其实践意义[J]．西南民族大学学报（人文社科版），2020，41（3）．

[39] 李曦辉，李松花．十九大后我国区域发展新格局展望[J]．区域经济评论，2018（2）．

[40] 刘沛林．新型城镇化建设中"留住乡愁"的理论与实践探索[J]．地理研究，2015，34（7）．

[41] 刘彦随．中国新时代城乡融合与乡村振兴[J]．地理学报，2018，73（4）．

[42] 刘玉，刘彦随．乡村地域多功能的研究进展与展望[J]．中国人口·资源与环境，2012，22（10）．

[43] 刘守英，王一鸽．从乡土中国到城乡中国——中国转型的乡村变迁视角[J]．管理世界，2018，34（10）．

[44] 刘祖云，刘传俊．后生产主义乡村：乡村振兴的一个理论视角[J]．中国农村观察，2018（5）．

[45] 罗永常．合理增权、有效参与与利益协调——基于多理论场域的民族村寨旅游发展再思考[J]．贵州民族研究，2020，41（8）．

[46] 吕俊彪. 民族文化资本化的困境与出路[J]. 广西社会主义学院学报, 2008 (2).

[47] 雷娜, 郑传芳. 乡村振兴与新型城镇化关系的实证分析[J]. 统计与决策, 2020, 36 (11).

[48] 麻国庆. 乡村建设, 实非建设乡村[J]. 旅游学刊, 2019, 34 (6).

[49] 马翀炜, 罗丹. 哈尼梯田历史溯源及景观价值探析[J]. 西南边疆民族研究, 2019 (1).

[50] 马翀炜, 覃丽赢. 回归村落: 保护与利用传统村落的出路[J]. 旅游学刊, 2017, 32 (2).

[51] 马翀炜, 覃雪梅. 民族地区市场经济发展的文化相关性[J]. 贵州社会科学, 2008 (1).

[52] 马翀炜. 民族发展的文化基础[J]. 广西民族研究, 2001 (2).

[53] 马翀炜. 民族文化的资本化运用[J]. 民族研究, 2001 (1).

[54] 梅琼林, 连水兴. 从文化人类学的角度开启传播学研究的新视野[J]. 南京社会科学, 2007 (6).

[55] 潘士远, 史晋川. 内生经济增长理论: 一个文献综述[J]. 经济学(季刊), 2002 (4).

[56] 潘士远, 史晋川. 知识吸收能力与内生经济增长——关于罗默模型的改进与扩展[J]. 数量经济技术经济研究, 2001 (11).

[57] 潘续丹. 精准扶贫视野下传统村落开发的经济与文化价值融合研究[J]. 农业经济, 2019 (10).

[58] 齐群. 社区与文化——吴文藻 "社区研究" 的再回顾[J]. 浙江社会科学, 2014 (3).

[59] 孙九霞, 丁幂. 背包旅游者与梅里雪山目的地的互动研究[J]. 广西民族大学学报 (哲学社会科学版), 2016, 38 (4).

[60] 孙九霞, 李怡飞. 民族村落旅游专业市场体系的结构与特征: 以白族新华村为例[J]. 广西民族大学学报 (哲学社会科学版), 2018, 40 (3).

[61] 孙九霞, 刘相军. 生计方式变迁对民族旅游村寨自然环境的影响——以雨崩村为例[J]. 广西民族大学学报 (哲学社会科学版), 2015, 37 (3).

[62] 孙九霞, 王学基. 民族文化 "旅游域" 多元舞台化建构——以三亚槟榔谷为例[J]. 思想战线, 2015, 41 (1).

[63] 孙九霞, 吴丽蓉. 龙脊梯田社区旅游发展中的利益关系研究[J]. 旅游论坛, 2013, 6 (6).

[64] 孙九霞，吴美玲.商品化视角下族群内部主体的文化认同研究——以云南丽江纳西族东巴纸为例[J].中南民族大学学报（人文社会科学版），2017，37（3）.

[65] 孙九霞.传统村落：理论内涵与发展路径[J].旅游学刊，2017，32（1）.

[66] 史玉丰.城镇化的关键是人的城镇化[J].人民论坛，2019（21）.

[67] 王燕祥，张丽君.中外边境毗邻城市的功能互动与少数民族地区经济发展[J].黑龙江民族丛刊，2005（1）.

[68] 魏后凯.对产业集群与竞争力关系的考察[J].经济管理，2003（6）.

[69] 吴仕民.现代化进程中的少数民族文化发展问题[J].民族研究，1991（6）.

[70] 吴文藻.吴文藻自传[J].晋阳学刊，1982（6）.

[71] 吴文藻.中国社区研究计划的商榷[J].社会学刊，1938（5）.

[72] 吴友仁.关于我国社会主义城市化问题[J].人口与经济，1980（1）.

[73] 吴泽荣.实践、困境与突破：乡村振兴背景下民族地区传统村落的发展策略与路径选择——以广东为例[J].广西民族研究，2020（2）.

[74] 完世伟，汤凯.城乡要素自由流动促进新发展格局形成的路径研究[J].区域经济评论，2021（2）.

[75] 王禹，廖志学.基于景观安全格局的嘉绒藏族传统村落形态研究——以马尔康市直波村为例[J].生态学报，2021，41（3）.

[76] 徐顽强，王文彬.重塑农民主体自觉：推进乡村振兴之路[J].长白学刊，2021（2）.

[77] 谢天成.乡村振兴与新型城镇化融合发展机理及对策[J].当代经济管理，2020，11（29）.

[78] 谢地，李梓旗.城镇化与乡村振兴并行背景下的城乡人口流动：理论、矛盾与出路[J].经济体制改革，2020（3）.

[79] 杨卫忠.农业转移人口就地城镇化的战略思考[J].农业经济问题，2018（1）.

[80] 张丽君，董益铭，韩石.西部民族地区空间贫困陷阱分析[J].民族研究，2015（1）.

[81] 张静晓，李慧，周天华，等.城镇化功能发展模式研究[J].城市发展研究，2011，18（9）.

[82] 钟晟.贯彻十九届五中全会精神，提高国家文化软实力[J].决策与

信息，2021（1）.

[83] 章艳涛，王景新. 脱贫攻坚、乡村振兴和新型城镇化衔接的策略、经验与问题——顺昌县洋墩乡响应国家"三大战略"案例研究[J]. 农村经济，2020（8）.

[84] 张强，张怀超，刘占芳. 乡村振兴：从衰落走向复兴的战略选择[J]. 经济与管理，2018，32（1）.

三、学位论文类

[1] 胡际权. 中国新型城镇化发展研究[D]. 重庆：西南农业大学，2005.

[2] 刘淑英. 发达地区小城镇结构转型及其保障体系研究[D]. 重庆：重庆大学，2010.

[3] 倪文岩. 广州旧城历史建筑再利用的策略研究[D]. 广州：华南理工大学，2009.

[4] 吴闫. 城市群视域下小城镇功能变迁与战略选择[D]. 北京：中共中央党校，2015.

[5] 许玲. 大城市周边地区小城镇发展研究[D]. 咸阳：西北农林科技大学，2004.

四、电子资源

[1] 习近平在中国共产党第十九次全国代表大会上的报告[EB/OL]. 中国政府网，2017-10-27.

[2] 中央农村工作会议在北京举行 习近平作重要讲话[EB/OL]. 中华人民共和国农业农村部，2017-12-30.

[3] 中共中央 国务院印发《乡村振兴战略规划（2018-2022年）》[EB/OL]. 中国政府网，2018-09-26.

[4] 中共中央国务院关于全面推进乡村振兴加快农业农村现代化的意见[EB/OL]. 中国政府网. 2021-02-21.

[5] 中共中央 国务院关于做好2022年全面推进乡村振兴重点工作的意见[EB/OL]. 人民政府网，2022-02-22.

[6] 习近平. 高举中国特色社会主义伟大旗帜 为全面建设社会主义现代化国家而团结奋斗——在中国共产党第二十次全国代表大会上的报告[EB/OL]. 人民政府网，2022-10-25.

[7] 中共中央 国务院关于做好2023年全面推进乡村振兴重点工作的意见[EB/OL]. 人民政府网，2023-02-13.

五、报纸类

［1］张合成. 推动落实农业农村优先发展战略［N］. 学习时报，2017-11-29（7）.

［2］韩俊，高云才，朱隽，等. 新时代乡村振兴的政策蓝图［N］. 人民日报，2018-02-05（4）.

［3］马新萍. 让良好生态成为乡村振兴的支撑点［N］. 中国环境报，2019-09-03（12）.

［4］刘祖春. 以推动乡村振兴巩固拓展脱贫攻坚成果［N］. 经济日报，2021-02-22（10）.

英文文献

一、著作类

［1］HALL P. Cities of Tomorrow［M］. Oxford：Black-WELL，2002.

［2］SAUER C O. The Morphology of Landscape［M］. California：University of California Press，1925.

［3］TODARO M P. Economic Development［M］. London：Longman，1997.

二、期刊类

［1］LOWRY IS. Migration and Metropolitan Growth：Two Analytical Models［J］. Journal of the American Statistical Association，1967，62（320）.

［2］BARRO R J. Human Capital and Growth［J］. American Economic Review，2001（91）.

［3］DEWI L K Y. Modeling the Relationships between Tourism Sustainable Factor in the Traditional Village of Pancasari［J］. Procedia Social and Behavioral Sciences，2014（135）.

［4］DOUGLASS M. A Regional Network Strategy for Reciprocal Rural-Urban Linkages：An Agenda for Policy Research with Reference to Indonesia［J］. Third World Planning Review，1998，20（1）.

［5］HOLMES J. Cape York Peninsula，Australia：A Frontier Region Undergoing a Multifunctional Transition with Indigenous Engagement［J］. Journal of Rural Studies，2012，28（3）.

［6］MA L，FAN M. Urbanisation from Below：The Growth of Towns in Jiangsu，China［J］. Urban Studies，1994，31（10）.

[7] MARSDEN T. Rural Futures: the Consumption of the Countryside and Its Regulation [J]. Sociologia Ruralis, 1999 (39).

[8] MATTHEWS R C O. The Economics of Institutions and the Sources of Growth [J]. The Economic Journal, 1986 (96).

[9] MULLINS P. Tourism Urbanization [J]. International Journal of Urban and Regional Research, 2010, 15 (3).

[10] ROMER P M. Increasing Return and Long-Run Growth [J]. Journal of Political Economy, 1986, 94 (5).

[11] SMITH D P, PHILLIPS D A. Socio - Cultural Representations of Greentrified Pennine Rurality [J]. Journal of Rural Studies, 2001, 17 (4).

后　记

　　进入中南民族大学少数民族经济专业学习研究开启了我新的学习阶段。不断精进学业是我的一个梦想，三年前初入社会能力欠佳，凡遇挫折遇发之时则反躬自省，吾果有何不足，猛然内省忽觉只有持续精进，有志有恒才能完成梦想更好地回馈社会。在民族地区学习生活六年使我更深刻地认识和体会到中国少数民族经济的学科价值，幸运的是能够进入此研究领域进行系统学习。

　　将我引进学科大门的人就是导师李忠斌教授，他的真知灼见为我开启了新的学术天地。初进研究领域却总不得学习之法，学业之入门非知之艰，悟之维艰。导师渊博的学识，严谨的学风，谆谆教导、循循善诱的精神，引领我辨识门径、窥探堂奥，使我逐步领会求学之法、研学之道。他的远见卓识给了我研究的方向和目标，他对于民族特色村寨、民族文化、民族经济等领域的关注，让我深深感受到学者的社会担当和人文心怀；他对问题把握的慎思明辨，学术创新的笃行求实，使我的学术思维愈发明晰贯通。导师对我学术能力和思考能力的培养，帮助我越过学习过程中一个又一个难关。在本书撰写过程中导师深刻点拨、把控细节的良苦用心，让作为学生的我既感动又惭愧。求学三祀寒暑毕，导师的为人为学之厚重给了我有志、有识、有恒的教益，师恩如山让我时刻铭记。

　　我深深感恩李俊杰教授、张跃平教授、陈祖海教授、张英教授、叶慧教授、李彦军教授对我的悉心栽培。老师们在我的专业学习上给出了中肯的意见和建议，使我受益良多。老师们认真负责的工作态度，严谨的治学精神和深厚的理论水平使我在学业上不断精进和成长，感谢他们对我学业的指导和帮助。感谢成金华教授、冯雪红教授对我论文的悉心指导，和最后成文的完善指正。

　　感谢在学海无涯的道路上相互鼓励共同进步的师兄弟姐妹们，本书书写常陷困顿，压力日增，精神日耗，常常有同窗助我一臂之力。凡遇牢骚愈加之时，同窗以有我在而安慰之，在同窗时时帮助下渐能对学习自主。感谢骆熙、郭言歌、吴筠筦、李军、陈小俊带给我的帮助，让我倍加感动与珍惜！感谢同窗学